BIBLIO LYCÉE

MÉMOIRES DE DEUX JEUNES MARIÉES

HONORÉ DE BALZAC

TEXTE INTÉGRAL

Annotation du texte, questionnaires et dossiers
par **Laurence Teper**,
agrégée de Lettres modernes

Texte conforme à l'édition corrigée de la main de l'auteur, dite « Furne corrigé »

hachette

Sommaire

❶ Avant de lire l'œuvre

❷ *Mémoires de deux jeunes mariées* (texte intégral)

ISBN : 978-2-01-716693-1

www.parascolaire.hachette-education.com

3 L'essentiel sur l'œuvre

4 Parcours : « Raison et sentiments »

Objectif BAC

Dossier du professeur téléchargeable gratuitement sur :
www.enseignants.hachette-education.com

Honoré de Balzac
(1799-1850)

- À vingt ans, après une enfance peu heureuse, Balzac choisit la littérature, à laquelle il consacre toute son énergie.
- Entrepreneur, il se lance dans des aventures éditoriales et journalistiques, qui échouent et le mettent dans de grandes difficultés financières.
- Balzac transforme la manière de voir le roman et en fait le genre littéraire dominant. Avec *La Comédie humaine*, il invente un univers romanesque.

Balzac par Gérard-Séguin (1842).

ŒUVRES CLÉS

- ***Les Chouans*** et ***La Physiologie du mariage*** (1829), premiers ouvrages signés de Balzac et qui le lancent dans la vie littéraire.
- ***La Peau de chagrin*** (1831), traite d'un thème fondamental chez Balzac, le désir destructeur.
- ***Le Père Goriot*** (1834-1835), invente le principe du retour des personnages.
- L'**« Avant-propos »** de ***La Comédie humaine*** (1842), expose les principes créatifs de Balzac et sa conception du roman.
- ***Splendeurs et misères des courtisanes*** (1838-1847), tableau de la société parisienne où chacun est défini par son rôle social.

Honoré de Balzac en 10 dates

1799	Naissance à Tours dans une famille bourgeoise qui s'est enrichie sous la Révolution française.
1816	Après avoir fréquenté le collège de Vendôme, Balzac part à Paris (1813), puis fait des études de droit (1816-1819).
1819	Balzac abandonne la carrière juridique et décide de se consacrer entièrement à la littérature.
1821 -1822	Rencontre et passion amoureuse avec Laure de Berny, âgée de 22 ans de plus que lui.
1825 -1826	Échec des entreprises d'édition et d'imprimerie dans lesquelles s'était lancé Balzac. Début de ses difficultés financières.
1830	Accès à la vie littéraire et mondaine après la parution en 1829 de deux titres signés de lui. Travail intense et production considérable de romans et d'articles de presse, qui se poursuivront toute sa vie. Début de la correspondance avec Mme Hanska.
1834 -1835	Parution du *Père Goriot,* qui initie le retour des personnages d'un roman à l'autre.
1836 -1837	Mort de Laure de Berny. Échec commercial de *La Chronique de Paris,* journal qu'avait racheté Balzac. Grandes difficultés financières et problèmes de santé.
1842	Organisation et construction de *La Comédie humaine,* dont Balzac avait trouvé le titre dès 1840.
1847	Séjour en Ukraine et mariage avec Mme Hanska (1850). Retour à Paris et mort de Balzac en 1850.

Mémoires de deux jeunes mariées

Date de publication : mars 1842 (après parution en feuilleton dans *La Presse*)

Genres de l'œuvre : roman, roman épistolaire

Tonalités dominantes : romantique, lyrique, réaliste, tragique

Mouvements littéraires : romantisme, réalisme

Louise (gravure de 1874).

PRÉSENTATION

En 1841-1842, Balzac publie le seul roman épistolaire de *La Comédie humaine*, *Mémoires de deux jeunes mariées* : deux amies intimes se racontent, dans leurs lettres, leurs dix premières années de mariage. Avec ces deux héroïnes, qui représentent deux choix de vie opposés, Balzac développe un de ses thèmes fondamentaux, la puissance destructrice de l'excès de passion, et met en scène une belle amitié féminine.

THÈMES TRAITÉS

L'amour : passion ou raison ?

Le roman de Balzac pose la question de savoir ce qu'est l'amour : ne se trouve-t-il que dans la passion ? C'est la position qu'incarne Louise de Chaulieu. Ou bien l'amour peut-il venir avec le temps et se construire raisonnablement au sein du mariage ? C'est le pari de Renée. La fin tragique de Louise montre que, pour Balzac, la passion ne peut être que destructrice.

Le mariage

Dès 1829, avec *Physiologie du mariage*, où il dénonce l'éducation des couvents, Balzac s'intéresse au thème du mariage que l'on retrouve dans nombre de ses romans. Pour lui, la société repose sur la famille et donc sur le mariage, même s'il estime que celui-ci est incompatible avec l'amour.

La maternité

Renée, qui, en se mariant avec un homme dont elle n'est pas amoureuse, semble renoncer à la passion, la retrouve dans le bonheur absolu que lui procure la maternité. Le roman s'achève sur l'évocation lyrique de ses enfants.

POUR COMPRENDRE L'ŒUVRE

La situation

Louise de Chaulieu et Renée de Maucombe, deux jeunes nobles, sortent du couvent de Blois et rentrent dans leurs familles, Louise à Paris et Renée en Provence. Elles s'écrivent pour se raconter leur découverte du monde, puis leur mariage.

Un roman épistolaire

Le roman est construit uniquement des lettres fictives que les personnages s'échangent, essentiellement celles entre Louise et Renée mais aussi quelques rares lettres de leurs maris. La chronologie tient compte du délai de leur acheminement – ce qui peut provoquer, parfois, un certain décalage.

Le contexte en France et en Espagne

L'intrigue se déroule entre 1823 et 1835. En France, c'est l'époque de la Restauration de la monarchie, qu'approuvent les deux héroïnes. À travers le premier mari de Louise, le roman évoque la situation en Espagne où l'absolutisme du roi Ferdinand VII provoque la révolte et l'exil des libéraux.

LES CRITIQUES

« Ce roman secoue nos pensées [...] Comment donner l'idée de ce chef-d'œuvre qui vaut par la perfection du détail ? [...] L'analyse des situations est portée à une précision incroyable [...] On ne peut guère citer de roman mieux fait que celui-là. »

Alain, *Avec Balzac*, 1937.

« Quel homme eût été Balzac, s'il eût su écrire ! Mais il ne lui a manqué que cela. »

Gustave Flaubert, « Lettre à Louise Colet », 16 décembre 1852.

« Ce grand homme n'était ni un poète, ni un écrivain, ce qui ne l'empêchait pas d'être un grand homme. »

Gustave Flaubert, « Lettre à Guy de Maupassant », novembre 1876.

INFLUENCES

Romans

- Laurence Sterne, *Tristram Shandy*, 1759-1760 : un des romans fondateurs de la littérature occidentale.
- Jane Austen, *Le Cœur et la Raison*, 1811 : les histoires d'amour de deux sœurs.
- Walter Scott, *Ivanhoé*, 1820 : roman historique dont Balzac admirait la profondeur psychologique des personnages.

Romans épistolaires

- Gabriel de Guilleragues, *Lettres portugaises*, 1669 : cinq lettres d'amour d'une religieuse portugaise à un gentilhomme français.
- Samuel Richardson, *Lettres anglaises ou Histoire de Miss Clarisse Harlowe*, 1748 : roman sensible et pathétique auquel Balzac fait de nombreuses références.

AU MÊME MOMENT

Depuis juillet 1830, Louis-Philippe est « roi des Français » : la France a renoncé à la monarchie de droit divin.

- Stendhal, *Le Rouge et le Noir*, 1830 : le roman de l'ascension sociale, finalement tragique, de Julien Sorel, héros romantique passionné.
- Victor Hugo, *Hernani*, 1830 : la pièce de théâtre qui lance la « bataille d'*Hernani* », ralliement de la génération romantique.

Mémoires de deux jeunes mariées
(1841-1842)
d'Honoré de Balzac

- Prosper Mérimée, *Colomba*, 1840 : une histoire de vengeance entre des familles corses.
- George Sand, *Consuelo*, 1843 : un roman historique qui raconte les amours d'une chanteuse bohémienne.

PROLONGEMENTS

- Colette, *Mitsou ou Comment l'esprit vient aux filles*, 1919 : un texte entre théâtre et roman épistolaire qui raconte la découverte de l'amour par Mitsou, une jeune comédienne.
- Gustave Flaubert, *Madame Bovary*, 1857 : l'histoire d'Emma Bovary à laquelle les romans ont fait croire que le mariage allait lui ouvrir les portes du bonheur.
- François Mauriac, *Thérèse Desqueyroux*, 1927 : inspirée d'un fait divers, l'histoire d'une héroïne tragique mariée sans amour.

HONORÉ DE BALZAC

Mémoires[1] de deux jeunes mariées

Louise et Renée (gravure de 1874).

Note

1. **Mémoires :** nom masculin pluriel qui désigne la confession écrite qu'une personne fait de sa vie.

À Georges Sand[1]

Ceci, cher Georges, ne saurait rien ajouter à l'éclat de votre nom, qui jettera son magique reflet sur ce livre ; mais il n'y a là de ma part ni calcul, ni modestie. Je désire attester ainsi l'amitié vraie qui s'est continuée entre nous à travers nos voyages et nos absences, malgré nos travaux et les méchancetés du monde. Ce sentiment ne s'altérera[2] *sans doute jamais. Le cortège de noms amis qui accompagnera mes compositions mêle un plaisir aux peines que me cause leur nombre, car elles ne vont point sans douleurs, à ne parler que des reproches encourus par ma menaçante fécondité, comme si le monde qui pose devant moi n'était pas plus fécond encore ? Ne sera-ce pas beau, Georges, si quelque jour l'antiquaire des littératures détruites ne retrouve dans ce cortège que de grands noms, de nobles cœurs, de saintes et pures amitiés, et les gloires de ce siècle ? Ne puis-je me montrer plus fier de ce bonheur certain que de succès toujours contestables ? Pour qui vous connaît bien, n'est-ce pas un bonheur que de pouvoir se dire, comme je le fais ici,*

Votre ami,

De Balzac.

Paris, juin 1840.

Notes

1. George Sand : femme de lettres française (1804-1876) qui adopte ce pseudonyme masculin (qu'elle écrit sans le *s* final) en 1829 et qui se caractérise par sa liberté de mœurs. Romancière prolixe, elle est l'auteure, notamment d'*Indiana* (1832) ou de *La Mare au diable* (1846). Elle fut l'amie de Balzac qui séjourna chez elle, à Nohant, au cours de l'année 1838. Il s'amuse souvent à la considérer comme un homme et à parler d'elle au masculin (d'où le fait qu'il orthographie son prénom avec un *s*).

2. altérera : gâtera, abîmera.

Première partie

I

À mademoiselle Renée de Maucombe

Paris, septembre[1].

Ma chère biche, je suis dehors aussi, moi ! Et si tu ne m'as pas écrit à Blois[2], je suis aussi la première à notre joli rendez-vous de la correspondance[3]. Relève tes beaux yeux noirs attachés sur ma première phrase, et garde ton exclamation pour la lettre où je te confierai mon premier amour. On parle toujours du premier amour, il y en a donc un second ? Tais-toi ! me diras-tu ; dis-moi plutôt, me demanderas-tu, comment tu es sortie de ce couvent[4] où tu devais faire ta profession ? Ma chère, quoi qu'il arrive aux Carmélites[5], le miracle de ma délivrance est la chose la plus naturelle. Les cris d'une conscience épouvantée ont fini par l'emporter sur les ordres d'une politique inflexible, voilà tout. Ma tante, qui ne voulait pas me

Notes

1. La lettre VII nous apprend qu'il s'agit de septembre 1823.
2. **Blois** : ville du Centre de la France, sur la Loire, où se trouvait le couvent des deux jeunes femmes.
3. **correspondance** : échange de lettres entre deux ou plusieurs personnes.
4. **couvent** : maison où des religieuses vivent en communauté.
5. **Carmélites** : femmes membres du Carmel, ordre religieux catholique.

voir mourir de consomption[1], a vaincu ma mère, qui prescrivait toujours le noviciat[2] comme seul remède à ma maladie. La noire mélancolie où je suis tombée après ton départ a précipité cet heureux dénouement. Et je suis dans Paris, mon ange, et je te dois ainsi le bonheur d'y être. Ma Renée, si tu m'avais pu voir, le jour où je me suis trouvée sans toi, tu aurais été fière d'avoir inspiré des sentiments si profonds à un cœur si jeune. Nous avons tant rêvé de compagnie, tant de fois déployé nos ailes et tant vécu en commun, que je crois nos âmes soudées l'une à l'autre, comme étaient ces deux filles hongroises dont la mort nous a été racontée par monsieur Beauvisage, qui n'était certes pas l'homme de son nom : jamais médecin de couvent ne fut mieux choisi. N'as-tu pas été malade en même temps que ta mignonne? Dans le morne abattement où j'étais, je ne pouvais que reconnaître un à un les liens qui nous unissent; je les ai crus rompus par l'éloignement, j'ai été prise de dégoût pour l'existence comme une tourterelle dépareillée[3], j'ai trouvé de la douceur à mourir, et je mourais tout doucettement[4]. Être seule aux Carmélites, à Blois, en proie à[5] la crainte d'y faire ma profession sans la préface[6] de mademoiselle de La Vallière[7] et sans ma Renée! mais c'était une maladie, une maladie mortelle. Cette vie monotone où chaque heure amène un devoir, une prière, un travail si exactement les mêmes, qu'en tous lieux on peut dire ce que fait une carmélite à telle ou telle heure du jour ou de la nuit; cette horrible existence où il est indifférent que les choses qui nous entourent soient ou ne soient pas, était devenue pour nous la plus variée : l'essor[8]

Notes

1. **consomption** : grave amaigrissement, affaiblissement.
2. **noviciat** : temps d'épreuve imposé dans un couvent à un(e) futur(e) religieux(euse) avant ses vœux définitifs.
3. **dépareillée** : ici, seule, privée de la compagnie d'autres tourterelles.
4. **doucettement** : très doucement.
5. **en proie à** : tourmentée par.
6. **préface** : ici, action de grâces.
7. **mademoiselle de La Vallière** : (1644-1710) maîtresse de Louis XIV de 1661 à 1667, avec lequel elle eut quatre enfants; elle se retira, ensuite, dans un couvent et entra dans l'ordre des Carmélites.
8. **essor** : élan, développement, croissance.

de notre esprit ne connaissait point de bornes, la fantaisie nous avait donné la clef de ses royaumes, nous étions tour à tour l'une pour l'autre un charmant hippogriffe[1], la plus alerte[2] réveillait la plus endormie, et nos âmes folâtraient[3] à l'envi[4] en s'emparant de ce monde qui nous était interdit. Il n'y avait pas jusqu'à la *Vie des Saints*[5] qui ne nous aidât à comprendre les choses les plus cachées ! Le jour où ta douce compagnie m'était enlevée, je devenais ce qu'est une carmélite à nos yeux, une Danaïde[6] moderne qui, au lieu de chercher à remplir un tonneau sans fond, tire tous les jours, de je ne sais quel puits, un seau vide, espérant l'amener plein. Ma tante ignorait notre vie intérieure. Elle n'expliquait point mon dégoût de l'existence, elle qui s'est fait un monde céleste dans les deux arpents[7] de son couvent. Pour être embrassée à nos âges, la vie religieuse veut une excessive simplicité que nous n'avons pas, ma chère biche, ou l'ardeur du dévouement[8] qui rend ma tante une sublime créature. Ma tante s'est sacrifiée à un frère adoré ; mais qui peut se sacrifier à des inconnus ou à des idées ?

Depuis bientôt quinze jours, j'ai tant de folles paroles rentrées, tant de méditations enterrées au cœur, tant d'observations à communiquer et de récits à faire qui ne peuvent être faits qu'à toi, que sans le pis-aller[9] des confidences écrites substituées à nos chères causeries, j'étoufferais. Combien la vie du cœur nous est nécessaire ! Je commence mon journal ce matin en imaginant que le tien est commencé, que dans peu de jours je vivrai au fond de ta belle vallée de Gémenos[10] dont je ne sais

Notes

1. **hippogriffe** : animal imaginaire, moitié cheval moitié aigle.
2. **alerte** : éveillée et rapide.
3. **folâtraient** : s'agitaient en jouant.
4. **à l'envi** : en rivalisant.
5. ***Vie des Saints*** : récit des vies exemplaires de saints.
6. **Danaïde** : une des cinquante filles du roi Danaos, condamnées, pour avoir tué leurs cousins et époux, à remplir un tonneau percé.
7. **arpents** : ancienne mesure agraire.
8. **dévouement** : capacité à se sacrifier pour une cause ou pour quelqu'un.
9. **pis-aller** : moyen qu'on utilise faute de mieux.
10. **vallée de Gémenos** : vallée près d'Aubagne, dans les environs de Marseille.

que ce que tu m'en as dit, comme tu vas vivre dans Paris dont tu ne connais que ce que nous en rêvions.

Or donc, ma belle enfant, par une matinée qui demeurera marquée d'un signet rose dans le livre de ma vie, il est arrivé de Paris une demoiselle de compagnie et Philippe, le dernier valet de chambre de ma grand-mère, envoyés pour m'emmener. Quand, après m'avoir fait venir dans sa chambre, ma tante m'a eu dit cette nouvelle, la joie m'a coupé la parole, je la regardais d'un air hébété[1]. « Mon enfant, m'a-t-elle dit de sa voix gutturale[2], tu me quittes sans regret, je le vois ; mais cet adieu n'est pas le dernier, nous nous reverrons : Dieu t'a marquée au front du signe des élus, tu as l'orgueil qui mène également au ciel et à l'enfer, mais tu as trop de noblesse pour descendre ! Je te connais mieux que tu ne te connais toi-même : la passion ne sera pas chez toi ce qu'elle est chez les femmes ordinaires. » Elle m'a doucement attirée sur elle et baisée au front en m'y mettant ce feu qui la dévore, qui a noirci l'azur de ses yeux, attendri ses paupières, ridé ses tempes dorées et jauni son beau visage. Elle m'a donné la peau de poule[3]. Avant de répondre, je lui ai baisé les mains. – « Chère tante, ai-je dit, si vos adorables bontés ne m'ont pas fait trouver votre Paraclet[4] salubre[5] au corps et doux au cœur, je dois verser tant de larmes pour y revenir, que vous ne sauriez souhaiter mon retour. Je ne veux retourner ici que trahie par mon Louis XIV, et si j'en attrape un, il n'y a que la mort pour me l'arracher ! Je ne craindrai point les Montespan[6]. – Allez, folle, dit-elle en souriant, ne laissez point ces idées vaines ici, emportez-les ; et sachez que vous êtes plus Montespan que La Vallière. » Je l'ai embrassée.

Notes

1. **hébété** : rendu stupide.
2. **gutturale** : rauque, rude.
3. **peau de poule** : chair de poule, peau hérissée sous le coup d'une émotion.
4. **Paraclet** : Saint-Esprit consolateur, dans la tradition catholique.
5. **salubre** : sain, bénéfique.
6. **Louis XIV [...] Montespan** : Louise joue ici sur une analogie. Mme de Montespan fut la maîtresse de Louis XIV après la disgrâce de Mlle de La Vallière.

La pauvre femme n'a pu s'empêcher de me conduire à la voiture, où ses yeux se sont tour à tour fixés sur les armoiries[1] paternelles et sur moi.

La nuit m'a surprise à Beaugency[2], plongée dans un engourdissement moral qu'avait provoqué ce singulier adieu. Que dois-je donc trouver dans ce monde si fort désiré ? D'abord, je n'ai trouvé personne pour me recevoir, les apprêts de mon cœur ont été perdus : ma mère était au bois de Boulogne[3], mon père était au conseil ; mon frère, le duc de Rhétoré, ne rentre jamais, m'a-t-on dit, que pour s'habiller, avant le dîner. Mademoiselle Griffith (elle a des griffes) et Philippe m'ont conduite à mon appartement.

Cet appartement est celui de cette grand-mère tant aimée, la princesse de Vaurémont à qui je dois une fortune quelconque, de laquelle personne ne m'a rien dit. À ce passage, tu partageras la tristesse qui m'a saisie en entrant dans ce lieu consacré par mes souvenirs. L'appartement était comme elle l'avait laissé ! J'allais coucher dans le lit où elle est morte. Assise sur le bord de sa chaise longue, je pleurai sans voir que je n'étais pas seule, je pensai que je m'y étais souvent mise à ses genoux pour mieux l'écouter. De là j'avais vu son visage perdu dans ses dentelles rousses, et maigri par l'âge autant que par les douleurs de l'agonie. Cette chambre me semblait encore chaude de la chaleur qu'elle y entretenait. Comment se fait-il que mademoiselle Armande-Louise-Marie de Chaulieu[4] soit obligée, comme une paysanne, de se coucher dans le lit de sa mère[5], presque le jour de sa mort ? car il me semblait que la princesse, morte en 1817, avait expiré la veille. Cette chambre m'offrait des choses qui ne devaient pas s'y trouver, et qui prouvaient

Notes

1. **armoiries** : ensemble des blasons et des emblèmes d'une famille.
2. **Beaugency** : ville située entre Blois et Paris, au sud d'Orléans.
3. Louise est donc arrivée à Paris.
4. **Armande-Louise-Marie de Chaulieu** : nom complet de la jeune femme qui écrit la lettre et qui se fait appeler simplement Louise.
5. **mère** : ici, grand-mère.

combien les gens occupés des affaires du royaume sont insouciants des leurs, et combien, une fois morte, on a peu pensé à cette noble femme, qui sera l'une des grandes figures féminines du dix-huitième siècle. Philippe a quasiment compris d'où venaient mes larmes. Il m'a dit que par son testament la princesse m'avait légué ses meubles. Mon père laissait d'ailleurs les grands appartements dans l'état où les avait mis la Révolution[1]. Je me suis levée alors, Philippe m'a ouvert la porte du petit salon qui donne sur l'appartement de réception, et je l'ai retrouvé dans le délabrement que je connaissais : les dessus-de-porte qui contenaient des tableaux précieux montrent leurs trumeaux[2] vides, les marbres sont cassés, les glaces ont été enlevées. Autrefois, j'avais peur de monter le grand escalier et de traverser la vaste solitude de ces hautes salles, j'allais chez la princesse par un petit escalier qui descend sous la voûte du grand et qui mène à la porte dérobée de son cabinet de toilette.

L'appartement, composé d'un salon, d'une chambre à coucher, et de ce joli cabinet en vermillon et or dont je t'ai parlé, occupe le pavillon du côté des Invalides. L'hôtel n'est séparé du boulevard que par un mur couvert de plantes grimpantes, et par une magnifique allée d'arbres qui mêlent leurs touffes à celles des ormeaux de la contre-allée du boulevard. Sans le dôme or et bleu, sans les masses grises des Invalides, on se croirait dans une forêt. Le style de ces trois pièces et leur place annoncent l'ancien appartement de parade des duchesses de Chaulieu, celui des ducs doit se trouver dans le pavillon opposé ; tous deux sont décemment séparés par les deux corps de logis et par le pavillon de la façade où sont ces grandes salles obscures et sonores que Philippe me montrait encore dépouillées de leur splendeur, et telles que je les avais vues dans mon enfance. Philippe prit un air confidentiel en voyant l'étonnement peint sur ma figure. Ma chère, dans cette maison diplo-

Notes

1. Il s'agit de la Révolution française.

2. trumeaux : panneaux.

matique, tous les gens sont discrets et mystérieux. Il me dit alors qu'on attendait une loi[1] par laquelle on rendrait aux émigrés la valeur de leurs biens. Mon père recule la restauration de son hôtel jusqu'au moment de cette restitution. L'architecte du roi avait évalué la dépense à trois cent mille livres[2]. Cette confidence eut pour effet de me rejeter sur le sofa de mon salon. Eh ! quoi, mon père, au lieu d'employer cette somme à me marier, me laissait mourir au couvent ? Voilà la réflexion que j'ai trouvée sur le seuil de cette porte. Ah ! Renée, comme je me suis appuyé la tête sur ton épaule, et comme je me suis reportée aux jours où ma grand-mère animait ces deux chambres ! Elle qui n'existe que dans mon cœur, toi qui es à Maucombe, à deux cents lieues[3] de moi, voilà les seuls êtres qui m'aiment ou m'ont aimée. Cette chère vieille au regard si jeune voulait s'éveiller à ma voix. Comme nous nous entendions ! Le souvenir a changé tout à coup les dispositions où j'étais d'abord. J'ai trouvé je ne sais quoi de saint à ce qui venait de me paraître une profanation. Il m'a semblé doux de respirer la vague odeur de poudre à la maréchale[4] qui subsistait là, doux de dormir sous la protection de ces rideaux en damas jaune à dessins blancs où ses regards et son souffle ont dû laisser quelque chose de son âme. J'ai dit à Philippe de rendre leur lustre[5] aux mêmes objets, de donner à mon appartement la vie propre à l'habitation. J'ai moi-même indiqué comment je voulais y être, en assignant à chaque meuble une place. J'ai passé la revue en prenant possession de tout, en disant comment se pouvaient rajeunir ces antiquités que j'aime. La chambre est d'un blanc un peu terni par le temps, comme

Notes

1. Il s'agit de la loi « du milliard aux émigrés », promulguée par Charles X en 1825 et indemnisant les nobles qui avaient émigré et perdu leurs biens pendant la Révolution.
2. **livres** : ancienne monnaie.
3. **lieues** : ancienne mesure valant environ 4 km.
4. **poudre à la maréchale** : poudre pour les cheveux.
5. **lustre** : éclat, beauté.

aussi l'or des folâtres arabesques[1] montre en quelques endroits des teintes rouges ; mais ces effets sont en harmonie avec les couleurs passées du tapis de la Savonnerie qui fut donné par Louis XV[2] à ma grand-mère, ainsi que son portrait. La pendule est un présent[3] du maréchal de Saxe[4]. Les porcelaines de la cheminée viennent du maréchal de Richelieu[5]. Le portrait de ma grand-mère, prise à vingt-cinq ans, est dans un cadre ovale en face de celui du roi. Le prince n'y est point. J'aime cet oubli franc, sans hypocrisie, qui peint d'un trait ce délicieux caractère. Dans une grande maladie que fit ma tante, son confesseur insistait pour que le prince, qui attendait dans le salon, entrât. – Avec le médecin et ses ordonnances, a-t-elle dit. Le lit est à baldaquin, à dossiers rembourrés ; les rideaux sont retroussés par des plis d'une belle ampleur ; les meubles sont en bois doré, couverts de ce damas jaune à fleurs blanches, également drapé aux fenêtres, et qui est doublé d'une étoffe de soie blanche qui ressemble à de la moire[6]. Les dessus-de-porte sont peints je ne sais par qui, mais ils représentent un lever du soleil et un clair de lune. La cheminée est traitée fort curieusement. On voit que dans le siècle dernier on vivait beaucoup au coin du feu. Là se passaient de grands événements : le foyer de cuivre doré est une merveille de sculpture, le chambranle est d'un fini précieux, la pelle et les pincettes sont délicieusement travaillées, le soufflet est un bijou. La tapisserie de

Notes

1. **arabesques** : enchevêtrement de décors architecturaux courbes et élégants.
2. **Louis XV** : roi de France de 1715 à 1774.
3. **présent** : cadeau.
4. Maurice de Saxe était un maréchal de Louis XV (1696-1750).
5. **maréchal de Richelieu** : autre maréchal de Louis XV (1696-1788), à ne pas confondre avec son grand-oncle, le célèbre cardinal de Richelieu (1585-1642).
6. **moire** : tissu présentant des parties brillantes et d'autres mates.

l'écran[1] vient des Gobelins[2], et sa monture[3] est exquise ; les folles figures qui courent le long, sur les pieds, sur la barre d'appui, sur les branches, sont ravissantes ; tout en est ouvragé comme un éventail. Qui lui avait donné ce joli meuble qu'elle aimait beaucoup ? je voudrais le savoir. Combien de fois je l'ai vue, le pied sur la barre, enfoncée dans sa bergère[4], sa robe à demi relevée sur le genou par son attitude, prenant, remettant et reprenant sa tabatière sur la tablette entre sa boîte à pastilles et ses mitaines de soie ! Était-elle coquette ?[5] Jusqu'au jour de sa mort elle a eu soin d'elle comme si elle se trouvait au lendemain de ce beau portrait, comme si elle attendait la fleur de la cour qui se pressait autour d'elle. Cette bergère m'a rappelé l'inimitable mouvement qu'elle donnait à ses jupes en s'y plongeant. Ces femmes du temps passé emportent avec elles certains secrets qui peignent leur époque. La princesse avait des airs de tête, une manière de jeter ses mots et ses regards, un langage particulier que je ne retrouvais point chez ma mère : il s'y trouvait de la finesse et de la bonhomie, du dessein[6] sans apprêt ; sa conversation était à la fois prolixe[7] et laconique[8], elle contait bien et peignait en trois mots. Elle avait surtout cette excessive liberté de jugement qui certes a influé sur la tournure de mon esprit. De sept à dix ans, j'ai vécu dans ses poches ; elle aimait autant à m'attirer chez elle que j'aimais à y aller. Cette prédilection a été cause de plus d'une querelle entre elle et ma mère. Or, rien n'attise un sentiment autant que le vent glacé de la persécution. Avec quelle grâce me disait-elle : « Vous voilà, petite masque ! » quand la couleuvre de la curio-

Notes

1. **écran** : panneau placé devant une cheminée pour se protéger de la chaleur du feu.
2. **Gobelins** : lieu (manufacture) où Colbert regroupe, en 1662, les ateliers de fabrication des tapisseries et tapis et d'autres corps de métier artisanaux.
3. **monture** : partie fixant la tapisserie.
4. **bergère** : large fauteuil.
5. Souvent, Balzac use du point d'interrogation comme d'un point d'exclamation : c'est le cas ici.
6. **dessein** : intention, but.
7. **prolixe** : bavarde.
8. **laconique** : qui s'exprime brièvement.

sité m'avait prêté ses mouvements pour me glisser entre les portes jusqu'à elle. Elle se sentait aimée, elle aimait mon naïf amour qui mettait un rayon de soleil dans son hiver. Je ne sais pas ce qui se passait chez elle le soir, mais elle avait beaucoup de monde ; lorsque je venais le matin, sur la pointe du pied, savoir s'il faisait jour chez elle, je voyais les meubles de son salon dérangés, les tables de jeu dressées, beaucoup de tabac par places. Ce salon est dans le même style que la chambre, les meubles sont singulièrement contournés[1], les bois sont à moulures creuses, à pieds de biche. Des guirlandes de fleurs richement sculptées et d'un beau caractère serpentent à travers les glaces et descendent le long en festons[2]. Il y a sur les consoles de beaux cornets[3] de la Chine. Le fond de l'ameublement est ponceau[4] et blanc. Ma grand-mère était une brune fière et piquante, son teint se devine au choix de ses couleurs. J'ai retrouvé dans ce salon une table à écrire dont les figures avaient beaucoup occupé mes yeux autrefois ; elle est plaquée en argent ciselé ; elle lui a été donnée par un Lomellini[5] de Gênes. Chaque côté de cette table représente les occupations de chaque saison ; les personnages sont en relief, il y en a des centaines dans chaque tableau. Je suis restée deux heures toute seule, reprenant mes souvenirs un à un, dans le sanctuaire où a expiré une des femmes de la cour de Louis XV les plus célèbres et par son esprit et par sa beauté. Tu sais comme on m'a brusquement séparée d'elle, du jour au lendemain, en 1816. – Allez dire adieu à votre grand-mère, me dit ma mère. J'ai trouvé la princesse, non pas surprise de mon départ, mais insensible en apparence. Elle m'a reçue comme à l'ordinaire. – « Tu vas au couvent, mon bijou, me dit-elle, tu y verras ta tante, une excellente femme. J'aurai soin que tu ne sois point sacrifiée, tu seras indépendante et à même de marier qui tu

Notes

1. **contournés** : tarabiscotés.
2. **festons** : cordons.
3. **cornets** : vases.
4. **ponceau** : couleur rouge coquelicot.
5. **Lomellini** : famille noble italienne.

voudras. » Elle est morte six mois après ; elle avait remis son testament au plus assidu de ses vieux amis, au prince de Talleyrand[1], qui, en faisant une visite à mademoiselle de Chargebœuf, a trouvé le moyen de me faire savoir par elle que ma grand-mère me défendait de prononcer des vœux. J'espère bien que tôt ou tard je rencontrerai le prince ; et sans doute, il m'en dira davantage. Ainsi, ma belle biche, si je n'ai trouvé personne pour me recevoir, je me suis consolée avec l'ombre de la chère princesse, et je me suis mise en mesure de remplir une de nos conventions, qui est, souviens-t'en, de nous initier aux plus petits détails de notre case[2] et de notre vie. Il est si doux de savoir où et comment vit l'être qui nous est cher ! Dépeins-moi bien les moindres choses qui t'entourent, tout enfin, même les effets du couchant dans les grands arbres.

10 octobre.

J'étais arrivée à trois heures après midi. Vers cinq heures et demie, Rose est venue me dire que ma mère était rentrée, et je suis descendue pour lui rendre mes respects. Ma mère occupe au rez-de-chaussée un appartement disposé, comme le mien, dans le même pavillon. Je suis au-dessus d'elle, et nous avons le même escalier dérobé[3]. Mon père est dans le pavillon opposé ; mais, comme du côté de la cour il a de plus l'espace que prend dans le nôtre le grand escalier, son appartement est beaucoup plus vaste que les nôtres. Malgré les devoirs de la position que le retour des Bourbons[4] leur a rendue, mon père et ma mère continuent d'habiter le rez-de-chaussée et peuvent y recevoir, tant sont grandes les maisons de nos pères. J'ai trouvé ma mère dans son salon, où il n'y a rien de changé. Elle était habillée. De marche en marche je m'étais demandé comment serait pour moi cette femme, qui a été si peu mère

Notes

1. **Talleyrand** : homme d'État et diplomate français (1754-1838).
2. **case** : cabane, habitation rudimentaire.
3. **dérobé** : caché, secret.
4. Les Bourbons remontent sur le trône en France, avec le roi Louis XVIII, en 1814. Ce rétablissement de la monarchie des Bourbons se nomme la « Restauration ».

que je n'ai reçu d'elle en huit ans que les deux lettres que tu connais. En pensant qu'il était indigne de moi de jouer une tendresse impossible, je m'étais composée en religieuse idiote, et suis entrée assez embarrassée intérieurement. Cet embarras s'est bientôt dissipé. Ma mère a été d'une grâce parfaite : elle ne m'a pas témoigné de fausse tendresse, elle n'a pas été froide, elle ne m'a pas traitée en étrangère, elle ne m'a pas mise dans son sein[1] comme une fille aimée ; elle m'a reçue comme si elle m'eût vue la veille, elle a été la plus douce, la plus sincère amie ; elle m'a parlé comme à une femme faite, et m'a d'abord embrassée au front. – « Ma chère petite, si vous devez mourir au couvent, m'a-t-elle dit, il vaut mieux vivre au milieu de nous. Vous trompez[2] les desseins de votre père et les miens, mais nous ne sommes plus au temps où les parents étaient aveuglément obéis. L'intention de monsieur de Chaulieu, qui s'est trouvée d'accord avec la mienne, est de ne rien négliger pour vous rendre la vie agréable et de vous laisser voir le monde. À votre âge, j'eusse pensé comme vous ; ainsi je ne vous en veux point : vous ne pouvez comprendre ce que nous vous demandions. Vous ne me trouverez point d'une sévérité ridicule. Si vous avez soupçonné mon cœur, vous reconnaîtrez bientôt que vous vous trompiez. Quoique je veuille vous laisser parfaitement libre, je crois que pour les premiers moments vous ferez sagement d'écouter les avis d'une mère qui se conduira comme une sœur avec vous. » La duchesse parlait d'une voix douce, et remettait en ordre ma pèlerine[3] de pensionnaire. Elle m'a séduite. À trente-huit ans, elle est belle comme un ange ; elle a des yeux d'un noir bleu, des cils comme des soies, un front sans plis, un teint blanc et rose à faire croire qu'elle se farde, des épaules et une poitrine étonnantes, une taille cambrée et mince comme la tienne,

Notes

1. **elle ne m'a pas mise dans son sein** : « elle ne m'a pas prise dans ses bras ».

2. **trompez** : contrariez.

3. **pèlerine** : sorte de cape.

une main d'une beauté rare, c'est une blancheur de lait; des ongles où séjourne la lumière, tant ils sont polis[1]; le petit doigt légèrement écarté, le pouce d'un fini d'ivoire. Enfin elle a le pied de sa main, le pied espagnol de mademoiselle de Vandenesse. Si elle est ainsi à quarante, elle sera belle encore à soixante ans. J'ai répondu, ma biche, en fille soumise. J'ai été pour elle ce qu'elle a été pour moi, j'ai même été mieux : sa beauté m'a vaincue, je lui ai pardonné son abandon, j'ai compris qu'une femme comme elle avait été entraînée par son rôle de reine. Je le lui ai dit naïvement comme si j'eusse causé avec toi. Peut-être ne s'attendait-elle pas à trouver un langage d'amour dans la bouche de sa fille? Les sincères hommages de mon admiration l'ont infiniment touchée : ses manières ont changé, sont devenues plus gracieuses encore; elle a quitté le vous. – « Tu es une bonne fille, et j'espère que nous resterons amies. » Ce mot m'a paru d'une adorable naïveté. Je n'ai pas voulu lui faire voir comment je le prenais, car j'ai compris aussitôt que je dois lui laisser croire qu'elle est beaucoup plus fine et plus spirituelle que sa fille. J'ai donc fait la niaise, elle a été enchantée de moi. Je lui ai baisé[2] les mains à plusieurs reprises en lui disant que j'étais bien heureuse qu'elle agît ainsi avec moi, que je me sentais à l'aise, et je lui ai même confié ma terreur. Elle a souri, m'a prise par le cou pour m'attirer à elle et me baiser au front par un geste plein de tendresse. – « Chère enfant, a-t-elle dit, nous avons du monde à dîner aujourd'hui, vous penserez peut-être comme moi qu'il vaut mieux attendre que la couturière vous ait habillée pour faire votre entrée dans le monde; ainsi, après avoir vu votre père et votre frère, vous remonterez chez vous. » Ce à quoi j'ai de grand cœur acquiescé. La ravissante toilette de ma mère était la première révélation de ce monde entrevu dans nos rêves; mais je ne me suis pas senti le moindre mouvement de

Notes

1. **polis** : lisses et brillants.

2. **baisé** : embrassé.

jalousie. Mon père est entré. – « Monsieur, voilà votre fille », lui a dit la duchesse. Mon père a pris soudain pour moi les manières les plus tendres ; il a si parfaitement joué son rôle de père que je lui en ai cru le cœur. – « Vous voilà donc, fille rebelle ! » m'a-t-il dit en me prenant les deux mains dans les siennes et me les baisant avec plus de galanterie que de paternité. Et il m'a attirée sur lui, m'a prise par la taille, m'a serrée pour m'embrasser sur les joues et au front. – « Vous réparerez le chagrin que nous cause votre changement de vocation par les plaisirs que nous donneront vos succès dans le monde. – Savez-vous, madame, qu'elle sera fort jolie et que vous pourrez être fière d'elle un jour ? – Voici votre frère Rhétoré. – Alphonse, dit-il à un beau jeune homme qui est entré, voilà votre sœur la religieuse qui veut jeter le froc[1] aux orties. » Mon frère est venu sans trop se presser, m'a pris la main et me l'a serrée. – « Embrassez-la donc », lui a dit le duc. Et il m'a baisée sur chaque joue. – « Je suis enchanté de vous voir, ma sœur, m'a-t-il dit, et je suis de votre parti contre mon père. » Je l'ai remercié ; mais il me semble qu'il aurait bien pu venir à Blois quand il allait à Orléans voir notre frère le marquis à sa garnison. Je me suis retirée en craignant qu'il n'arrivât des étrangers. J'ai fait quelques rangements chez moi, j'ai mis sur le velours ponceau de la belle table tout ce qu'il me fallait pour t'écrire en songeant à ma nouvelle position.

Voilà, ma belle biche blanche, ni plus ni moins, comment les choses se sont passées au retour d'une jeune fille de dix-huit ans, après une absence de neuf années, dans une des plus illustres familles du royaume. Le voyage m'avait fatiguée, et aussi les émotions de ce retour en famille : je me suis donc couchée comme au couvent, à huit heures, après avoir soupé.

Note

1. **froc** : habit religieux.

L'on a conservé jusqu'à un petit couvert en porcelaine de Saxe que cette chère princesse gardait pour manger seule chez elle, quand lui en prenait fantaisie.

II
La même à la même

25 novembre.

Le lendemain j'ai trouvé mon appartement mis en ordre et fait par le vieux Philippe, qui avait mis des fleurs dans les cornets. Enfin je me suis installée. Seulement personne n'avait songé qu'une pensionnaire des Carmélites a faim de bonne heure, et Rose a eu mille peines à me faire déjeuner. – « Mademoiselle s'est couchée à l'heure où l'on a servi le dîner et se lève au moment où monseigneur vient de rentrer », m'a-t-elle dit. Je me suis mise à écrire. Vers une heure mon père a frappé à la porte de mon petit salon et m'a demandé si je pouvais le recevoir ; je lui ai ouvert la porte, il est entré et m'a trouvée t'écrivant. – « Ma chère, vous avez à vous habiller, à vous arranger[1] ici ; vous trouverez douze mille francs dans cette bourse. C'est une année du revenu que je vous accorde pour votre entretien. Vous vous entendrez avec votre mère pour prendre une gouvernante qui vous convienne, si miss Griffith ne vous plaît pas ; car madame de Chaulieu[2] n'aura pas le temps de vous accompagner le matin. Vous aurez une voiture à vos ordres et un domestique. » – « Laissez-moi Philippe », lui dis-je. – « Soit, répondit-il. Mais n'ayez nul souci : votre fortune est assez considérable pour que vous ne soyez à charge ni à votre mère ni à moi. » – « Serais-je indiscrète en vous demandant quelle est ma fortune ? » – « Nullement, mon enfant, a-t-il dit : votre grand-mère vous a laissé cinq cent mille francs

Notes

1. **vous arranger** : vous occuper de votre toilette et de votre apparence.

2. **madame de Chaulieu** : la mère de Louise.

qui étaient ses économies, car elle n'a point voulu frustrer sa famille d'un seul morceau de terre. Cette somme a été placée sur le grand-livre[1]. L'accumulation des intérêts a produit aujourd'hui environ quarante mille francs de rente[2]. Je voulais employer cette somme à constituer la fortune de votre second frère ; aussi dérangez-vous beaucoup mes projets ; mais dans quelque temps peut-être y concourrez-vous : j'attendrai tout de vous-même. Vous me paraissez plus raisonnable que je ne le croyais. Je n'ai pas besoin de vous dire comment se conduit une demoiselle de Chaulieu ; la fierté peinte dans vos traits est mon sûr garant. Dans notre maison, les précautions que prennent les petites gens pour leurs filles sont injurieuses. Une médisance sur votre compte peut coûter la vie à celui qui se la permettrait ou à l'un de vos frères si le ciel était injuste. Je ne vous en dirai pas davantage sur ce chapitre. Adieu, chère petite. » Il m'a baisée au front et s'est en allé. Après une persévérance de neuf années, je ne m'explique pas l'abandon de ce plan. Mon père a été d'une clarté que j'aime. Il n'y a dans sa parole aucune ambiguïté. Ma fortune doit être à son fils le marquis. Qui donc a eu des entrailles ? est-ce ma mère, est-ce mon père, serait-ce mon frère ?

Je suis restée assise sur le sofa de ma grand-mère, les yeux sur la bourse que mon père avait laissée sur la cheminée, à la fois satisfaite et mécontente de cette attention qui maintenait ma pensée sur l'argent. Il est vrai que je n'ai plus à y songer : mes doutes sont éclaircis, et il y a quelque chose de digne à m'éviter toute souffrance d'orgueil à ce sujet. Philippe a couru toute la journée chez les différents marchands et ouvriers qui vont être chargés d'opérer ma métamorphose. Une célèbre couturière,

Notes

1. **grand-livre** : registre comptable.

2. **rente** : revenu périodique provenant du placement d'argent ou de la location de terres.

une certaine Victorine, est venue, ainsi qu'une lingère[1] et un cordonnier. Je suis impatiente comme un enfant de savoir comment je serai lorsque j'aurai quitté le sac où nous enveloppait le costume conventuel; mais tous ces ouvriers veulent beaucoup de temps : le tailleur de corsets demande huit jours si je ne veux pas gâter ma taille. Ceci devient grave, j'ai donc une taille ? Janssen, le cordonnier de l'Opéra, m'a positivement assuré que j'avais le pied de ma mère. J'ai passé toute la matinée à ces occupations sérieuses. Il est venu jusqu'à un gantier qui a pris mesure de ma main. La lingère a eu mes ordres. À l'heure de mon dîner, qui s'est trouvée celle du déjeuner, ma mère m'a dit que nous irions ensemble chez les modistes[2] pour les chapeaux, afin de me former le goût et me mettre à même de commander les miens. Je suis étourdie de ce commencement d'indépendance comme un aveugle qui recouvrerait la vue. Je puis juger de ce qu'est une carmélite à une fille du monde : la différence est si grande que nous n'aurions jamais pu la concevoir. Pendant ce déjeuner mon père fut distrait, et nous le laissâmes à ses idées; il est fort avant dans les secrets du roi. J'étais parfaitement oubliée, il se souviendra de moi quand je lui serai nécessaire, j'ai vu cela. Mon père est un homme charmant, malgré ses cinquante ans : il a une taille jeune, il est bien fait, il est blond, il a une tournure et des grâces exquises; il a la figure à la fois parlante et muette des diplomates; son nez est mince et long, ses yeux sont bruns. Quel joli couple ! Combien de pensées singulières m'ont assaillie en voyant clairement que ces deux êtres, également nobles, riches, supérieurs, ne vivent point ensemble, n'ont rien de commun que le nom, et se maintiennent unis aux yeux du monde. L'élite de la cour et de la diplomatie était hier là. Dans quelques jours

Notes

1. **lingère** : femme chargée du linge dans une grande maison.

2. **modistes** : artisans fabriquant des chapeaux et des coiffures de femme.

je vais à un bal chez la duchesse de Maufrigneuse[1], et je serai présentée à ce monde que je voudrais tant connaître. Il va venir tous les matins un maître de danse : je dois savoir danser dans un mois, sous peine de ne pas aller au bal. Avant le dîner, ma mère est venue me voir relativement à ma gouvernante. J'ai gardé miss Griffith, qui lui a été donnée par l'ambassadeur d'Angleterre. Cette miss est la fille d'un ministre : elle est parfaitement élevée ; sa mère était noble, elle a trente-six ans, elle m'apprendra l'anglais. Ma Griffith est assez belle pour avoir des prétentions ; elle est pauvre et fière, elle est écossaise, elle sera mon chaperon[2], elle couchera dans la chambre de Rose. Rose sera aux ordres de miss Griffith. J'ai vu sur-le-champ que je gouvernerais ma gouvernante. Depuis six jours que nous sommes ensemble, elle a parfaitement compris que moi seule puis m'intéresser à elle ; moi, malgré sa contenance de statue, j'ai compris parfaitement qu'elle sera très complaisante[3] pour moi. Elle me semble une bonne créature, mais discrète. Je n'ai rien pu savoir de ce qui s'est dit entre elle et ma mère.

Autre nouvelle qui me paraît peu de chose ! Ce matin mon père a refusé le ministère qui lui a été proposé. De là sa préoccupation de la veille. Il préfère une ambassade, a-t-il dit, aux ennuis des discussions publiques. L'Espagne lui sourit. J'ai su ces nouvelles au déjeuner, seul moment de la journée où mon père, ma mère, mon frère se voient dans une sorte d'intimité. Les domestiques ne viennent alors que quand on les sonne. Le reste du temps, mon frère est absent aussi bien que mon père. Ma mère s'habille, elle n'est jamais visible de

Notes

1. duchesse de Maufrigneuse : personnage fictif récurrent – une femme très mondaine qui recherche les hommes fortunés – de *La Comédie humaine*.

2. chaperon : personne respectable qui accompagne une jeune personne pour la surveiller.

3. Balzac relie presque systématiquement l'adverbe *très* à l'adjectif ou à l'adverbe qui le suit par un trait d'union. Nous avons choisi de le supprimer, conformément à l'usage actuel.

deux heures à quatre : à quatre heures, elle sort pour une promenade d'une heure ; elle reçoit de six à sept quand elle ne dîne pas en ville ; puis la soirée est employée par les plaisirs, le spectacle, le bal, les concerts, les visites. Enfin sa vie est si remplie que je ne crois pas qu'elle ait un quart d'heure à elle. Elle doit passer un temps assez considérable à sa toilette du matin, car elle est divine au déjeuner, qui a lieu entre onze heures et midi. Je commence à m'expliquer les bruits qui se font chez elle : elle prend d'abord un bain presque froid, et une tasse de café à la crème et froid, puis elle s'habille ; elle n'est jamais éveillée avant neuf heures, excepté les cas extraordinaires ; l'été il y a des promenades matinales à cheval. À deux heures, elle reçoit un jeune homme que je n'ai pu voir encore. Voilà notre vie de famille. Nous nous rencontrons à déjeuner et à dîner ; mais je suis souvent seule avec ma mère à ce repas. Je devine que plus souvent encore je dînerai seule chez moi avec miss Griffith, comme faisait ma grand-mère. Ma mère dîne souvent en ville. Je ne m'étonne plus du peu de souci de ma famille pour moi. Ma chère, à Paris, il y a de l'héroïsme à aimer les gens qui sont auprès de nous, car nous ne sommes pas souvent avec nous-mêmes. Comme on oublie les absents dans cette ville ! Et cependant je n'ai pas encore mis le pied dehors, je ne connais rien ; j'attends que je sois déniaisée, que ma mise et mon air soient en harmonie avec ce monde dont le mouvement m'étonne, quoique je n'en entende le bruit que de loin. Je ne suis encore sortie que dans le jardin. Les Italiens[1] commencent à chanter dans quelques jours. Ma mère y a une loge[2]. Je suis comme folle du désir d'entendre la musique italienne et de voir un opéra français. Je commence à rompre les habitudes du couvent pour prendre celles de la vie du monde. Je t'écris le soir jusqu'au moment où je me couche,

Notes

1. **Italiens** : désigne le Théâtre royal italien, où se donnaient des opéras.

2. **loge** : dans une salle de spectacle, compartiment ne comportant que quelques sièges.

qui maintenant est reculé jusqu'à dix heures, l'heure à laquelle ma mère sort quand elle ne va pas à quelque théâtre. Il y a douze théâtres à Paris. Je suis d'une ignorance crasse, et je lis beaucoup, mais je lis indistinctement. Un livre me conduit à un autre. Je trouve les titres de plusieurs ouvrages sur la couverture de celui que j'ai ; mais personne ne peut me guider, en sorte que j'en rencontre de fort ennuyeux. Ce que j'ai lu de la littérature moderne roule sur l'amour, le sujet qui nous occupait tant, puisque toute notre destinée est faite par l'homme et pour l'homme ; mais combien ces auteurs sont au-dessous de deux petites filles nommées la biche blanche et la mignonne, Renée et Louise ! Ah ! chère ange, quels pauvres événements, quelle bizarrerie, et combien l'expression de ce sentiment est mesquine ! Deux livres cependant m'ont étrangement plu, l'un est *Corinne*[1] et l'autre *Adolphe*[2]. À propos de ceci, j'ai demandé à mon père si je pourrais voir madame de Staël. Ma mère, mon père et Alphonse se sont mis à rire. Alphonse a dit : – « D'où vient-elle donc ? » Mon père a répondu : – « Nous sommes bien niais, elle vient des Carmélites. » – « Ma fille, madame de Staël est morte », m'a dit la duchesse avec douceur. – « Comment une femme peut-elle être trompée ? » ai-je dit à miss Griffith en terminant Adolphe. – « Mais quand elle aime », m'a dit miss Griffith. Dis donc, Renée, est-ce qu'un homme pourra nous tromper ?... Miss Griffith a fini par entrevoir que je ne suis sotte qu'à demi, que j'ai une éducation inconnue, celle que nous nous sommes donnée l'une à l'autre en raisonnant à perte de vue. Elle a compris que mon ignorance porte seulement sur les choses extérieures. La pauvre créature m'a ouvert son cœur. Cette réponse laconique, mise en balance contre tous les malheurs imaginables, m'a causé un léger frisson. La Griffith me répéta de ne me laisser éblouir par rien dans le monde

Notes

1. *Corinne ou l'Italie* est un roman d'amour de Germaine de Staël (1766-1817) paru en 1807.

2. ***Adolphe*** : roman autobiographique caractéristique du romantisme publié par Benjamin Constant (1767-1830) en 1816.

et de me défier de tout, principalement de ce qui me plaira le plus. Elle ne sait et ne peut rien me dire de plus. Ce discours est trop monotone. Elle se rapproche en ceci de la nature de l'oiseau qui n'a qu'un cri.

III
La même à la même

Décembre.

Ma chérie, me voici prête à entrer dans le monde ; aussi ai-je tâché d'être bien folle avant de me composer pour lui. Ce matin, après beaucoup d'essais, je me suis vue bien et dûment[1] corsetée[2], chaussée, serrée, coiffée, habillée, parée. J'ai fait comme les duellistes avant le combat : je me suis exercée à huis clos[3]. J'ai voulu me voir sous les armes, je me suis de très bonne grâce trouvé un petit air vainqueur et triomphant auquel il faudra se rendre. Je me suis examinée et jugée. J'ai passé la revue de mes forces en mettant en pratique cette belle maxime de l'antiquité : Connais-toi toi-même[4] ! J'ai eu des plaisirs infinis en faisant ma connaissance. Griffith a été seule dans le secret de ma jouerie à la poupée. J'étais à la fois la poupée et l'enfant. Tu crois me connaître ? point !

Voici, Renée, le portrait de ta sœur autrefois déguisée en carmélite et ressuscitée en fille légère et mondaine. La Provence exceptée, je suis une des plus belles personnes de France. Ceci me paraît le vrai sommaire de cet agréable chapitre. J'ai des défauts ; mais, si j'étais homme, je les aimerais. Ces défauts viennent des espérances que je donne. Quand on a, quinze

Notes

1. **dûment** : comme il convient.
2. **corsetée** : habillée d'un corset, c'est-à-dire d'une pièce de vêtement très résistante et lacée que les femmes portaient sur la taille et le ventre.
3. **à huis clos** : toutes portes fermées, seule dans une pièce fermée.
4. ***Connais-toi toi-même*** : inscription, gravée sur le temple d'Apollon à Delphes, reprise par le philosophe grec antique Socrate.

jours durant, admiré l'exquise rondeur des bras de sa mère, et que cette mère est la duchesse de Chaulieu, ma chère, on se trouve malheureuse en se voyant des bras maigres ; mais on s'est consolée en trouvant le poignet fin, une certaine suavité[1] de linéaments dans ces creux qu'un jour une chair satinée viendra poteler, arrondir et modeler. Le dessin un peu sec du bras se retrouve dans les épaules. À la vérité, je n'ai pas d'épaules, mais de dures omoplates qui forment deux plans heurtés. Ma taille est également sans souplesse, les flancs[2] sont raides. Ouf ! j'ai tout dit. Mais ces profils sont fins et fermes, la santé mord de sa flamme vive et pure ces lignes nerveuses, la vie et le sang bleu courent à flots sous une peau transparente. Mais la plus blonde fille d'Ève la blonde est une négresse à côté de moi ! Mais j'ai un pied de gazelle ! Mais toutes les entournures sont délicates, et je possède les traits corrects d'un dessin grec. Les tons de chair ne sont pas fondus, c'est vrai, mademoiselle ; mais ils sont vivaces : je suis un très joli fruit vert, et j'en ai la grâce verte. Enfin je ressemble à la figure qui, dans le vieux missel de ma tante, s'élève d'un lis violâtre. Mes yeux bleus ne sont pas bêtes, ils sont fiers, entourés de deux marges de nacre[3] vive nuancée par de jolies fibrilles[4] et sur lesquelles mes cils longs et pressés ressemblent à des franges de soie. Mon front étincelle, mes cheveux ont les racines délicieusement plantées, ils offrent de petites vagues d'or pâle, bruni dans les milieux et d'où s'échappent quelques cheveux mutins qui disent assez que je ne suis pas une blonde fade et à évanouissements, mais une blonde méridionale[5] et pleine de sang, une blonde qui frappe au lieu de se laisser atteindre. Le coiffeur ne voulait-il pas me les lisser en deux bandeaux et me mettre sur le front

Notes

1. **suavité** : douceur délicieuse.
2. **flancs** : parties gauche et droite du ventre.
3. **nacre** : substance, couleur ou reflet qui ressemble à l'intérieur de certains coquillages et mollusques.
4. **fibrilles** : ici, petits vaisseaux veineux.
5. **méridionale** : du Sud.

une perle retenue par une chaîne d'or en me disant que j'aurais l'air moyen-âge. – « Apprenez que je n'ai pas assez d'âge pour en être au moyen et pour mettre un ornement qui rajeunisse ! » Mon nez est mince, les narines sont bien coupées et séparées par une charmante cloison rose ; il est impérieux, moqueur, et son extrémité est trop nerveuse pour jamais ni grossir ni rougir. Ma chère biche, si ce n'est pas à faire prendre une fille sans dot, je ne m'y connais pas. Mes oreilles ont des enroulements coquets, une perle à chaque bout y paraîtra jaune. Mon col[1] est long, il a ce mouvement serpentin qui donne tant de majesté. Dans l'ombre, sa blancheur se dore. Ah ! j'ai peut-être la bouche un peu grande, mais elle est si expressive, les lèvres sont d'une si belle couleur, les dents rient de si bonne grâce ! Et puis, ma chère, tout est en harmonie : on a une démarche, on a une voix ! L'on se souvient des mouvements de jupe de son aïeule[2], qui n'y touchait jamais ; enfin je suis belle et gracieuse. Suivant ma fantaisie, je puis rire comme nous avons ri souvent, et je serai respectée : il y aura je ne sais quoi d'imposant dans les fossettes que de ses doigts légers la Plaisanterie fera dans mes joues blanches. Je puis baisser les yeux et me donner un cœur de glace sous mon front de neige. Je puis offrir le cou mélancolique du cygne en me posant en madone, et les vierges dessinées par les peintres seront à cent piques au-dessous de moi ; je serai plus haut qu'elles dans le ciel. Un homme sera forcé, pour me parler, de musiquer[3] sa voix.

Je suis donc armée de toutes pièces, et puis parcourir le clavier de la coquetterie depuis les notes les plus graves jusqu'au jeu le plus flûté. C'est un immense avantage que de ne pas être uniforme. Ma mère n'est ni folâtre, ni virginale ; elle est exclusivement digne, imposante ; elle ne peut sortir de là que pour devenir léonine ; quand elle blesse, elle guérit difficilement ; moi, je saurai blesser et guérir. Je suis tout autre encore

Notes

1. **col** : cou.
2. **aïeule** : grand-mère.
3. **musiquer** : mettre en musique.

que ma mère. Aussi n'y a-t-il pas de rivalité possible entre nous, à moins que nous ne nous disputions sur le plus ou le moins de perfection de nos extrémités qui sont semblables. Je tiens de mon père, il est fin et délié[1]. J'ai les manières de ma grand-mère et son charmant ton de voix, une voix de tête quand elle est forcée, une mélodieuse voix de poitrine dans le médium du tête-à-tête. Il me semble que c'est seulement aujourd'hui que j'ai quitté le couvent. Je n'existe pas encore pour le monde, je lui suis inconnue. Quel délicieux moment! Je m'appartiens encore, comme une fleur qui n'a pas été vue et qui vient d'éclore. Eh! bien, mon ange, quand je me suis promenée dans mon salon en me regardant, quand j'ai vu l'ingénue[2] défroque[3] de la pensionnaire, j'ai eu je ne sais quoi dans le cœur : regrets du passé, inquiétudes sur l'avenir, craintes du monde, adieux à nos pâles marguerites innocemment cueillies, effeuillées insouciamment; il y avait de tout cela; mais il y avait aussi de ces idées fantasques que je renvoie dans les profondeurs de mon âme, où je n'ose descendre et d'où elles viennent.

Ma Renée, j'ai un trousseau[4] de mariée! Le tout est bien rangé, parfumé dans les tiroirs de cèdre et à devant de laque[5] du délicieux cabinet de toilette. J'ai rubans, chaussures, gants, tout en profusion[6]. Mon père m'a donné gracieusement[7] les bijoux de la jeune fille : un nécessaire, une toilette, une cassolette[8], un éventail, une ombrelle, un livre de prières, une chaîne d'or, un cachemire; il m'a promis de me faire apprendre à monter à cheval. Enfin, je sais danser! Demain, oui, demain

Notes

1. **délié** : très mince, souple et svelte; subtil.
2. **ingénue** : innocente.
3. **défroque** : habit religieux vieux et usé qu'on abandonne.
4. **trousseau** : ensemble des vêtements et du linge qu'emporte une femme lorsqu'elle se marie.
5. **laque** : sorte de peinture très brillante.
6. **en profusion** : en abondance, en grande quantité.
7. **gracieusement** : gratuitement.
8. **cassolette** : petit récipient dans lequel on fait brûler des parfums.

soir, je suis présentée. Ma toilette est une robe de mousseline blanche. J'ai pour coiffure une guirlande de roses blanches à la grecque. Je prendrai mon air de madone : je veux être bien niaise et avoir les femmes pour moi. Ma mère est à mille lieues de ce que je t'écris, elle me croit incapable de réflexion. Si elle lisait ma lettre, elle serait stupide d'étonnement. Mon frère m'honore d'un profond mépris, et me continue les bontés de son indifférence. C'est un beau jeune homme, mais quinteux[1] et mélancolique. J'ai son secret : ni le duc ni la duchesse ne l'ont deviné. Quoique duc et jeune, il est jaloux de son père, il n'est rien dans l'État, il n'a point de charge à la cour, il n'a point à dire : Je vais à la Chambre. Il n'y a que moi dans la maison qui ai seize heures pour réfléchir : mon père est dans les affaires publiques et dans ses plaisirs, ma mère est occupée aussi; personne ne réagit sur soi dans la maison, on est toujours dehors, il n'y a pas assez de temps pour la vie. Je suis curieuse à l'excès de savoir quel attrait invincible a le monde pour vous garder tous les soirs de neuf heures à deux ou trois heures du matin, pour vous faire faire tant de frais et supporter tant de fatigues. En désirant y venir, je n'imaginais pas de pareilles distances, de semblables enivrements; mais, à la vérité, j'oublie qu'il s'agit de Paris. Ainsi donc, on peut vivre les uns auprès des autres, en famille, et ne pas se connaître. Une quasi-religieuse arrive, en quinze jours elle aperçoit ce qu'un homme d'État ne voit pas dans sa maison. Peut-être le voit-il, et y a-t-il de la paternité dans son aveuglement volontaire. Je sonderai ce coin obscur.

Note

1. **quinteux** : irritable et capricieux.

IV
De la même à la même

15 décembre.

Hier, à deux heures, je suis allée me promener aux Champs-Élysées et au bois de Boulogne par une de ces journées d'automne comme nous en avons tant admiré sur les bords de la Loire. J'ai donc enfin vu Paris ! L'aspect de la place Louis-XV est vraiment beau, mais de ce beau que créent les hommes. J'étais bien mise, mélancolique quoique bien disposée à rire, la figure calme sous un charmant chapeau, les bras croisés. Je n'ai pas recueilli le moindre sourire, je n'ai pas fait rester un seul pauvre petit jeune homme hébété sur ses jambes, personne ne s'est retourné pour me voir, et cependant la voiture allait avec une lenteur en harmonie avec ma pose. Je me trompe, un duc charmant qui passait a brusquement retourné son cheval. Cet homme qui, pour le public, a sauvé mes vanités, était mon père dont l'orgueil, me dit-il, venait d'être agréablement flatté. J'ai rencontré ma mère qui m'a, du bout du doigt, envoyé un petit salut qui ressemblait à un baiser. Ma Griffith, qui ne se défiait de personne, regardait à tort et à travers. Selon mon idée, une jeune personne doit toujours savoir où elle pose son regard. J'étais furieuse. Un homme a très sérieusement examiné ma voiture sans faire attention à moi. Ce flatteur était probablement un carrossier. Je me suis trompée dans l'évaluation de mes forces : la beauté, ce rare privilège que Dieu seul donne, est donc plus commune à Paris que je ne le pensais. Des minaudières[1] ont été gracieusement saluées. À des visages empourprés, les hommes se sont dit : – « La voilà ! » Ma mère a été prodigieusement admirée. Cette énigme a un mot, et je le chercherai. Les hommes, ma chère, m'ont paru généralement très laids. Ceux qui sont beaux nous ressemblent en mal. Je ne sais quel fatal génie a inventé leur costume : il est surprenant

Note

1. **minaudières** : femmes qui font des manières afin qu'on les remarque.

de gaucherie quand on le compare à celui des siècles précédents ; il est sans éclat, sans couleur ni poésie ; il ne s'adresse ni aux sens, ni à l'esprit, ni à l'œil, et il doit être incommode ; il est sans ampleur, écourté. Le chapeau surtout m'a frappée : c'est un tronçon de colonne, il ne prend point la forme de la tête ; mais il est, m'a-t-on dit, plus facile de faire une révolution que de rendre les chapeaux gracieux. La bravoure, en France, recule à l'idée de porter un feutre à calotte[1] ronde, et faute de courage pendant une journée on y reste ridiculement coiffé pendant toute la vie. Et l'on dit les Français légers ! Les hommes sont d'ailleurs parfaitement horribles de quelque façon qu'ils se coiffent. Je n'ai vu que des visages fatigués et durs, où il n'y a ni calme ni tranquillité ; les lignes sont heurtées et les rides annoncent des ambitions trompées, des vanités malheureuses. Un beau front est rare. – « Ah ! voilà les Parisiens », disais-je à miss Griffith. – « Des hommes bien aimables et bien spirituels », m'a-t-elle répondu. Je me suis tue. Une fille de trente-six ans a bien de l'indulgence au fond du cœur.

Le soir, je suis allée au bal, et m'y suis tenue aux côtés de ma mère, qui m'a donné le bras avec un dévouement bien récompensé. Les honneurs étaient pour elle, j'ai été le prétexte des plus agréables flatteries. Elle a eu le talent de me faire danser avec des imbéciles qui m'ont tous parlé de la chaleur comme si j'eusse été gelée, et de la beauté du bal comme si j'étais aveugle. Aucun n'a manqué de s'extasier sur une chose étrange, inouïe, extraordinaire, singulière, bizarre, c'est de m'y voir pour la première fois. Ma toilette, qui me ravissait dans mon salon blanc et or où je paradais toute seule, était à peine remarquable au milieu des parures merveilleuses de la plupart des femmes. Chacune d'elles avait ses fidèles, elles s'observaient toutes du coin de l'œil, plusieurs brillaient d'une beauté triomphante, comme était ma mère. Au bal, une jeune personne ne compte

Note

1. **calotte** : petit bonnet rond.

pas, elle y est une machine à danser. Les hommes, à de rares exceptions près, ne sont pas mieux là qu'aux Champs-Élysées. Ils sont usés, leurs traits sont sans caractère, ou plutôt ils ont tous le même caractère. Ces mines fières et vigoureuses que nos ancêtres ont dans leurs portraits, eux qui joignaient à la force physique la force morale, n'existent plus. Cependant il s'est trouvé dans cette assemblée un homme d'un grand talent qui tranchait sur la masse par la beauté de sa figure, mais il ne m'a pas causé la sensation vive qu'il devait communiquer. Je ne connais pas ses œuvres, et il n'est pas gentilhomme[1]. Quels que soient le génie et les qualités d'un bourgeois ou d'un homme anobli, je n'ai pas dans le sang une seule goutte pour eux. D'ailleurs, je l'ai trouvé si fort occupé de lui, si peu des autres, qu'il m'a fait penser que nous devons être des choses et non des êtres pour ces grands chasseurs d'idées. Quand les hommes de talent aiment, ils ne doivent plus écrire, ou ils n'aiment pas. Il y a quelque chose dans leur cervelle qui passe avant leur maîtresse. Il m'a semblé voir tout cela dans la tournure de cet homme, qui est, dit-on, professeur, parleur, auteur, et que l'ambition rend serviteur de toute grandeur. J'ai pris mon parti sur-le-champ : j'ai trouvé très indigne de moi d'en vouloir au monde de mon peu de succès, et je me suis mise à danser sans aucun souci. J'ai d'ailleurs trouvé du plaisir à la danse. J'ai entendu force commérages sans piquant[2] sur des gens inconnus ; mais peut-être est-il nécessaire de savoir beaucoup de choses que j'ignore pour les comprendre, car j'ai vu la plupart des femmes et des hommes prenant un très vif plaisir à dire ou entendre certaines phrases. Le monde offre énormément d'énigmes dont le mot paraît difficile à trouver. Il y a des intrigues multipliées. J'ai des yeux assez perçants et l'ouïe fine ; quant à l'entendement, vous le connaissez, mademoiselle de Maucombe !

Notes

1. **gentilhomme** : noble.

2. **sans piquant** : ni satirique ni amusant.

Je suis revenue lasse et heureuse de cette lassitude. J'ai très naïvement exprimé l'état où je me trouvais à ma mère, en compagnie de qui j'étais, et qui m'a dit de ne confier ces sortes de choses qu'à elle. – « Ma chère petite, a-t-elle ajouté, le bon goût est autant dans la connaissance des choses qu'on doit taire que dans celle des choses qu'on peut dire. »

Cette recommandation m'a fait comprendre quelles sont les sensations sur lesquelles nous devons garder le silence avec tout le monde, même peut-être avec notre mère. J'ai mesuré d'un coup d'œil le vaste champ des dissimulations femelles. Je puis t'assurer, ma chère biche, que nous ferions, avec l'effronterie[1] de notre innocence, deux petites commères passablement éveillées. Combien d'instructions dans un doigt posé sur les lèvres, dans un mot, dans un regard ! Je suis devenue excessivement timide en un moment. Eh ! quoi ? ne pouvoir exprimer le bonheur si naturel causé par le mouvement de la danse ! Mais, fis-je en moi-même, que sera-ce donc de nos sentiments ? Je me suis couchée triste. Je sens encore vivement l'atteinte de ce premier choc de ma nature franche et gaie avec les dures lois du monde. Voilà déjà de ma laine blanche laissée aux buissons de la route. Adieu, mon ange !

V
Renée de Maucombe à Louise de Chaulieu

Octobre.

Combien ta lettre m'a émue ! émue surtout par la comparaison de nos destinées. Dans quel monde brillant tu vas vivre ! dans quelle paisible retraite achèverai-je mon obscure carrière ! Quinze jours après mon arrivée au château de Maucombe, duquel je t'ai trop parlé pour t'en parler encore, et où j'ai retrouvé ma chambre à peu près dans l'état où je l'avais laissée,

Note

1. **effronterie** : audace, insolence.

mais d'où j'ai pu comprendre le sublime paysage de la vallée de Gémenos, qu'enfant je regardais sans y rien voir, mon père et ma mère, accompagnés de mes deux frères, m'ont menée dîner chez un de nos voisins, un vieux monsieur de l'Estorade, gentilhomme devenu très riche comme on devient riche en province, par les soins de l'avarice. Ce vieillard n'avait pu soustraire son fils unique à la rapacité de Buonaparte[1] ; après l'avoir sauvé de la conscription[2], il avait été forcé de l'envoyer à l'armée, en 1813, en qualité de garde d'honneur : depuis Leipsick[3], le vieux baron de l'Estorade n'en avait plus eu de nouvelles. Monsieur de Montriveau[4], que monsieur de l'Estorade alla voir en 1814, lui affirma l'avoir vu prendre par les Russes. Madame de l'Estorade mourut de chagrin en faisant faire d'inutiles recherches en Russie. Le baron, vieillard très chrétien, pratiquait cette belle vertu théologale[5] que nous cultivions à Blois : l'Espérance ! Elle lui faisait voir son fils en rêve, et il accumulait ses revenus pour ce fils ; il prenait soin des parts de ce fils dans les successions qui lui venaient de la famille de feu[6] madame de l'Estorade. Personne n'avait le courage de plaisanter ce vieillard. J'ai fini par deviner que le retour inespéré de ce fils était la cause du mien. Qui nous eût dit que pendant les courses vagabondes de notre pensée, mon futur cheminait lentement à pied à travers la Russie, la Pologne et l'Allemagne ? Sa mauvaise destinée n'a cessé qu'à Berlin, où le ministre français lui a facilité son retour en France. Monsieur de l'Estorade le père, petit gentilhomme de Provence, riche d'environ dix mille livres de rentes, n'a pas un nom assez

Notes

1. Buonaparte désigne Napoléon Bonaparte.
2. **conscription** : service militaire obligatoire.
3. Il s'agit de la bataille de Leipzig d'octobre 1813, qui se solda par une défaite française.
4. **Monsieur de Montriveau** : personnage fictif récurrent (militaire, général) de *La Comédie humaine*.
5. **vertu théologale** : vertu ayant Dieu pour objet et étant essentielle pour le salut. Les trois vertus théologales sont la foi, l'espérance et la charité.
6. **feu** : décédée depuis peu de temps.

européen pour qu'on s'intéressât au chevalier de l'Estorade, dont le nom sentait singulièrement son aventurier.

Douze mille livres, produit annuel des biens de madame de l'Estorade, accumulées avec les économies paternelles, font au pauvre garde d'honneur une fortune considérable en Provence, quelque chose comme deux cent cinquante mille livres, outre ses biens au soleil. Le bonhomme l'Estorade avait acheté, la veille du jour où il devait revoir le chevalier, un beau domaine mal administré, où il se propose de planter dix mille mûriers qu'il élevait exprès dans sa pépinière, en prévoyant cette acquisition. Le baron, en retrouvant son fils, n'a plus eu qu'une pensée, celle de le marier, et de le marier à une jeune fille noble. Mon père et ma mère ont partagé pour mon compte la pensée de leur voisin dès que le vieillard leur eut annoncé son intention de prendre Renée de Maucombe sans dot, et de lui reconnaître au contrat toute la somme qui doit revenir à ladite Renée dans leurs successions. Dès sa majorité, mon frère cadet, Jean de Maucombe, a reconnu avoir reçu de ses parents un avancement d'hoirie[1] équivalant au tiers de l'héritage. Voilà comment les familles nobles de la Provence éludent l'infâme Code civil du sieur de Buonaparte[2], qui fera mettre au couvent autant de filles nobles qu'il en a fait marier. La noblesse française est, d'après le peu que j'ai entendu dire à ce sujet, très divisée sur ces graves matières.

Ce dîner, ma chère mignonne, était une entrevue entre ta biche et l'exilé. Procédons par ordre. Les gens du comte de Maucombe se sont revêtus de leurs vieilles livrées[3] galonnées, de leurs chapeaux bordés : le cocher a pris ses grandes bottes à chaudron, nous avons tenu cinq dans le vieux carrosse, et nous sommes arrivés en toute majesté vers deux heures, pour

Notes

1. **hoirie** : héritage.
2. Napoléon a promulgué le Code civil en mars 1804.
3. **livrées** : habits des domestiques d'une même maison.

dîner à trois, à la bastide[1] où demeure le baron de l'Estorade. Le beau-père n'a point de château, mais une simple maison de campagne, située au pied d'une de nos collines, au débouché de notre belle vallée dont l'orgueil est certes le vieux castel[2] de Maucombe. Cette bastide est une bastide : quatre murailles de cailloux revêtues d'un ciment jaunâtre, couvertes de tuiles creuses d'un beau rouge. Les toits plient sous le poids de cette briqueterie. Les fenêtres percées au travers sans aucune symétrie ont des volets énormes peints en jaune. Le jardin qui entoure cette habitation est un jardin de Provence, entouré de petits murs bâtis en gros cailloux ronds mis par couches, et où le génie du maçon éclate dans la manière dont il les dispose alternativement inclinés ou debout sur leur hauteur : la couche de boue qui les recouvre tombe par places. La tournure domaniale de cette bastide vient d'une grille, à l'entrée, sur le chemin. On a longtemps[3] pleuré pour avoir cette grille ; elle est si maigre qu'elle m'a rappelé la sœur Angélique. La maison a un perron en pierre, la porte est décorée d'un auvent[4] que ne voudrait pas un paysan de la Loire pour son élégante maison en pierre blanche à toiture bleue, où rit le soleil. Le jardin, les alentours sont horriblement poudreux, les arbres sont brûlés. On voit que, depuis longtemps, la vie du baron consiste à se lever, se coucher et se relever le lendemain sans nul souci que celui d'entasser sou sur sou. Il mange ce que mangent ses deux domestiques, qui sont un garçon provençal et la vieille femme de chambre de sa femme. Les pièces ont peu de mobilier. Cependant la maison de l'Estorade s'était mise en frais. Elle avait vidé ses armoires, convoqué le ban et

Notes

1. **bastide** : en Provence, maison de campagne ayant la taille d'un petit château.
2. **castel** : petit château.
3. Balzac écrit « *long-temps* » ; nous rétablissons l'orthographe actuelle.
4. **auvent** : petit toit pour protéger de la pluie.

l'arrière-ban de ses serfs[1] pour ce dîner, qui nous a été servi dans une vieille argenterie noire et bosselée. L'exilé, ma chère mignonne, est comme la grille, bien maigre ! Il est pâle, il a souffert, il est taciturne. À trente-sept ans, il a l'air d'en avoir cinquante. L'ébène de ses ex-beaux cheveux de jeune homme est mélangé de blanc comme l'aile d'une alouette. Ses beaux yeux bleus sont caves[2] ; il est un peu sourd, ce qui le fait ressembler au chevalier de la Triste Figure[3] ; néanmoins j'ai consenti gracieusement à devenir madame de l'Estorade, à me laisser doter de deux cent cinquante mille livres, mais à la condition expresse d'être maîtresse d'arranger la bastide et d'y faire un parc. J'ai formellement exigé de mon père de me concéder une petite partie d'eau qui peut venir de Maucombe ici. Dans un mois je serai madame de l'Estorade, car j'ai plu, ma chère. Après les neiges de la Sibérie, un homme est très disposé à trouver du mérite à ces yeux noirs qui, disais-tu, faisaient mûrir les fruits que je regardais. Louis de l'Estorade paraît excessivement heureux d'épouser *la belle Renée de Maucombe*, tel est le glorieux surnom de ton amie. Pendant que tu t'apprêtes à moissonner les joies de la plus vaste existence, celle d'une demoiselle de Chaulieu dans Paris où tu régneras, ta pauvre biche, Renée, cette fille du désert est tombée de l'Empyrée[4] où nous nous élevions, dans les réalités vulgaires d'une destinée simple comme celle d'une pâquerette. Oui, je me suis juré à moi-même de consoler ce jeune homme sans jeunesse, qui a passé du giron maternel à celui de la guerre, et des joies de sa bastide aux glaces et aux travaux de la Sibérie. L'uniformité de mes jours à venir sera variée par les humbles

Notes

1. **le ban et l'arrière-ban de ses serfs** : tous ses serfs.
2. **caves** : enfoncés.
3. **chevalier de la Triste Figure** : surnom donné par son écuyer à Don Quichotte, héros éponyme du roman espagnol de Miguel de Cervantes publié en 1605 et 1615.
4. **Empyrée** : partie la plus élevée du ciel, où siégeaient les dieux selon la mythologie antique.

plaisirs de la campagne. Je continuerai l'oasis de la vallée de Gémenos autour de ma maison, qui sera majestueusement ombragée de beaux arbres. J'aurai des gazons toujours verts en Provence, je ferai monter mon parc jusque sur la colline, je placerai sur le point le plus élevé quelque joli kiosque d'où mes yeux pourront voir peut-être la brillante Méditerranée. L'oranger, le citronnier, les plus riches productions de la botanique embelliront ma retraite, et j'y serai mère de famille. Une poésie naturelle, indestructible, nous environnera. En restant fidèle à mes devoirs, aucun malheur n'est à redouter. Mes sentiments chrétiens sont partagés par mon beau-père et par le chevalier de l'Estorade. Ah! mignonne, j'aperçois la vie comme un de ces grands chemins de France, unis et doux, ombragés d'arbres éternels. Il n'y aura pas deux Buonaparte en ce siècle : je pourrai garder mes enfants si j'en ai, les élever, en faire des hommes, je jouirai de la vie par eux. Si tu ne manques pas à ta destinée, toi qui seras la femme de quelque puissant de la terre, les enfants de ta Renée auront une active protection. Adieu donc, pour moi du moins, les romans et les situations bizarres dont nous nous faisions les héroïnes. Je sais déjà par avance l'histoire de ma vie : ma vie sera traversée par les grands événements de la dentition de messieurs de l'Estorade, par leur nourriture, par les dégâts qu'ils feront dans mes massifs et dans ma personne : leur broder des bonnets, être aimée et admirée par un pauvre homme souffreteux, à l'entrée de la vallée de Gémenos, voilà mes plaisirs. Peut-être un jour la campagnarde ira-t-elle habiter Marseille pendant l'hiver; mais alors elle n'apparaîtrait encore que sur le théâtre étroit de la province dont les coulisses ne sont point périlleuses. Je n'aurai rien à redouter, pas même une de ces admirations qui peuvent nous rendre fières. Nous nous intéresserons beaucoup aux vers à soie pour lesquels nous aurons des feuilles de mûrier à vendre. Nous connaîtrons les étranges vicissitudes de la vie provençale et les tempêtes d'un ménage sans querelle possible : monsieur de l'Estorade annonce l'intention formelle de se laisser conduire par sa femme. Or, comme je ne ferai rien pour l'entretenir dans cette sagesse, il est probable qu'il y persistera. Tu seras, ma chère Louise, la partie romanesque de mon existence. Aussi raconte-moi bien tes aventures, peins-moi les bals, les fêtes, dis-moi bien comment tu t'habilles, quelles fleurs couronnent tes beaux cheveux blonds, et les paroles des hommes et leurs façons. Tu seras deux à écouter, à danser, à sentir le bout de tes doigts pressé. Je voudrais bien m'amuser à Paris, pendant que tu seras mère de famille à La Crampade, tel est le nom de notre bastide. Pauvre homme qui croit épouser une seule femme ! S'apercevra-t-il qu'elles sont deux ? Je commence à dire des folies. Comme je ne puis plus en faire que par procureur, je m'arrête. Donc, un baiser sur chacune de tes joues, mes lèvres sont encore celles de la jeune fille (il n'a osé prendre que ma main). Oh ! nous sommes d'un respectueux et d'une convenance assez inquiétants. Eh ! bien, je recommence. Adieu ! chère.

P.-S. J'ouvre ta troisième lettre. Ma chère, je puis disposer d'environ mille livres : emploie-les moi donc en jolies choses qui ne se trouveront point dans les environs, ni même à Marseille. En courant pour toi-même, pense à ta recluse de La Crampade. Songe que, ni d'un côté ni de l'autre, les grands-parents n'ont à Paris des gens de goût pour leurs acquisitions. Je répondrai plus tard à cette lettre.

VI
Don Felipe Henarez à Don Fernand

Paris, septembre.

La date de cette lettre vous dira, mon frère, que le chef de votre maison ne court aucun danger. Si le massacre de nos ancêtres dans la cour des Lions nous a faits malgré nous Espagnols et chrétiens, il nous a légué la prudence des Arabes ; et peut-être ai-je dû mon salut au sang d'Abencerrage[1] qui coule encore dans mes veines. La peur rendait Ferdinand[2] si bon comédien que Valdez[3] croyait à ses protestations. Sans moi, ce pauvre amiral était perdu. Jamais les libéraux ne sauront ce qu'est un roi. Mais le caractère de ce Bourbon m'est connu depuis longtemps : plus Sa Majesté nous assurait de sa protection, plus elle éveillait ma défiance[4]. Un véritable Espagnol n'a nul besoin de répéter ses promesses. Qui parle trop veut tromper. Valdez a passé sur un bâtiment anglais. Quant à moi, dès que les destinées de ma chère Espagne furent perdues en Andalousie, j'écrivis à l'intendant de mes biens en Sardaigne de pourvoir à ma sûreté. D'habiles pêcheurs de corail m'attendaient avec une barque sur un point de la côte. Lorsque Ferdinand recommandait aux Français de s'assurer de ma personne, j'étais dans ma baronnie de Macumer, au milieu de bandits qui défient toutes les lois et toutes les vengeances. La dernière maison hispano-maure[5] de Grenade a retrouvé les déserts d'Afrique, et jusqu'au cheval sarrasin, dans un domaine qui lui vient des Sarrasins[6]. Les yeux de ces bandits ont brillé d'une joie et d'un orgueil sauvages en apprenant qu'ils protégeaient contre la vendetta du roi d'Espagne le duc de Soria leur maître, un Henarez enfin, le premier qui soit venu les visiter depuis le temps où l'île appartenait aux Maures, eux qui la veille craignaient ma justice ! Vingt-deux carabines se sont offertes à viser Ferdinand de Bourbon, ce fils d'une race encore incon-

Notes

1. **Abencerrage (ou Abencerage)** : tribu arabe maure installée dans la région de Grenade dans le Sud de l'Espagne depuis le VIIe siècle, massacrée en 1485 par une autre tribu dans la cour des Lions du palais de l'Alhambra à Grenade.
2. **Ferdinand** : roi d'Espagne, Ferdinand VII (1784-1833), qui régna au cours de l'année 1808, puis de 1814 à 1833 de manière absolutiste.
3. **Valdez** : amiral et homme politique espagnol (1767-1835) qui s'opposa à Ferdinand VII pendant le règne de ce dernier.
4. **défiance** : méfiance, soupçon, doute.
5. **maure** : conquérant musulman de l'Espagne.
6. Au Moyen Âge, *sarrasin* signifie « Arabe » et le nom *Sarrasins* désigne des peuples musulmans d'Afrique du Nord.

nue au jour où les Abencerrages arrivaient en vainqueurs aux bords de la Loire. Je croyais pouvoir vivre des revenus de ces immenses domaines, auxquels nous avons malheureusement si peu songé ; mais mon séjour m'a démontré mon erreur et la véracité des rapports de Queverdo. Le pauvre homme avait vingt-deux vies d'homme à mon service, et pas un réal[1] ; des savanes de vingt mille arpents, et pas une maison ; des forêts vierges, et pas un meuble. Un million de piastres[2] et la présence du maître pendant un demi-siècle seraient nécessaires pour mettre en valeur ces terres magnifiques : j'y songerai. Les vaincus méditent pendant leur fuite et sur eux-mêmes et sur la partie perdue. En voyant ce beau cadavre rongé par les moines, mes yeux se sont baignés de larmes : j'y reconnaissais le triste avenir de l'Espagne. J'ai appris à Marseille la fin de Riego[3]. J'ai pensé douloureusement que ma vie aussi va se terminer par un martyre, mais obscur et long. Sera-ce donc exister que de ne pouvoir ni se consacrer à un pays, ni vivre pour une femme ! Aimer, conquérir, cette double face de la même idée était la loi gravée sur nos sabres, écrite en lettres d'or aux voûtes de nos palais, incessamment redite par les jets d'eau qui montaient en gerbes dans nos bassins de marbre. Mais cette loi fanatise inutilement mon cœur : le sabre est brisé, le palais est en cendres, la source vive est bue par des sables stériles.

Voici donc mon testament.

Don Fernand, vous allez comprendre pourquoi je bridais votre ardeur en vous ordonnant de rester fidèle au *rey netto*[4]. Comme ton frère et ton ami, je te supplie d'obéir ; comme votre maître, je vous le commande. Vous irez au roi, vous lui demanderez mes grandesses et mes biens, ma charge et mes

Notes

1. **réal** : ancienne monnaie espagnole.
2. **piastres** : ancienne monnaie de divers pays.
3. Rafael del Riego était un homme politique espagnol (1784 ou 1785-1823) de tendance libérale. Menant la révolte contre la monarchie absolue de Ferdinand VII, il fut arrêté et condamné à mort.
4. ***rey netto*** : *roi absolu*.

titres ; il hésitera peut-être, il fera quelques grimaces royales ; mais vous lui direz que vous êtes aimé de Marie Heredia, et que Marie ne peut épouser que le duc de Soria. Vous le verrez alors tressaillant de joie : l'immense fortune des Heredia l'empêchait de consommer ma ruine ; elle lui paraîtra complète ainsi, vous aurez aussitôt ma dépouille. Vous épouserez Marie : j'avais surpris le secret de votre mutuel amour combattu. Aussi ai-je préparé le vieux comte à cette substitution. Marie et moi nous obéissions aux convenances et aux vœux de nos pères. Vous êtes beau comme un enfant de l'amour, je suis laid comme un grand d'Espagne ; vous êtes aimé, je suis l'objet d'une répugnance inavouée ; vous aurez bientôt vaincu le peu de résistance que mon malheur inspirera peut-être à cette noble Espagnole. Duc de Soria, votre prédécesseur ne veut ni vous coûter un regret ni vous priver d'un maravedi[1]. Comme les joyaux de Marie peuvent réparer le vide que les diamants de ma mère feront dans votre maison, vous m'enverrez ces diamants, qui suffiront pour assurer l'indépendance de ma vie, par ma nourrice, la vieille Urraca, la seule personne que je veuille conserver des gens de ma maison : elle seule sait bien préparer mon chocolat.

Durant notre courte révolution[2], mes constants travaux avaient réduit ma vie au nécessaire, et les appointements de ma place y pourvoyaient. Vous trouverez les revenus de ces deux dernières années entre les mains de votre intendant. Cette somme est à moi : le mariage d'un duc de Soria occasionne de grandes dépenses, nous la partagerons donc. Vous ne refuserez pas le présent de noces de votre frère le bandit. D'ailleurs, telle est ma volonté. La baronnie de Macumer n'étant pas sous la main du roi d'Espagne[3], elle me reste et me laisse la faculté

Notes

1. **maravedi** : monnaie espagnole.
2. Allusion au soulèvement mené par Rafael del Riego.
3. La Sardaigne était une possession du duc de Savoie.

d'avoir une patrie et un nom, si, par hasard, je voulais devenir quelque chose.

Dieu soit loué, voici les affaires finies, la maison de Soria est sauvée !

Au moment où je ne suis plus que baron de Macumer, les canons français annoncent l'entrée du duc d'Angoulême[1]. Vous comprendrez, monsieur, pourquoi j'interromps ici ma lettre…

Octobre.

En arrivant ici, je n'avais pas dix quadruples. Un homme d'État n'est-il pas bien petit quand, au milieu des catastrophes qu'il n'a pas empêchées, il montre une prévoyance égoïste ? Aux Maures vaincus, un cheval et le désert ; aux chrétiens trompés dans leurs espérances, le couvent et quelques pièces d'or. Cependant, ma résignation n'est encore que de la lassitude. Je ne suis point assez près du monastère pour ne pas songer à vivre. Ozalga m'avait, à tout hasard, donné des lettres de recommandation parmi lesquelles il s'en trouvait une pour un libraire qui est à nos compatriotes ce que Galignani[2] est ici aux Anglais. Cet homme m'a procuré huit écoliers à trois francs par cachet. Je vais chez mes élèves de deux jours l'un, j'ai donc quatre séances par jour et gagne douze francs, somme bien supérieure à mes besoins. À l'arrivée d'Urraca, je ferai le bonheur de quelque Espagnol proscrit en lui cédant ma clientèle. Je suis logé rue Hillerin-Bertin chez une pauvre veuve qui prend des pensionnaires. Ma chambre est au midi[3] et donne sur un petit jardin. Je n'entends aucun bruit, je vois

Notes

1. En 1823, à la demande de Ferdinand VII, Louis XVIII envoie, en Espagne, un corps expéditionnaire mené par le duc d'Angoulême. Les Français entrent dans Madrid en mai 1823 ; la bataille gagne Cadix et dure jusqu'à la capitulation des libéraux à l'automne ; le duc d'Angoulême rentre, ensuite, à Paris.

2. Giovanni Antonio Galignani est un éditeur et libraire italien (1757-1821) qui ouvre en 1801, à Paris, une librairie anglaise, d'abord rue Vivienne, puis rue de Rivoli où elle est toujours située.

3. **au midi** : au sud.

de la verdure et ne dépense en tout qu'une piastre par jour; je suis tout étonné des plaisirs calmes et purs que je goûte dans cette vie de Denys[1] à Corinthe. Depuis le lever du soleil jusqu'à dix heures, je fume et prends mon chocolat, assis à ma fenêtre, en regardant deux plantes espagnoles, un genêt qui s'élève entre les masses d'un jasmin : de l'or sur un fond blanc, une image qui fera toujours tressaillir un rejeton des Maures. À dix heures, je me mets en route jusqu'à quatre heures pour donner mes leçons. À cette heure, je reviens dîner, je fume et lis après jusqu'à mon coucher. Je puis mener longtemps cette vie, que mélangent[2] le travail et la méditation, la solitude et le monde. Sois donc heureux, Fernand, mon abdication est accomplie sans arrière-pensée; elle n'est suivie d'aucun regret comme celle de Charles Quint, d'aucune envie de renouer la partie comme celle de Napoléon. Cinq nuits et cinq jours ont passé sur mon testament, la pensée en a fait cinq siècles. Les grandesses, les titres, les biens sont pour moi comme s'ils n'eussent jamais été. Maintenant que la barrière du respect qui nous séparait est tombée, je puis, cher enfant, te laisser lire dans mon cœur. Ce cœur, que la gravité couvre d'une impénétrable armure, est plein de tendresses et de dévouements sans emploi; mais aucune femme ne l'a deviné, pas même celle qui, dès le berceau, me fut destinée. Là est le secret de mon ardente vie politique. À défaut de maîtresse, j'ai adoré l'Espagne. L'Espagne aussi m'a échappé! Maintenant que je ne suis plus rien, je puis contempler le *moi* détruit, me demander pourquoi la vie y est venue et quand elle s'en ira? pourquoi la race chevaleresque par excellence a jeté dans son dernier rejeton ses premières vertus, son amour africain, sa chaude poésie? si la graine doit conserver sa rugueuse enveloppe sans pousser de tige, sans effeuiller ses parfums orientaux du haut

Notes

1. Denys : père de l'Église et évêque de Corinthe au milieu du IIe siècle de notre ère.

2. que mélangent : où alternent.

d'un radieux calice ? Quel crime ai-je commis avant de naître pour n'avoir inspiré d'amour à personne ? Dès ma naissance étais-je donc un vieux débris destiné à échouer sur une grève aride ? Je retrouve en mon âme les déserts paternels, éclairés par un soleil qui les brûle sans y rien laisser croître. Reste orgueilleux d'une race déchue, force inutile, amour perdu, vieux jeune homme, j'attendrai donc où je suis, mieux que partout ailleurs, la dernière faveur de la mort. Hélas ! sous ce ciel brumeux, aucune étincelle ne ranimera la flamme dans toutes ces cendres. Aussi pourrais-je dire pour dernier mot, comme Jésus-Christ : *Mon Dieu, tu m'as abandonné !* Terrible parole que personne n'a osé sonder.

Juge, Fernand, combien je suis heureux de revivre en toi et en Marie ! je vous contemplerai désormais avec l'orgueil d'un créateur fier de son œuvre. Aimez-vous bien et toujours, ne me donnez pas de chagrins : un orage entre vous me ferait plus de mal qu'à vous-mêmes. Notre mère avait pressenti que les événements serviraient un jour ses espérances. Peut-être le désir d'une mère est-il un contrat passé entre elle et Dieu. N'était-elle pas d'ailleurs un de ces êtres mystérieux qui peuvent communiquer avec le ciel et qui en rapportent une vision de l'avenir ! Combien de fois n'ai-je pas lu dans les rides de son front qu'elle souhaitait à Fernand les honneurs et les biens de Felipe ! Je le lui disais, elle me répondait par deux larmes et me montrait les plaies d'un cœur qui nous était dû tout entier à l'un comme à l'autre, mais qu'un invincible amour donnait à toi seul. Aussi son ombre joyeuse planera-t-elle au-dessus de vos têtes quand vous les inclinerez à l'autel. Viendrez-vous caresser enfin votre Felipe, dona Clara ? vous le voyez : il cède à votre bien-aimé jusqu'à la jeune fille que vous poussiez à regret sur ses genoux. Ce que je fais plaît aux femmes, aux morts, au roi, Dieu le voulait, n'y dérange donc rien, Fernand : obéis et tais-toi.

P. S. Recommande à Urraca de ne pas me nommer autrement que monsieur Henarez. Ne dis pas un mot de moi à Marie. Tu dois être le seul être vivant qui sache les secrets du dernier Maure christianisé, dans les veines duquel mourra le sang de la grande famille née au désert, et qui va finir dans la solitude. Adieu.

VII
Louise de Chaulieu à Renée de Maucombe

Janvier 1824.

Comment, bientôt mariée ! mais prend-on les gens ainsi ? Au bout d'un mois, tu te promets à un homme, sans le connaître, sans en rien savoir. Cet homme peut être sourd, on l'est de tant de manières ! il peut être maladif, ennuyeux, insupportable. Ne vois-tu pas, Renée, ce qu'on veut faire de toi ? tu leur es nécessaire pour continuer la glorieuse maison de l'Estorade, et voilà tout. Tu vas devenir une provinciale. Sont-ce là nos promesses mutuelles ? À votre place, j'aimerais mieux aller me promener aux îles d'Hyères[1] en caïque[2], jusqu'à ce qu'un corsaire algérien m'enlevât et me vendît au grand seigneur ; je deviendrais sultane, puis quelque jour validé[3] ; je mettrais le sérail cen dessus dessous[4], et tant que je serais jeune et quand je serais vieille. Tu sors d'un couvent pour entrer dans un autre ! Je te connais, tu es lâche, tu vas entrer en ménage avec une soumission d'agneau. Je te donnerai des conseils, tu viendras à Paris, nous y ferons enrager les hommes et nous deviendrons des reines. Ton mari, ma belle biche, peut, dans trois ans d'ici, se faire nommer député. Je sais maintenant ce qu'est un dépu-

Notes

1. **îles d'Hyères** : archipel français situé en Méditerranée et rattaché à la commune d'Hyères.
2. **caïque** : sorte d'embarcation fréquente en Méditerranée.
3. **validé** : titre de la mère du sultan dans l'Empire ottoman
4. **cen dessus dessous** : orthographe ancienne de l'expression « sens dessus dessous ».

té, je te l'expliquerai ; tu joueras très bien de cette machine, tu pourras demeurer à Paris et y devenir, comme dit ma mère, une femme à la mode. Oh ! je ne te laisserai certes pas dans ta bastide.

Lundi.

Voilà quinze jours, ma chère, que je vis de la vie du monde : un soir aux Italiens, l'autre au grand Opéra, de là toujours au bal. Ah ! le monde est une féerie. La musique des Italiens me ravit, et pendant que mon âme nage dans un plaisir divin, je suis lorgnée, admirée ; mais, par un seul de mes regards, je fais baisser les yeux au plus hardi jeune homme. J'ai vu là des jeunes gens charmants ; eh ! bien, pas un ne me plaît ; aucun ne m'a causé l'émotion que j'éprouve en entendant Garcia dans son magnifique duo avec Pellegrini[1] dans *Otello*[2]. Mon Dieu ! combien ce Rossini doit être jaloux pour avoir si bien exprimé la jalousie ? Quel cri que : *Il mio cor si divide*. Je te parle grec, tu n'as pas entendu Garcia, mais tu sais combien je suis jalouse ! Quel triste dramaturge que Shakespeare ! Othello[3] se prend de gloire, il remporte des victoires, il commande, il parade, il se promène en laissant Desdémone dans son coin, et Desdémone, qui le voit préférant à elle les stupidités de la vie publique, ne se fâche point ? cette brebis mérite la mort. Que celui que je daignerai aimer s'avise de faire autre chose que de m'aimer ! Moi, je suis pour les longues épreuves de l'ancienne chevalerie. Je regarde comme très impertinent et très sot ce paltoquet de jeune seigneur qui a trouvé mauvais que sa souveraine l'envoyât chercher son gant au milieu des lions : elle lui réservait sans doute quelque belle fleur d'amour,

Notes

1. Garcia, Pellegrini : chanteurs lyriques de l'époque.
2. *Otello* : opéra du compositeur italien Rossini (1792-1868) présenté pour la première fois en 1816 et qui évoque la tragédie de Shakespeare (1564-1616), *Othello*, même s'il s'en écarte largement.
3. Othello : personnage fictif de la tragédie de Shakespeare, soldat maure, époux de la belle Desdémone.

et il l'a perdue après l'avoir méritée, l'insolent ! Mais je babille[1] comme si je n'avais pas de grandes nouvelles à t'apprendre ! Mon père va sans doute représenter le roi notre maître à Madrid : je dis notre maître, car je ferai partie de l'ambassade. Ma mère désire rester ici, mon père m'emmènera pour avoir une femme près de lui.

Ma chère, tu ne vois là rien que de simple, et néanmoins il y a là des choses monstrueuses : en quinze jours, j'ai découvert les secrets de la maison. Ma mère suivrait mon père à Madrid, s'il voulait prendre monsieur de Canalis[2] en qualité de secrétaire d'ambassade ; mais le roi désigne les secrétaires, le duc n'ose pas contrarier le roi qui est fort absolu, ni fâcher ma mère ; et ce grand politique croit avoir tranché les difficultés en laissant ici la duchesse. Monsieur de Canalis, le grand poète du jour, est le jeune homme qui cultive la société de ma mère, et qui étudie sans doute avec elle la diplomatie de trois heures à cinq heures. La diplomatie doit être une belle chose, car il est assidu comme un joueur à la Bourse. Monsieur le duc de Rhétoré, notre aîné, solennel, froid et fantasque, serait écrasé par son père à Madrid, il reste à Paris. Miss Griffith sait d'ailleurs qu'Alphonse aime une danseuse de l'Opéra. Comment peut-on aimer des jambes et des pirouettes ? Nous avons remarqué que mon frère assiste aux représentations quand y danse Tullia, il applaudit les pas de cette créature et sort après. Je crois que deux filles dans une maison y font plus de ravages que n'en ferait la peste. Quant à mon second frère, il est à son régiment, je ne l'ai pas encore vu. Voilà comment je suis destinée à être l'Antigone[3] d'un ambassadeur de Sa Majesté. Peut-être me marierai-je en Espagne, et peut-être la pensée de mon

Notes

1. **babille** : parle beaucoup de choses peu importantes.
2. **monsieur de Canalis** : personnage fictif récurrent de *La Comédie humaine*, à la fois poète et homme politique.
3. **Antigone** : personnage mythologique, fille d'Œdipe qu'elle guide et accompagne dans son exil, ses deux frères, Polynice et Étéocle, étant morts.

père est-elle de m'y marier sans dot, absolument comme on te marie à ce reste de vieux garde d'honneur. Mon père m'a proposé de le suivre et m'a offert son maître d'espagnol. – Vous voulez, lui ai-je dit, me faire faire des mariages en Espagne ? Il m'a, pour toute réponse, honorée d'un fin regard. Il aime depuis quelques jours à m'agacer au déjeuner, il m'étudie et je dissimule ; aussi l'ai-je, comme père et comme ambassadeur, *in petto*[1], cruellement mystifié. Ne me prenait-il pas pour une sotte ? Il me demandait ce que je pensais de tel jeune homme et de quelques demoiselles avec lesquels je me suis trouvée dans plusieurs maisons. Je lui ai répondu par la plus stupide discussion sur la couleur des cheveux, sur la différence des tailles, sur la physionomie des jeunes gens. Mon père parut désappointé de me trouver si niaise, il se blâma intérieurement de m'avoir interrogée. – Cependant, mon père, ajoutai-je, je ne dis pas ce que je pense réellement : ma mère m'a dernièrement fait peur d'être inconvenante en parlant de mes impressions. – En famille, vous pouvez vous expliquer sans crainte, répondit ma mère. – Eh bien ! repris-je, les jeunes gens m'ont jusqu'à présent paru être plus intéressés qu'intéressants, plus occupés d'eux que de nous ; mais ils sont, à la vérité, très peu dissimulés : ils quittent à l'instant la physionomie qu'ils ont prise pour nous parler, et s'imaginent sans doute que nous ne savons point nous servir de nos yeux. L'homme qui nous parle est l'amant[2], l'homme qui ne nous parle plus est le mari. Quant aux jeunes personnes, elles sont si fausses qu'il est impossible de deviner leur caractère autrement que par celui de leur danse, il n'y a que leur taille et leurs mouvements qui ne mentent point. J'ai surtout été effrayée de la brutalité du beau monde. Quand il s'agit de souper, il se passe, toutes proportions gardées, des choses qui me donnent une image des émeutes populaires. La politesse cache très imparfaitement l'égoïsme général. Je

Notes

1. ***in petto*** : en secret.

2. **amant** : personne qui aime d'amour et qui est aimée.

me figurais le monde autrement. Les femmes y sont comptées pour peu de chose, et peut-être est-ce un reste des doctrines de Bonaparte. – Armande fait d'étonnants progrès, a dit ma mère. – Ma mère, croyez-vous que je vous demanderai toujours si madame de Staël est morte ? Mon père sourit et se leva.

Samedi.

Ma chère, je n'ai pas tout dit. Voici ce que je te réserve. L'amour que nous imaginions doit être bien profondément caché, je n'en ai vu de trace nulle part. J'ai bien surpris quelques regards rapidement échangés dans les salons ; mais quelle pâleur ! Notre amour, ce monde de merveilles, de beaux songes, de réalités délicieuses, de plaisirs et de douleurs se répondant, ces sourires qui éclairent la nature, ces paroles qui ravissent, ce bonheur toujours donné, toujours reçu, ces tristesses causées par l'éloignement et ces joies que prodigue[1] la présence de l'être aimé !... de tout cela, rien. Où toutes ces splendides fleurs de l'âme naissent-elles ? Qui ment ? nous ou le monde. J'ai déjà vu des jeunes gens, des hommes par centaines, et pas un ne m'a causé la moindre émotion ; ils m'auraient témoigné admiration et dévouement, ils se seraient battus, j'aurais tout regardé d'un œil insensible. L'amour, ma chère, comporte un phénomène si rare, qu'on peut vivre toute sa vie sans rencontrer l'être à qui la nature a départi[2] le pouvoir de nous rendre heureuses. Cette réflexion fait frémir, car si cet être se rencontre tard, qu'en dis-tu ?

Depuis quelques jours je commence à m'épouvanter de notre destinée, à comprendre pourquoi tant de femmes ont des visages attristés sous la couche de vermillon[3] qu'y mettent les fausses joies d'une fête. On se marie au hasard, et tu te maries ainsi. Des ouragans de pensées ont passé dans mon âme. Être aimée tous les jours de la même manière et néanmoins diversement, être aimée autant après dix ans de bonheur que

Notes

1. **prodigue** : donne généreusement.
2. **départi** : attribué, distribué.
3. **vermillon** : de couleur rouge ; ici, fard à joues.

le premier jour! Un pareil amour veut des années : il faut s'être laissé désirer pendant bien du temps, avoir éveillé bien des curiosités et les satisfaire, avoir excité bien des sympathies et y répondre. Y a-t-il donc des lois pour les créations du cœur, comme pour les créations visibles de la nature? L'allégresse[1] se soutient-elle? Dans quelle proportion l'amour doit-il mélanger ses larmes et ses plaisirs? Les froides combinaisons de la vie funèbre, égale, permanente du couvent m'ont alors semblé possibles; tandis que les richesses, les magnificences, les pleurs, les délices, les fêtes, les joies, les plaisirs de l'amour égal, partagé, permis m'ont semblé l'impossible. Je ne vois point de place dans cette ville aux douceurs de l'amour, à ses saintes promenades sous des charmilles[2], au clair de la pleine lune, quand elle fait briller les eaux et qu'on résiste à des prières. Riche, jeune et belle, je n'ai qu'à aimer, l'amour peut devenir ma vie, ma seule occupation; or, depuis trois mois que je vais, que je viens avec une impatiente curiosité, je n'ai rien rencontré parmi ces regards brillants, avides, éveillés. Aucune voix ne m'a émue, aucun regard ne m'a illuminé ce monde. La musique seule a rempli mon âme, elle seule a été pour moi ce qu'est notre amitié. Je suis restée quelquefois pendant une heure, la nuit, à ma fenêtre, regardant le jardin, appelant des événements, les demandant à la source inconnue d'où ils sortent. Je suis quelquefois partie en voiture allant me promener, mettant pied à terre dans les Champs-Élysées en imaginant qu'un homme, que celui qui réveillera mon âme engourdie, arrivera, me suivra, me regardera; mais, ces jours-là, j'ai vu des saltimbanques, des marchands de pain d'épice et des faiseurs de tours, des passants pressés d'aller à leurs affaires, ou des amoureux qui fuyaient tous les regards, et j'étais tentée de les arrêter et de leur dire : Vous qui êtes heureux, dites-moi ce que c'est que l'amour? Mais je rentrais ces folles pensées, je remontais en voiture, et je

Notes

1. **allégresse** : grande joie qui se manifeste de manière très visible.

2. **charmilles** : allées verdoyantes.

me promettais de demeurer vieille fille. L'amour est certainement une incarnation, et quelles conditions ne faut-il pas pour qu'elle ait lieu ! Nous ne sommes pas certaines d'être toujours bien d'accord avec nous-mêmes, que sera-ce à deux ? Dieu seul peut résoudre ce problème. Je commence à croire que je retournerai au couvent. Si je reste dans le monde, j'y ferai des choses qui ressembleront à des sottises, car il m'est impossible d'accepter ce que je vois. Tout blesse mes délicatesses, les mœurs de mon âme, ou mes secrètes pensées. Ah ! ma mère est la femme la plus heureuse du monde, elle est adorée par son grand petit Canalis. Mon ange, il me prend d'horribles fantaisies de savoir ce qui se passe entre ma mère et ce jeune homme. Griffith a, dit-elle, eu toutes ces idées, elle a eu envie de sauter au visage des femmes qu'elle voyait heureuses, elle les a dénigrées, déchirées. Selon elle, la vertu consiste à enterrer toutes ces sauvageries-là dans le fond de son cœur. Qu'est-ce donc que le fond du cœur ? un entrepôt de tout ce que nous avons de mauvais. Je suis très humiliée de ne pas avoir rencontré d'adorateur. Je suis une fille à marier, mais j'ai des frères, une famille, des parents chatouilleux. Ah ! si telle était la raison de la retenue des hommes, ils seraient bien lâches. Le rôle de Chimène, dans *Le Cid*, et celui du Cid[1] me ravissent. Quelle admirable pièce de théâtre ! Allons, adieu.

VIII
La même à la même

Janvier.

Nous avons pour maître un pauvre réfugié forcé de se cacher à cause de sa participation à la révolution que le duc d'Angoulême est allé vaincre ; succès auquel nous avons dû de belles

Note

1. Références à la pièce de Corneille (1606-1684), *Le Cid* (1637), qui met en scène l'amour passionné mais contrarié de Rodrigue, surnommé « le Cid », et de la belle Chimène.

fêtes. Quoique libéral et sans doute bourgeois, cet homme m'a intéressée : je me suis imaginée qu'il était condamné à mort. Je le fais causer pour savoir son secret, mais il est d'une taciturnité[1] castillane[2], fier comme s'il était Gonzalve de Cordoue[3], et néanmoins d'une douceur et d'une patience angéliques ; sa fierté n'est pas montée comme celle de miss Griffith, elle est toute intérieure ; il se fait rendre ce qui lui est dû en nous rendant ses devoirs, et nous écarte de lui par le respect qu'il nous témoigne. Mon père prétend qu'il y a beaucoup du grand seigneur chez le sieur Henarez, qu'il nomme entre nous Don Henarez par plaisanterie. Quand je me suis permis de l'appeler ainsi, il y a quelques jours, cet homme a relevé sur moi ses yeux, qu'il tient ordinairement baissés, et m'a lancé deux éclairs qui m'ont interdite ; ma chère, il a, certes, les plus beaux yeux du monde. Je lui ai demandé si je l'avais fâché en quelque chose, et il m'a dit alors dans sa sublime et grandiose langue espagnole : – Mademoiselle, je ne viens ici que pour vous apprendre l'espagnol. Je me suis sentie humiliée, j'ai rougi ; j'allais lui répliquer par quelque bonne impertinence, quand je me suis souvenue de ce que nous disait notre chère mère en Dieu[4], et alors je lui ai répondu : – Si vous aviez à me reprendre en quoi que ce soit, je deviendrais votre obligée. Il a tressailli, le sang a coloré son teint olivâtre, il m'a répondu d'une voix doucement émue : – La religion a dû vous enseigner mieux que je ne saurais le faire à respecter les grandes infortunes. Si j'étais Don en Espagne, et que j'eusse tout perdu au triomphe de Ferdinand VII, votre plaisanterie serait une cruauté ; mais si je ne suis qu'un pauvre maître de langue, n'est-ce pas une

Notes

1. **taciturnité** : caractère d'une personne qui n'aime pas parler.
2. **castillane** : de Castille, région d'Espagne.
3. **Gonzalve de Cordoue** : général espagnol (1453-1515), surnommé « le Grand Capitaine » en vertu de ses exploits militaires.
4. **mère en Dieu** : religieuse dirigeant le couvent où étaient les deux jeunes femmes.

Felipe Henarez et Louise : « *Si vous aviez à me reprendre en quoi que ce soit, je deviendrais votre obligée.* » Gravure de 1874.

atroce raillerie[1] ? Ni l'une ni l'autre ne sont dignes d'une jeune fille noble. Je lui ai pris la main en lui disant : – J'invoquerai donc aussi la religion pour vous prier d'oublier mon tort. Il a baissé la tête, a ouvert mon *Don Quichotte*, et s'est assis. Ce petit incident m'a causé plus de trouble que tous les compliments, les regards et les phrases que j'ai recueillis pendant la soirée où j'ai été le plus courtisée. Durant la leçon, je regardais avec attention cet homme qui se laissait examiner sans le savoir : il ne lève jamais les yeux sur moi. J'ai découvert que notre maître, à qui nous donnions quarante ans, est jeune ; il ne doit pas avoir plus de vingt-six à vingt-huit ans. Ma gouvernante, à qui je l'avais abandonné, m'a fait remarquer la beauté de ses cheveux noirs et celle de ses dents, qui sont comme des perles. Quant à ses yeux, c'est à la fois du velours et du feu. Voilà tout, il est d'ailleurs petit et laid. On nous avait dépeint les Espagnols comme étant peu propres ; mais il est extrêmement soigné, ses mains sont plus blanches que son visage ; il a le dos un peu voûté ; sa tête est énorme et d'une forme bizarre ; sa laideur, assez spirituelle d'ailleurs, est aggravée par des marques de petite vérole[2] qui lui ont couturé le visage ; son front est très proéminent, ses sourcils se rejoignent et sont trop épais, ils lui donnent un air dur qui repousse les âmes. Il a la figure rechignée et maladive qui distingue les enfants destinés à mourir, et qui n'ont dû la vie qu'à des soins infinis, comme sœur Marthe. Enfin, comme le disait mon père, il a le masque[3] amoindri du cardinal de Ximenès[4]. Mon père ne l'aime point, il se sent gêné avec lui. Les manières de notre maître ont une dignité naturelle qui semble inquiéter le cher duc ; il ne peut souffrir la supériorité sous aucune forme auprès de lui. Dès que mon père saura l'espagnol, nous partirons pour Madrid. Deux jours

Notes

1. **raillerie** : plaisanterie moqueuse.
2. **petite vérole** : maladie virale se caractérisant par l'éruption de boutons qui laissent définitivement des cicatrices.
3. **masque** : ici, visage.
4. **cardinal de Ximenès (1436-1517)** : homme d'État espagnol et inquisiteur.

après la leçon que j'avais reçue, quand Henarez est revenu, je lui ai dit, pour lui marquer une sorte de reconnaissance : – Je ne doute pas que vous n'ayez quitté l'Espagne à cause des événements politiques ; si mon père y est envoyé, comme on le dit, nous serons à même de vous y rendre quelques services et d'obtenir votre grâce au cas où vous seriez frappé par une condamnation. – Il n'est au pouvoir de personne de m'obliger, m'a-t-il répondu. – Comment, monsieur, lui ai-je dit, est-ce parce que vous ne voulez accepter aucune protection, ou par impossibilité ? – L'un et l'autre, a-t-il dit en s'inclinant et avec un accent qui m'a imposé silence. Le sang de mon père a grondé dans mes veines. Cette hauteur m'a révoltée, et j'ai laissé là le sieur Henarez. Cependant, ma chère, il y a quelque chose de beau à ne rien vouloir d'autrui. Il n'accepterait pas même notre amitié, pensais-je en conjuguant un verbe. Là, je me suis arrêtée, et je lui ai dit la pensée qui m'occupait, mais en espagnol. Le Henarez m'a répondu fort courtoisement qu'il fallait dans les sentiments une égalité qui ne s'y trouverait point, et qu'alors cette question était inutile. – Entendez-vous l'égalité relativement à la réciprocité des sentiments ou à la différence des rangs ? ai-je demandé pour essayer de le faire sortir de sa gravité qui m'impatiente. Il a encore relevé ses redoutables yeux, et j'ai baissé les miens. Chère, cet homme est une énigme indéchiffrable. Il semblait me demander si mes paroles étaient une déclaration : il y avait dans son regard un bonheur, une fierté, une angoisse d'incertitude qui m'ont étreint le cœur. J'ai compris que ces coquetteries, qui sont en France estimées à leur valeur, prenaient une dangereuse signification avec un Espagnol, et je suis rentrée un peu sotte dans ma coquille. En finissant la leçon, il m'a saluée en me jetant un regard plein de prières humbles, et qui disait : Ne vous jouez pas d'un malheureux. Ce contraste subit avec ses façons graves et dignes m'a fait une vive impression. N'est-ce pas horrible à penser et à dire ? il me semble qu'il y a des trésors d'affection dans cet homme.

IX
Madame de l'Estorade à mademoiselle de Chaulieu

Décembre.

Tout est dit et tout est fait, ma chère enfant, c'est madame de l'Estorade qui t'écrit; mais il n'y a rien de changé entre nous, il n'y a qu'une fille[1] de moins. Sois tranquille, j'ai médité mon consentement, et ne l'ai pas donné follement. Ma vie est maintenant déterminée. La certitude d'aller dans un chemin tracé convient également à mon esprit et à mon caractère. Une grande force morale a corrigé pour toujours ce que nous nommons les hasards de la vie. Nous avons des terres à faire valoir, une demeure à orner, à embellir; j'ai un intérieur à conduire et à rendre aimable, un homme à réconcilier avec la vie. J'aurai sans doute une famille à soigner, des enfants à élever. Que veux-tu! la vie ordinaire ne saurait être quelque chose de grand ni d'excessif. Certes, les immenses désirs qui étendent et l'âme et la pensée n'entrent pas dans ces combinaisons, en apparence du moins. Qui m'empêche de laisser voguer sur la mer de l'infini les embarcations que nous y lancions? Néanmoins, ne crois pas que les choses humbles[2] auxquelles je me dévoue soient exemptes de[3] passion. La tâche de faire croire au bonheur un pauvre homme qui a été le jouet des tempêtes est une belle œuvre, et peut suffire à modifier la monotonie de mon existence. Je n'ai point vu que je laissasse prise à la douleur, et j'ai vu du bien à faire. Entre nous, je n'aime pas Louis de l'Estorade de cet amour qui fait que le cœur bat quand on entend un pas, qui nous émeut profondément aux moindres sons de la voix, ou quand un regard de feu nous enveloppe; mais il ne me déplaît point non plus. Que ferai-je, me diras-tu, de cet instinct des choses sublimes, de ces pensées fortes qui nous

Notes

1. **fille** : femme non mariée.
2. **humbles** : modestes, simples.
3. **exemptes de** : vides de, sans.

lient et qui sont en nous ? oui, voilà ce qui m'a préoccupée, eh ! bien, n'est-ce pas une grande chose que de les cacher, que de les employer, à l'insu de[1] tous, au bonheur de la famille, d'en faire les moyens de la félicité[2] des êtres qui nous sont confiés et auxquels nous nous devons ? La saison où ces facultés brillent est bien restreinte chez les femmes, elle sera bientôt passée ; et si ma vie n'aura pas été grande, elle aura été calme, unie et sans vicissitudes[3]. Nous naissons avantagées, nous pouvons choisir entre l'amour et la maternité. Eh bien ! j'ai choisi : je ferai mes dieux de mes enfants et mon Eldorado[4] de ce coin de terre. Voilà tout ce que je puis te dire aujourd'hui. Je te remercie de toutes les choses que tu m'as envoyées. Donne ton coup d'œil à mes commandes, dont la liste est jointe à cette lettre. Je veux vivre dans une atmosphère de luxe et d'élégance, et n'avoir de la province que ce qu'elle offre de délicieux. En restant dans la solitude, une femme ne peut jamais être provinciale, elle reste elle-même. Je compte beaucoup sur ton dévouement pour me tenir au courant de toutes les modes. Dans son enthousiasme, mon beau-père ne me refuse rien et bouleverse sa maison. Nous faisons venir des ouvriers de Paris et nous modernisons tout.

Notes

1. **à l'insu de** : sans que la chose soit connue.
2. **félicité** : bonheur total.
3. **vicissitudes** : suite d'événements heureux et malheureux.
4. **Eldorado** : pays merveilleux, paradis.

Voir Méthode, p. 315

Se préparer à l'oral du Bac

Analyse de l'extrait (p. 63, l. 1485, à p. 64, l. 1511)

Conseils pour la lecture à voix haute

› Une lettre est une conversation : variez vos intonations selon que Renée interpelle Louise ou tient des propos généraux.

› Renée écrit dans un style soutenu : veillez à faire les liaisons.

› Rendez par votre ton les phrases exclamatives et interrogatives.

Explication linéaire

Introduction rédigée

Ce texte est extrait de la lettre IX où Renée annonce à Louise qu'elle est mariée à Louis de l'Estorade et que sa *« vie est maintenant déterminée »*. Dans ce passage, elle justifie son choix auprès de son amie en s'interrogeant sur la place qu'aura la passion dans sa vie.

I. L'opposition de la vie ordinaire et de la passion (l. 1485 à 1496)

1 Montrez que la 1re exclamation de Renée renvoie au genre de la lettre et introduit une sorte de constat. À quoi Renée renonce-t-elle ?

2 L'adverbe qui ouvre la phrase suivante introduit une concession* : laquelle ? Dans cette phrase, relevez les mots qui s'opposent. Quelle nuance* la fin de la phrase introduit-elle ?

**Concession : attitude consistant à sembler admettre un argument contraire à sa thèse.*

**Nuance : différence de sens fine et subtile entre deux mots.*

3 La phrase suivante complète et justifie cette nuance : dites de quel type de question il s'agit et explicitez la métaphore.

4 Dans le passage qui suit (l. 1490-1496), Renée assure à son amie que son existence ne sera pas dénuée de toute passion : relevez les éléments (pronoms personnels, déterminants possessifs, mode verbal) qui relèvent du genre épistolaire, ainsi que les principaux champs lexicaux. Quelle est la métaphore filée* de ce passage ?

**Métaphore filée : métaphore qui s'étend sur plusieurs phrases d'un texte.*

II. L'interrogation sur l'amour (l. 1496 à 1506)

5 Renée définit son amour pour Louis de l'Estorade par ce qu'il n'est pas : quelles sont les caractéristiques de l'amour qui n'est pas le sien ? Quelle impression cette phrase dégage-t-elle ?

6 Comment, ensuite (l. 1500 à 1502), Renée met-elle en scène la destinataire de sa lettre ? En épousant Louis, que sacrifie Renée ? Montrez que le thème du devoir se retrouve ici (l. 1502 à 1506).

III. Un choix personnel (l. 1506 à 1511)

7 Comment Renée qualifie-t-elle la vie qui l'attend ? Dans les deux phrases des lignes 1506 à 1510, quelles sont les valeurs du futur antérieur et du présent ? Quelle conception de l'amour Renée sous-entend-elle ?

8 Par quelle interjection* Renée annonce-t-elle sa conclusion (l. 1510-1511) ? Quelle décision prend-elle ? Relevez une opposition.

****Interjection** : catégorie grammaticale de mots invariables propres au discours, marquant la présence du locuteur et souvent ponctués d'un point d'exclamation.*

Conclusion rédigée

Renée justifie auprès de Louise son choix raisonnable. Elle n'oublie pas pour autant ses rêves de jeune fille. Certes, elle semble choisir la raison plutôt que la passion mais elle n'élimine pas la passion de sa vie, elle ne s'apprête pas à vivre une vie de famille fade et triste : elle choisit de transporter, dans cette vie ordinaire, ses aspirations à la passion. Cette sublimation de la passion fait d'elle un personnage intéressant.

Grammaire

L'interrogation directe et l'interrogation indirecte

• **L'interrogation directe** est une proposition indépendante qui se caractérise toujours par le point d'interrogation à l'écrit et l'intonation ascendante à l'oral. Dans un registre soutenu, le sujet est inversé par rapport au verbe (ex. : *Quel âge as-tu ?*).

• **L'interrogation indirecte** apparaît dans une proposition subordonnée :
– introduite par un mot interrogatif (*qui, quel, comment, si, combien,* etc.) ;
– dépendant d'un verbe qui exprime le questionnement (*se demander, savoir, ignorer,* etc.) ;
– s'insérant dans une phrase déclarative (pas de point d'interrogation).
Ex. : Je me demande *quel âge tu as.*

On distingue l'**interrogation totale** qui appelle une réponse en « oui » ou « non » (ex. : *Viens-tu ce soir ? / Je me demande si tu viendras ce soir*) de l'**interrogation partielle** qui porte sur un élément et appelle une réponse informative (ex. : *Qui vient dîner ce soir ? / Je me demande qui vient dîner ce soir*).

9 Procédez à l'analyse syntaxique de la phrase *« Que ferai-je, me diras-tu, de cet instinct des choses sublimes, de ces pensées fortes qui nous lient et qui sont en nous ? »* (l. 1500 à 1502).

X
Mademoiselle de Chaulieu à madame de l'Estorade

Janvier.

Ô Renée! tu m'as attristée pour plusieurs jours. Ainsi, ce corps délicieux, ce beau et fier visage, ces manières naturellement élégantes, cette âme pleine de dons précieux, ces yeux où l'âme se désaltère comme à une vive source d'amour, ce cœur rempli de délicatesses exquises, cet esprit étendu, toutes ces facultés si rares, ces efforts de la nature et de notre mutuelle éducation, ces trésors d'où devaient sortir pour la passion et pour le désir, des richesses uniques, des poèmes, des heures qui auraient valu des années, des plaisirs à rendre un homme esclave d'un seul mouvement gracieux, tout cela va se perdre dans les ennuis d'un mariage vulgaire et commun, s'effacer dans le vide d'une vie qui te deviendra fastidieuse[1]! Je hais d'avance les enfants que tu auras; ils seront mal faits. Tout est prévu dans ta vie : tu n'as ni à espérer, ni à craindre, ni à souffrir. Et si tu rencontres, dans un jour de splendeur, un être qui te réveille du sommeil auquel tu vas te livrer?... Ah! j'ai eu froid dans le dos à cette pensée. Enfin, tu as une amie. Tu vas sans doute être l'esprit de cette vallée, tu t'initieras à ses beautés, tu vivras avec cette nature, tu te pénétreras de la grandeur des choses, de la lenteur avec laquelle procède la végétation, de la rapidité avec laquelle s'élance la pensée; et quand tu regarderas tes riantes fleurs, tu feras des retours sur toi-même. Puis, lorsque tu marcheras entre ton mari en avant et tes enfants en arrière glapissant, murmurant, jouant, l'autre muet et satisfait, je sais d'avance ce que tu m'écriras. Ta vallée fumeuse et ses collines ou arides ou garnies de beaux arbres, ta prairie si curieuse en Provence, ses eaux claires partagées en

Note

1. **fastidieuse** : très ennuyeuse.

filets, les différentes teintes de la lumière, tout cet infini, varié par Dieu et qui t'entoure, te rappellera le monotone infini de ton cœur. Mais enfin, je serai là, ma Renée, et tu trouveras une amie dont le cœur ne sera jamais atteint par la moindre petitesse sociale, un cœur tout à toi.

Lundi.

Ma chère, mon Espagnol est d'une admirable mélancolie : il y a chez lui je ne sais quoi de calme, d'austère[1], de digne, de profond qui m'intéresse au dernier point. Cette solennité constante et le silence qui couvre cet homme ont quelque chose de provoquant pour l'âme. Il est muet et superbe comme un roi déchu. Nous nous occupons de lui, Griffith et moi, comme d'une énigme. Quelle bizarrerie ! un maître de langues obtient sur mon attention le triomphe qu'aucun homme n'a remporté, moi qui maintenant ai passé en revue tous les fils de famille, tous les attachés d'ambassade et les ambassadeurs, les généraux et les sous-lieutenants, les pairs[2] de France, leurs fils et leurs neveux, la cour et la ville. La froideur de cet homme est irritante. Le plus profond orgueil remplit le désert qu'il essaie de mettre et qu'il met entre nous ; enfin, il s'enveloppe d'obscurité. C'est lui qui a de la coquetterie, et c'est moi qui ai de la hardiesse. Cette étrangeté m'amuse d'autant plus que tout cela est sans conséquence. Qu'est-ce qu'un homme, un Espagnol et un maître de langues ? Je ne me sens pas le moindre respect pour quelque homme que ce soit, fût-ce un roi. Je trouve que nous valons mieux que tous les hommes, même les plus justement illustres. Oh ! comme j'aurais dominé Napoléon ! comme je lui aurais fait sentir, s'il m'eût aimée, qu'il était à ma discrétion !

Hier, j'ai lancé une épigramme[3] qui a dû atteindre maître Henarez au vif, il n'a rien répondu, il avait fini sa leçon, il a

Notes

1. **austère** : sévère, dur.
2. **pairs** : membres de la chambre haute du Parlement pendant la Restauration.
3. **épigramme** : petit poème moqueur. Ici, moquerie amusante, mot d'esprit vexatoire.

pris son chapeau, et m'a saluée en me jetant un regard qui me fait croire qu'il ne reviendra plus. Cela me va très fort : il y aurait quelque chose de sinistre à recommencer la *Nouvelle Héloïse* de Jean-Jacques Rousseau[1], que je viens de lire, et qui m'a fait prendre l'amour en haine. L'amour discuteur et phraseur me paraît insupportable. Clarisse est aussi par trop contente quand elle a écrit sa longue petite lettre ; mais l'ouvrage de Richardson[2] explique d'ailleurs, m'a dit mon père, admirablement les Anglaises. Celui de Rousseau me fait l'effet d'un sermon philosophique en lettres.

L'amour est, je crois, un poème entièrement personnel. Il n'y a rien qui ne soit à la fois vrai et faux dans tout ce que les auteurs nous en écrivent. En vérité, ma chère belle, comme tu ne peux plus me parler que d'amour conjugal[3], je crois, dans l'intérêt bien entendu de notre double existence, qu'il est nécessaire que je reste fille, et que j'aie quelque belle passion, pour que nous connaissions bien la vie. Raconte-moi très exactement tout ce qui t'arrivera, surtout dans les premiers jours, avec cet animal que je nomme un mari. Je te promets la même exactitude, si jamais je suis aimée. Adieu, pauvre chérie engloutie.

Notes

1. *Julie ou la Nouvelle Héloïse* (1761) est un roman épistolaire du philosophe et écrivain Jean-Jacques Rousseau (1712-1778) qui remporta un immense succès et qui relate la passion amoureuse entre Julie, une jeune noble, et son précepteur d'origine modeste, Saint-Preux.
2. Évocation du roman épistolaire, *Clarisse Harlowe* (1748), de l'écrivain anglais Samuel Richardson (1689-1761).
3. **conjugal** : dans le cadre du mariage.

XI
Madame de l'Estorade
à mademoiselle de Chaulieu

À la Crampade.

Ton Espagnol et toi, vous me faites frémir, ma chère mignonne. Je t'écris ce peu de lignes pour te prier de le congédier[1]. Tout ce que tu m'en dis se rapporte au caractère le plus dangereux de ceux de ces gens-là qui, n'ayant rien à perdre, risquent tout. Cet homme ne doit pas être ton amant et ne peut pas être ton mari. Je t'écrirai plus en détail sur les événements secrets de mon mariage, mais quand je n'aurai plus au cœur l'inquiétude que ta dernière lettre m'y a mise.

XII
De mademoiselle de Chaulieu
à madame de l'Estorade

Février.

Ma belle biche, ce matin à neuf heures, mon père s'est fait annoncer chez moi, j'étais levée et habillée ; je l'ai trouvé gravement assis au coin de mon feu dans mon salon, pensif au-delà de son habitude ; il m'a montré la bergère en face de lui, je l'ai compris, et m'y suis plongée avec une gravité qui le singeait si bien, qu'il s'est pris à sourire, mais d'un sourire empreint d'une grave tristesse : – Vous êtes au moins aussi spirituelle que votre grand-mère, m'a-t-il dit. – Allons, mon père, ne soyez pas courtisan ici, ai-je répondu, vous avez quelque chose à me demander ! Il s'est levé dans une grande agitation, et m'a parlé pendant une demi-heure. Cette conversation, ma chère, mérite d'être conservée. Dès qu'il a été parti, je me suis mise à ma table en tâchant de rendre ses paroles. Voici la pre-

Note

1. **congédier** : ici, renvoyer définitivement.

mière fois que j'ai vu mon père déployant toute sa pensée. Il a commencé par me flatter, il ne s'y est point mal pris ; je devais lui savoir bon gré[1] de m'avoir devinée et appréciée.

– Armande[2], m'a-t-il dit, vous m'avez étrangement trompé et agréablement surpris. À votre arrivée du couvent, je vous ai prise pour une jeune fille comme toutes les autres filles, sans grande portée, ignorante, de qui l'on pouvait avoir bon marché avec des colifichets[3], une parure, et qui réfléchissent peu. – Merci, mon père, pour la jeunesse. – Oh ! il n'y a plus de jeunesse, dit-il en laissant échapper un geste d'homme d'État. Vous avez un esprit d'une étendue incroyable, vous jugez toute chose pour ce qu'elle vaut, votre clairvoyance est extrême ; vous êtes très malicieuse : on croit que vous n'avez rien vu là où vous avez déjà les yeux sur la cause des effets que les autres examinent. Vous êtes un ministre en jupon ; il n'y a que vous qui puissiez m'entendre ici ; il n'y a donc que vous-même à employer contre vous si l'on en veut obtenir quelque sacrifice. Aussi vais-je m'expliquer franchement sur les desseins que j'avais formés et dans lesquels je persiste. Pour vous les faire adopter, je dois vous démontrer qu'ils tiennent à des sentiments élevés. Je suis donc obligé d'entrer avec vous dans des considérations politiques du plus haut intérêt pour le royaume, et qui pourraient ennuyer toute autre personne que vous. Après m'avoir entendu, vous réfléchirez longtemps ; je vous donnerai six mois s'il le faut. Vous êtes votre maîtresse absolue ; et si vous vous refusez aux sacrifices que je vous demande, je subirai votre refus sans plus vous tourmenter.

À cet exorde[4], ma biche, je suis devenue réellement sérieuse, et je lui ai dit : – Parlez, mon père. Or, voici ce que l'homme d'État a prononcé : – Mon enfant, la France est dans une situa-

Notes

1. **lui savoir bon gré** : lui être reconnaissante, le remercier.
2. Il faut se rappeler que Louise s'appelle, en réalité, Armande-Louise-Marie.
3. **colifichets** : babioles, petits objets décoratifs sans valeur.
4. **exorde** : introduction ayant pour but de capter l'attention de l'auditoire.

tion précaire qui n'est connue que du roi et de quelques esprits élevés ; mais le roi est une tête sans bras ; puis les grands esprits qui sont dans le secret du danger n'ont aucune autorité sur les hommes à employer pour arriver à un résultat heureux. Ces hommes, vomis par l'élection populaire, ne veulent pas être des instruments. Quelque remarquables qu'ils soient, ils continuent l'œuvre de la destruction sociale, au lieu de nous aider à raffermir l'édifice. En deux mots, il n'y a plus que deux partis : celui de Marius[1] et celui de Sylla[2] ; je suis pour Sylla contre Marius. Voilà notre affaire en gros. En détail, la Révolution[3] continue, elle est implantée dans la loi, elle est écrite sur le sol, elle est toujours dans les esprits ; elle est d'autant plus formidable qu'elle paraît vaincue à la plupart de ces conseillers du trône qui ne lui voient ni soldats ni trésors. Le roi est un grand esprit, il y voit clair ; mais de jour en jour gagné par les gens de son frère, qui veulent aller trop vite, il n'a pas deux ans à vivre, et ce moribond[4] arrange ses draps pour mourir tranquille. Sais-tu, mon enfant, quels sont les effets les plus destructifs de la Révolution ? tu ne t'en douterais jamais. En coupant la tête à Louis XVI, la Révolution a coupé la tête à tous les pères de famille. Il n'y a plus de famille aujourd'hui, il n'y a plus que des individus. En voulant devenir une nation, les Français ont renoncé à être un empire. En proclamant l'égalité des droits à la succession paternelle, ils ont tué l'esprit de famille, ils ont créé le fisc ! Mais ils ont préparé la faiblesse des supériorités et la force aveugle de la masse, l'extinction des arts, le règne de l'intérêt personnel et frayé les

Notes

1. Marius : général et homme politique romain (157-86 av. J.-C.) d'origine plébéienne. Sylla et Marius père, puis fils s'opposèrent lors de deux guerres civiles romaines, en 88-87 et en 83-82 av. J.-C.

2. Sylla : général et homme politique romain (138-78 avant J.-C.) pauvre mais d'origine aristocratique.

3. Il s'agit de la Révolution française.

4. moribond : malade qui est près de mourir. Louis XVIII, très souffrant, meurt en septembre 1824, à 68 ans. Comme il n'a pas de descendance, c'est son frère, le comte d'Artois, qui monte sur le trône et devient Charles X.

chemins à la Conquête. Nous sommes entre deux systèmes : ou constituer l'État par la Famille, ou le constituer par l'intérêt personnel : la démocratie ou l'aristocratie, la discussion ou l'obéissance, le catholicisme ou l'indifférence religieuse, voilà la question en peu de mots. J'appartiens au petit nombre de ceux qui veulent résister à ce qu'on nomme le peuple, dans son intérêt bien compris. Il ne s'agit plus ni de droits féodaux, comme on le dit aux niais, ni de gentilhommerie, il s'agit de l'État, il s'agit de la vie de la France. Tout pays qui ne prend pas sa base dans le pouvoir paternel est sans existence assurée. Là commence l'échelle des responsabilités, et la subordination[1], qui monte jusqu'au roi. Le roi, c'est nous tous ! Mourir pour le roi, c'est mourir pour soi-même, pour sa famille, qui ne meurt pas plus que ne meurt le royaume. Chaque animal a son instinct, celui de l'homme est l'esprit de famille. Un pays est fort quand il se compose de familles riches, dont tous les membres sont intéressés à la défense du trésor commun : trésor d'argent, de gloire, de privilèges, de jouissances ; il est faible quand il se compose d'individus non solidaires, auxquels il importe peu d'obéir à sept hommes ou à un seul, à un Russe ou à un Corse, pourvu que chaque individu garde son champ ; et ce malheureux égoïste ne voit pas qu'un jour on le lui ôtera. Nous allons à un état de choses horrible, en cas d'insuccès. Il n'y aura plus que des lois pénales ou fiscales, la bourse ou la vie. Le pays le plus généreux de la terre ne sera plus conduit par les sentiments. On y aura développé, soigné des plaies incurables[2]. D'abord une jalousie universelle : les classes supérieures seront confondues, on prendra l'égalité des désirs pour l'égalité des forces ; les vraies supériorités reconnues, constatées, seront envahies par les flots de la bourgeoisie. On pouvait choisir un homme entre mille, on ne peut rien trouver entre trois millions d'ambitions pareilles, vêtues de la même livrée,

Notes

1. **subordination** : hiérarchie.

2. **incurables** : qu'on ne peut pas guérir.

celle de la médiocrité. Cette masse triomphante ne s'apercevra pas qu'elle aura contre elle une autre masse terrible, celle des paysans possesseurs : vingt millions d'arpents de terre vivant, marchant, raisonnant, n'entendant à rien, voulant toujours plus, barricadant tout, disposant de la force brutale…

– Mais, dis-je en interrompant mon père, que puis-je faire pour l'État ? Je ne me sens aucune disposition à être la Jeanne d'Arc des Familles et à périr à petit feu sur le bûcher d'un couvent. – Vous êtes une petite peste, me dit mon père. Si je vous parle raison, vous me répondez par des plaisanteries ; quand je plaisante, vous me parlez comme si vous étiez ambassadeur. – L'amour vit de contrastes, lui ai-je dit. Et il a ri aux larmes. – Vous penserez à ce que je viens de vous expliquer ; vous remarquerez combien il y a de confiance et de grandeur à vous parler comme je viens de le faire, et peut-être les événements aideront-ils mes projets. Je sais que, quant à vous, ces projets sont blessants, iniques[1] ; aussi demandé-je leur sanction moins à votre cœur et à votre imagination qu'à votre raison, je vous ai reconnu plus de raison et de sens que je n'en ai vu à qui que ce soit… – Vous vous flattez, lui ai-je dit en souriant, car je suis bien votre fille ! – Enfin, reprit-il, je ne saurais être inconséquent. Qui veut la fin veut les moyens, et nous devons l'exemple à tous. Donc, vous ne devez pas avoir de fortune tant que celle de votre frère cadet ne sera pas assurée, et je veux employer tous vos capitaux à lui constituer un majorat[2]. – Mais, repris-je, vous ne me défendez pas de vivre à ma guise et d'être heureuse en vous laissant ma fortune ? – Ah ! pourvu, répondit-il, que la vie comme vous l'entendrez ne nuise en rien à l'honneur, à la considération, et je puis ajouter à la gloire de votre famille. – Allons, m'écriai-je, vous me destituez[3] bien

Notes

1. **iniques** : très injustes.
2. **majorat** : fortune constituée en vue d'être transmise, avec le titre de noblesse, au fils aîné de la maison en plus de l'héritage familial. Mais, dans le cas de la famille de Louise, ce majorat est destiné au fils cadet.
3. **vous me destituez** : vous me privez.

promptement[1] de ma raison supérieure. – Nous ne trouverons pas en France, dit-il avec amertume, d'homme qui veuille pour femme une jeune fille de la plus haute noblesse sans dot et qui lui en reconnaisse une. Si ce mari se rencontrait, il appartiendrait à la classe des bourgeois parvenus : je suis, sous ce rapport, du onzième siècle. – Et moi aussi, lui ai-je dit. Mais pourquoi me désespérer ? n'y a-t-il pas de vieux pairs de France ? – Vous êtes bien avancée, Louise ! s'est-il écrié. Puis il m'a quittée en souriant et me baisant la main.

J'avais reçu ta lettre[2] le matin même, et elle m'avait fait songer précisément à l'abîme où tu prétends que je pourrais tomber. Il m'a semblé qu'une voix me criait en moi-même : tu y tomberas ! J'ai donc pris mes précautions. Henarez ose me regarder, ma chère, et ses yeux me troublent, ils me produisent une sensation que je ne puis comparer qu'à celle d'une terreur profonde. On ne doit pas plus regarder cet homme qu'on ne regarde un crapaud, il est laid et fascinateur. Voici deux jours que je délibère avec moi-même si je dirai nettement à mon père que je ne veux plus apprendre l'espagnol, et faire congédier cet Henarez ; mais après mes résolutions viriles, je me sens le besoin d'être remuée par l'horrible sensation que j'éprouve en voyant cet homme, et je dis : encore une fois, et après je parlerai. Ma chère, sa voix est d'une douceur pénétrante, il parle comme la Fodor[3] chante. Ses manières sont simples et sans la moindre affectation[4]. Et quelles belles dents ! Tout à l'heure, en me quittant, il a cru remarquer combien il m'intéresse, et il a fait le geste, très respectueux d'ailleurs, de me prendre la main pour me la baiser ; mais il l'a réprimé comme effrayé de sa hardiesse et de la distance qu'il allait franchir. Malgré le peu qu'il en a paru, je l'ai deviné ; j'ai souri, car rien n'est plus

Notes

1. **promptement** : très rapidement.
2. Il s'agit de la lettre XI.
3. **Fodor** : surnom de Joséphine Mainvielle (1789 ou 1793-1870), chanteuse lyrique italienne se produisant à Paris.
4. **affectation** : manque de naturel.

attendrissant que de voir l'élan d'une nature inférieure qui se replie ainsi sur elle-même. Il y a tant d'audace dans l'amour d'un bourgeois pour une fille noble ! Mon sourire l'a enhardi, le pauvre homme a cherché son chapeau sans le voir, il ne voulait pas le trouver, et je le lui ai gravement apporté. Des larmes contenues humectaient ses yeux. Il y avait un monde de choses et de pensées dans ce moment si court. Nous nous comprenions si bien, qu'en ce moment je lui tendis ma main à baiser. Peut-être était-ce lui dire que l'amour pouvait combler l'espace qui nous sépare. Eh ! bien, je ne sais ce qui m'a fait mouvoir : Griffith a tourné le dos, je lui ai tendu fièrement ma patte blanche, et j'ai senti le feu de ses lèvres tempéré par deux grosses larmes. Ah ! mon ange, je suis restée sans force dans mon fauteuil, pensive, j'étais heureuse, et il m'est impossible d'expliquer comment ni pourquoi. Ce que j'ai senti, c'est la poésie. Mon abaissement, dont j'ai honte à cette heure, me semblait une grandeur : il m'avait fascinée, voilà mon excuse.

Vendredi.

Cet homme est vraiment très beau. Ses paroles sont élégantes, son esprit est d'une supériorité remarquable. Ma chère, il est fort et logique comme Bossuet[1] en m'expliquant le mécanisme non seulement de la langue espagnole, mais encore de la pensée humaine et de toutes les langues. Le français semble être sa langue maternelle. Comme je lui en témoignais mon étonnement, il me répondit qu'il était venu en France très jeune avec le roi d'Espagne, à Valençay[2]. Que s'est-il passé dans cette âme ? il n'est plus le même : il est venu vêtu simplement, mais absolument comme un grand seigneur sorti le matin à pied. Son esprit a brillé comme un phare durant cette leçon : il a

Notes

1. Bossuet : homme d'Église, évêque et écrivain français (1627-1704) célèbre pour ses nombreux et littéraires sermons.
2. De 1808 à 1814, Napoléon interna Ferdinand VII, qu'il avait obligé à abdiquer, dans le château de Valençay, ville du Centre de la France. Ce château était la propriété de Talleyrand.

Louise et Felipe Henarez : « *Le pauvre homme a cherché son chapeau sans le voir.* » Gravure de 1874.

déployé toute son éloquence. Comme un homme lassé qui retrouve ses forces, il m'a révélé toute une âme soigneusement cachée. Il m'a raconté l'histoire d'un pauvre diable de valet qui s'était fait tuer pour un seul regard d'une reine d'Espagne. – Il ne pouvait que mourir ! lui ai-je dit. Cette réponse lui a mis la joie au cœur, et son regard m'a véritablement épouvantée.

Le soir, je suis allée au bal chez la duchesse de Lenoncourt[1], le prince de Talleyrand s'y trouvait. Je lui ai fait demander, par monsieur de Vandenesse[2], un charmant jeune homme, s'il y avait parmi ses hôtes en 1809, à sa terre, un Henarez. – Henarez est le nom maure de la famille de Soria, qui sont, disent-ils, des Abencerrages convertis au christianisme. Le vieux duc et ses deux fils accompagnèrent le roi. L'aîné, le duc de Soria d'aujourd'hui, vient d'être dépouillé de tous ses biens, honneurs et grandesses par le roi Ferdinand, qui venge une vieille inimitié[3]. Le duc a fait une faute immense en acceptant le ministère constitutionnel avec Valdez[4]. Heureusement, il s'est sauvé de Cadix avant l'entrée de monseigneur le duc d'Angoulême, qui, malgré sa bonne volonté, ne l'aurait pas préservé de la colère du roi.

Cette réponse, que le vicomte de Vandenesse m'a rapportée textuellement, m'a donné beaucoup à penser. Je ne puis dire en quelles anxiétés j'ai passé le temps jusqu'à ma première leçon, qui a eu lieu ce matin. Pendant le premier quart d'heure de la leçon, je me suis demandé, en l'examinant, s'il était duc ou bourgeois, sans pouvoir y rien comprendre. Il semblait deviner mes pensées à mesure qu'elles naissaient et se plaire à les contrarier. Enfin je n'y tins plus, je quittai brusquement mon livre en interrompant la traduction que j'en faisais à haute voix, je lui dis en espagnol : – Vous nous trompez, monsieur.

Notes

1. **duchesse de Lenoncourt** : personnage de *La Comédie humaine*.

2. **monsieur de Vandenesse** : personnage de *La Comédie humaine*.

3. **inimitié** : sentiment hostile, antipathie.

4. **Valdez** : voir note 3 p. 46.

Vous n'êtes pas un pauvre bourgeois libéral, vous êtes le duc de Soria ? – Mademoiselle, répondit-il avec un mouvement de tristesse, malheureusement, je ne suis pas le duc de Soria. Je compris tout ce qu'il mit de désespoir dans le mot malheureusement. Ah ! ma chère, il sera, certes, impossible à aucun homme de mettre autant de passion et de choses dans un seul mot. Il avait baissé les yeux, et n'osait plus me regarder. – Monsieur de Talleyrand, lui dis-je, chez qui vous avez passé les années d'exil, ne laisse d'autre alternative à un Henarez que celle d'être ou duc de Soria disgracié ou domestique. Il leva les yeux sur moi, et me montra deux brasiers noirs et brillants, deux yeux à la fois flamboyants et humiliés. Cet homme m'a paru être alors à la torture. – Mon père, dit-il, était en effet serviteur du roi d'Espagne. Griffith ne connaissait pas cette manière d'étudier. Nous faisions des silences inquiétants à chaque demande et à chaque réponse. – Enfin, lui dis-je, êtes-vous noble ou bourgeois ? – Vous savez, mademoiselle, qu'en Espagne tout le monde, même les mendiants, sont nobles. Cette réserve m'impatienta. J'avais préparé depuis la dernière leçon un de ces amusements qui sourient à l'imagination. J'avais tracé dans une lettre le portrait idéal de l'homme par qui je voudrais être aimée, en me proposant de le lui donner à traduire. Jusqu'à présent j'ai traduit de l'espagnol en français, et non du français en espagnol ; je lui en fis l'observation, et priai Griffith de me chercher la dernière lettre que j'avais reçue d'une de mes amies. Je verrai, pensais-je, à l'effet que lui fera mon programme, quel sang est dans ses veines. Je pris le papier des mains de Griffith en disant : – Voyons si j'ai bien copié ? car tout était de mon écriture. Je lui tendis le papier ou si tu veux le piège, et je l'examinai pendant qu'il lisait ceci.

– L'homme qui me plaira, ma chère, devra être rude et orgueilleux avec les hommes, mais doux avec les femmes. Son regard d'aigle saura réprimer instantanément tout ce qui peut ressembler au ridicule. Il aura un sourire de pitié pour ceux qui voudraient tourner en plaisanterie les choses sacrées, celles surtout qui constituent la poésie du cœur, et sans lesquelles la vie ne serait plus qu'une triste réalité. Je méprise profondément ceux qui voudraient nous ôter la source des idées religieuses, si fertiles en consolations. Aussi, ses croyances devront-elles avoir la simplicité de celles d'un enfant unie à la conviction inébranlable d'un homme d'esprit qui a approfondi ses raisons de croire. Son esprit, neuf, original, sera sans affectation ni parade : il ne peut rien dire qui soit de trop ou déplacé ; il lui serait aussi impossible d'ennuyer les autres que de s'ennuyer lui-même, car il aura dans son âme un fonds riche. Toutes ses pensées doivent être d'un genre noble, élevé, chevaleresque, sans aucun égoïsme. En toutes ses actions, on remarquera l'absence totale du calcul ou de l'intérêt. Ses défauts proviendront de l'étendue même de ses idées, qui seront au-dessus de son temps. En toute chose, je dois le trouver en avant de son époque. Plein d'attentions délicates dues aux êtres faibles, il sera bon pour toutes les femmes, mais bien difficilement épris d'aucune : il regardera cette question comme beaucoup trop sérieuse pour en faire un jeu. Il se pourrait donc qu'il passât sa vie sans aimer véritablement, en montrant en lui toutes les qualités qui peuvent inspirer une passion profonde. Mais s'il trouve une fois son idéal de femme, celle entrevue dans ces songes qu'on fait les yeux ouverts ; s'il rencontre un être qui le comprenne, qui remplisse son âme et jette sur toute sa vie un rayon de bonheur, qui brille pour lui comme une étoile à travers les nuages de ce monde si sombre, si froid, si glacé ; qui donne un charme tout nouveau à son existence, et fasse vibrer en lui des cordes muettes jusque-là, je crois inutile de dire qu'il saura reconnaître et apprécier son bonheur. Aussi la rendra-t-il parfaitement heureuse. Jamais, ni par un mot, ni par un regard, il ne froissera ce cœur aimant qui se sera remis en ses mains avec l'aveugle amour d'un enfant qui dort dans les bras de sa mère ; car si elle se réveillait jamais de ce doux rêve, elle aurait l'âme et le cœur à jamais déchirés : il lui serait impossible de s'embarquer sur cet océan sans y mettre tout son avenir.

Cet homme aura nécessairement la physionomie, la tournure, la démarche, enfin la manière de faire les plus grandes comme les plus petites choses, des êtres supérieurs qui sont simples et sans apprêt. Il peut être laid; mais ses mains seront belles; il aura la lèvre supérieure légèrement relevée par un sourire ironique et dédaigneux pour les indifférents; enfin il réservera pour ceux qu'il aime le rayon céleste et brillant de son regard plein d'âme. »

– Mademoiselle, me dit-il en espagnol et d'une voix profondément émue, veut-elle me permettre de garder ceci en mémoire d'elle? Voici la dernière leçon que j'aurai l'honneur de lui donner, et celle que je reçois dans cet écrit peut devenir une règle éternelle de conduite. J'ai quitté l'Espagne en fugitif et sans argent; mais, aujourd'hui, j'ai reçu de ma famille une somme qui suffit à mes besoins. J'aurai l'honneur de vous envoyer quelque pauvre Espagnol pour me remplacer. Il semblait ainsi me dire : – Assez joué comme cela. Il s'est levé par un mouvement d'une incroyable dignité, et m'a laissée confondue de cette inouïe délicatesse chez les hommes de sa classe. Il est descendu, et a fait demander à parler à mon père. Au dîner, mon père me dit en souriant : – Louise, vous avez reçu des leçons d'espagnol d'un ex-ministre du roi d'Espagne et d'un condamné à mort. – Le duc de Soria, lui dis-je. – Le duc! me répondit mon père. Il ne l'est plus, il prend maintenant le titre de baron de Macumer, d'un fief[1] qui lui reste en Sardaigne. Il me paraît assez original. – Ne flétrissez pas[2] de ce mot qui, chez vous, comporte toujours un peu de moquerie et de dédain, un homme qui vous vaut, lui dis-je, et qui, je crois, a une belle âme. – Baronne de Macumer? s'écria mon

Notes

1. **fief** : domaine appartenant à un maître.

2. **ne flétrissez pas** : n'abîmez pas, n'enlaidissez pas.

père en me regardant d'un air moqueur. J'ai baissé les yeux par un mouvement de fierté. – Mais, dit ma mère, Henarez a dû se rencontrer sur le perron avec l'ambassadeur d'Espagne? – Oui, a répondu mon père : l'ambassadeur m'a demandé si je conspirais contre le roi son maître; mais il a salué l'ex-grand d'Espagne avec beaucoup de déférence[1], en se mettant à ses ordres.

Ceci, ma chère madame de l'Estorade, s'est passé depuis quinze jours, et voilà quinze jours que je n'ai vu cet homme qui m'aime, car cet homme m'aime. Que fait-il? Je voudrais être mouche, souris, moineau. Je voudrais pouvoir le voir, seul, chez lui, sans qu'il m'aperçût. Nous avons un homme à qui je puis dire : Allez mourir pour moi!... Et il est de caractère à y aller, je le crois du moins. Enfin, il y a dans Paris un homme à qui je pense, et dont le regard m'inonde intérieurement de lumière. Oh! c'est un ennemi que je dois fouler aux pieds. Comment, il y aurait un homme sans lequel je ne pourrais vivre, qui me serait nécessaire! Tu te maries et j'aime! Au bout de quatre mois, ces deux colombes qui s'élevaient si haut sont tombées dans les marais de la réalité.

Dimanche.

Hier, aux Italiens, je me suis sentie regardée, mes yeux ont été magiquement attirés par deux yeux de feu qui brillaient comme deux escarboucles[2] dans un coin obscur de l'orchestre. Henarez n'a pas détaché ses yeux de dessus moi. Le monstre a cherché la seule place d'où il pouvait me voir, et il y est. Je ne sais pas ce qu'il est en politique; mais il a le génie de l'amour.

Voilà, belle Renée, à quel point nous en sommes,

a dit le grand Corneille[3].

Notes

1. **déférence** : grand respect.
2. **escarboucles** : pierres précieuses d'un rouge foncé et éclatant.
3. Parodie de la réplique de Cinna dans la pièce du même nom (1641) de Corneille (1606-1684) : *« Voilà, belle Émilie, à quel point nous en sommes »* (acte I, scène 3).

Louise aux Italiens : « *Mes yeux ont été magiquement attirés par deux yeux de feu qui brillaient comme deux escarboucles.* »
Gravure de 1874.

XIII
De madame de l'Estorade à mademoiselle de Chaulieu

À la Crampade, février.

Ma chère Louise, avant de t'écrire, j'ai dû attendre ; mais maintenant je sais bien des choses, ou, pour mieux dire, je les ai apprises, et je dois te les dire pour ton bonheur à venir. Il y a tant de différence entre une jeune fille et une femme mariée, que la jeune fille ne peut pas plus la concevoir que la femme mariée ne peut redevenir jeune fille. J'ai mieux aimé être mariée à Louis de l'Estorade que de retourner au couvent. Voilà qui est clair. Après avoir deviné que si je n'épousais pas Louis je retournerais au couvent, j'ai dû, en termes de jeune fille, me résigner. Résignée, je me suis mise à examiner ma situation afin d'en tirer le meilleur parti possible.

D'abord la gravité des engagements m'a investie de terreur. Le mariage se propose la vie, tandis que l'amour ne se propose que le plaisir ; mais aussi le mariage subsiste quand les plaisirs ont disparu, et donne naissance à des intérêts bien plus chers que ceux de l'homme et de la femme qui s'unissent. Aussi peut-être ne faut-il, pour faire un mariage heureux, que cette amitié qui, en vue de ses douceurs, cède sur beaucoup d'imperfections humaines. Rien ne s'opposait à ce que j'eusse de l'amitié pour Louis de l'Estorade. Bien décidée à ne pas chercher dans le mariage les jouissances de l'amour auxquelles nous pensions si souvent et avec une si dangereuse exaltation, j'ai senti la plus douce tranquillité en moi-même. Si je n'ai pas l'amour, pourquoi ne pas chercher le bonheur ? me suis-je dit. D'ailleurs, je suis aimée, et je me laisserai aimer. Mon mariage ne sera pas une servitude[1], mais un commandement perpétuel. Quel inconvénient cet état de choses offrira-t-il à une femme qui veut rester maîtresse absolue d'elle-même ?

Note

1. **servitude** : état de dépendance et de soumission totales.

Ce point si grave d'avoir le mariage sans le mari fut réglé dans une conversation entre Louis et moi, dans laquelle il m'a découvert et l'excellence de son caractère et la douceur de son âme. Ma mignonne, je souhaitais beaucoup de rester dans cette belle saison d'espérance amoureuse qui, n'enfantant point de plaisir, laisse à l'âme sa virginité[1]. Ne rien accorder au devoir, à la loi, ne dépendre que de soi-même, et garder son libre arbitre[2] ?... quelle douce et noble chose ! Ce contrat, opposé à celui des lois et au sacrement lui-même, ne pouvait se passer qu'entre Louis et moi. Cette difficulté, la première aperçue, est la seule qui ait fait traîner la conclusion de mon mariage. Si, dès l'abord[3], j'étais résolue à tout pour ne pas retourner au couvent, il est dans notre nature de demander le plus après avoir obtenu le moins ; et nous sommes, chère ange, de celles qui veulent tout. J'examinais mon Louis du coin de l'œil, et je me disais : le malheur l'a-t-il rendu bon ou méchant ? À force d'étudier, j'ai fini par découvrir que son amour allait jusqu'à la passion. Une fois arrivée à l'état d'idole, en le voyant pâlir et trembler au moindre regard froid, j'ai compris que je pouvais tout oser. Je l'ai naturellement emmené loin des parents, dans des promenades où j'ai prudemment interrogé son cœur. Je l'ai fait parler, je lui ai demandé compte de ses idées, de ses plans, de notre avenir. Mes questions annonçaient tant de réflexions préconçues et attaquaient si précisément les endroits faibles de cette horrible vie à deux, que Louis m'a depuis avoué qu'il était épouvanté d'une si savante virginité. Moi, j'écoutais ses réponses ; il s'y entortillait comme ces gens à qui la peur ôte tous leurs moyens ; j'ai fini par voir que le hasard me donnait un adversaire qui m'était d'autant plus inférieur qu'il devinait ce que tu nommes si orgueilleusement ma grande âme. Brisé par les malheurs et par la misère, il se regardait comme à peu

Notes

1. **virginité** : caractère de ce qui est vierge ; innocence, pureté.

2. **libre arbitre** : capacité de ne décider qu'en fonction de sa propre volonté.

3. **dès l'abord** : dès le début.

près détruit, et se perdait en trois horribles craintes. D'abord, il a trente-sept ans, et j'en ai dix-sept ; il ne mesurait donc pas sans effroi les vingt ans de différence qui sont entre nous. Puis, il est convenu que je suis très belle ; et Louis, qui partage nos opinions à ce sujet, ne voyait pas sans une profonde douleur combien les souffrances lui avaient enlevé de jeunesse. Enfin, il me sentait de beaucoup supérieure comme femme à lui comme homme. Mis en défiance de lui-même par ces trois infériorités visibles, il craignait de ne pas faire mon bonheur, et se voyait pris comme un pis-aller[1]. Sans la perspective du couvent, je ne l'épouserais point, me dit-il un soir timidement. – Ceci est vrai, lui répondis-je gravement. Ma chère amie, il me causa la première grande émotion de celles qui nous viennent des hommes. Je fus atteinte au cœur par les deux grosses larmes qui roulèrent dans ses yeux. – Louis, repris-je d'une voix consolante, il ne tient qu'à vous de faire de ce mariage de convenance un mariage auquel je puisse donner un consentement entier. Ce que je vais vous demander exige de votre part une abnégation[2] beaucoup plus belle que le prétendu servage[3] de votre amour quand il est sincère. Pouvez-vous vous élever jusqu'à l'amitié comme je la comprends ? On n'a qu'un ami dans la vie, et je veux être le vôtre. L'amitié est le lien de deux âmes pareilles, unies par leur force, et néanmoins indépendantes. Soyons amis et associés pour porter la vie ensemble. Laissez-moi mon entière indépendance. Je ne vous défends pas de m'inspirer pour vous l'amour que vous dites avoir pour moi ; mais je ne veux être votre femme que de mon gré. Donnez-moi le désir de vous abandonner mon libre arbitre, et je vous le sacrifie aussitôt. Ainsi, je ne vous défends pas de passionner cette amitié, de la troubler par la voix de l'amour ; je tâcherai, moi, que notre affection soit parfaite. Surtout, évitez-moi les ennuis que la situation assez

Notes

1. **pis-aller** : solution que l'on se résigne à adopter faute de mieux.

2. **abnégation** : sacrifice.

3. **servage** : esclavage.

bizarre où nous serons alors me donnerait au dehors. Je ne veux paraître ni capricieuse, ni prude[1], parce que je ne le suis point, et vous crois assez honnête homme pour vous offrir de garder les apparences du mariage. Ma chère, je n'ai jamais vu d'homme heureux comme Louis l'a été de ma proposition ; ses yeux brillaient, le feu du bonheur y avait séché les larmes. – Songez, lui dis-je en terminant, qu'il n'y a rien de bizarre dans ce que je vous demande. Cette condition tient à mon immense désir d'avoir votre estime. Si vous ne me deviez qu'au mariage, me sauriez-vous beaucoup de gré un jour d'avoir vu votre amour couronné par les formalités légales ou religieuses et non par moi ? Si pendant que vous ne me plaisiez point, mais en vous obéissant passivement, comme ma très honorée mère vient de me le recommander, j'avais un enfant, croyez-vous que j'aimerais cet enfant autant que celui qui serait fils d'un même vouloir ? S'il n'est pas indispensable de se plaire l'un à l'autre autant que se plaisent des amants, convenez, monsieur, qu'il est nécessaire de ne pas se déplaire. Eh ! bien, nous allons être placés dans une situation dangereuse : nous devons vivre à la campagne, ne faut-il pas songer à toute l'instabilité des passions ? Des gens sages ne peuvent-ils pas se prémunir contre les malheurs du changement ? Il fut étrangement surpris de me trouver et si raisonnable et si raisonneuse ; mais il me fit une promesse solennelle après laquelle je lui pris la main et la lui serrai affectueusement.

Nous fûmes mariés à la fin de la semaine. Sûre de garder ma liberté, je mis alors beaucoup de gaieté dans les insipides[2] détails de toutes les cérémonies : j'ai pu être moi-même, et peut-être ai-je passé pour une commère[3] très délurée[4], pour employer les mots de Blois. On a pris pour une maîtresse femme, une jeune fille charmée de la situation neuve et pleine

Notes

1. **prude** : qui affiche une pudeur exagérée.
2. **insipides** : ennuyeux.
3. **commère** : femme bavarde.
4. **délurée** : dégourdie.

de ressources où j'avais su me placer. Chère, j'avais aperçu, comme par une vision, toutes les difficultés de ma vie, et je voulais sincèrement faire le bonheur de cet homme. Or, dans la solitude où nous vivons, si une femme ne commande pas, le mariage devient insupportable en peu de temps. Une femme doit alors avoir les charmes d'une maîtresse et les qualités d'une épouse. Mettre de l'incertitude dans les plaisirs, n'est-ce pas prolonger l'illusion et perpétuer[1] les jouissances d'amour-propre auxquelles tiennent tant et avec tant de raison toutes les créatures ? L'amour conjugal, comme je le conçois, revêt alors une femme d'espérance, la rend souveraine, et lui donne une force inépuisable, une chaleur de vie qui fait tout fleurir autour d'elle. Plus elle est maîtresse d'elle-même, plus sûre elle est de rendre l'amour et le bonheur viables. Mais j'ai surtout exigé que le plus profond mystère voilât nos arrangements intérieurs. L'homme subjugué[2] par sa femme est justement couvert de ridicule. L'influence d'une femme doit être entièrement secrète : chez nous, en tout, la grâce, c'est le mystère. Si j'entreprends de relever ce caractère abattu, de restituer leur lustre à des qualités que j'ai entrevues, je veux que tout semble spontané chez Louis. Telle est la tâche assez belle que je me suis donnée et qui suffit à la gloire d'une femme. Je suis presque fière d'avoir un secret pour intéresser ma vie, un plan auquel je rapporterai mes efforts, et qui ne sera connu que de toi et de Dieu.

Maintenant je suis presque heureuse, et peut-être ne le serais-je pas entièrement si je ne pouvais le dire à une âme aimée, car le moyen de le lui dire à lui ? Mon bonheur le froisserait, il a fallu le lui cacher. Il a, ma chère, une délicatesse de femme, comme tous les hommes qui ont beaucoup souffert. Pendant trois mois nous sommes restés comme nous étions avant le mariage. J'étudiai, comme bien tu penses, une foule de petites

Notes

1. **perpétuer** : faire durer très longtemps. 2. **subjugué** : dominé.

questions personnelles, auxquelles l'amour tient beaucoup plus qu'on ne le croit. Malgré ma froideur, cette âme enhardie s'est dépliée : j'ai vu ce visage changer d'expression et se rajeunir. L'élégance que j'introduisais dans la maison a jeté des reflets sur sa personne. Insensiblement je me suis habituée à lui, j'en ai fait un autre moi-même. À force de le voir, j'ai découvert la correspondance de son âme et de sa physionomie. La bête que nous nommons un mari, selon ton expression, a disparu. J'ai vu, par je ne sais quelle douce soirée, un amant dont les paroles m'allaient à l'âme, et sur le bras duquel je m'appuyais avec un plaisir indicible. Enfin, pour être vraie avec toi, comme je le serais avec Dieu, qu'on ne peut pas tromper, piquée peut-être par l'admirable religion avec laquelle il tenait son serment, la Curiosité s'est levée dans mon cœur. Très honteuse de moi-même, je me résistais. Hélas! quand on ne résiste plus que par dignité, l'esprit a bientôt trouvé des transactions. La fête a donc été secrète comme entre deux amants, et secrète elle doit rester entre nous. Lorsque tu te marieras, tu approuveras ma discrétion. Sache cependant que rien n'a manqué de ce que veut l'amour le plus délicat, ni de cet imprévu qui est, en quelque sorte, l'honneur de ce moment-là : les grâces mystérieuses que nos imaginations lui demandent, l'entraînement qui excuse, le consentement arraché, les voluptés idéales longtemps entrevues et qui nous subjuguent l'âme avant que nous nous laissions aller à la réalité, toutes les séductions y étaient avec leurs formes enchanteresses.

Je t'avoue que, malgré ces belles choses, j'ai de nouveau stipulé[1] mon libre arbitre, et je ne veux pas t'en dire toutes les raisons. Tu seras certes la seule âme en qui je verserai cette demi-confidence. Même en appartenant à son mari, adoré ou non, je crois que nous perdrions beaucoup à ne pas cacher nos sentiments et le jugement que nous portons sur le mariage. La

Note

1. **stipulé** : manifesté.

seule joie que j'aie eue, et qui a été céleste, vient de la certitude d'avoir rendu la vie à ce pauvre être avant de la donner à des enfants. Louis a repris sa jeunesse, sa force, sa gaieté. Ce n'est plus le même homme. J'ai, comme une fée, effacé jusqu'au souvenir des malheurs. J'ai métamorphosé Louis, il est devenu charmant. Sûr de me plaire, il déploie son esprit et révèle des qualités nouvelles. Être le principe constant du bonheur d'un homme quand cet homme le sait et mêle de la reconnaissance à l'amour, ah ! chère, cette certitude développe dans l'âme une force qui dépasse celle de l'amour le plus entier. Cette force impétueuse et durable, une et variée, enfante enfin la famille, cette belle œuvre des femmes, et que je conçois maintenant dans toute sa beauté féconde. Le vieux père n'est plus avare, il donne aveuglément tout ce que je désire. Les domestiques sont joyeux ; il semble que la félicité de Louis ait rayonné dans cet intérieur, où je règne par l'amour. Le vieillard s'est mis en harmonie avec toutes les améliorations, il n'a pas voulu faire tache dans mon luxe ; il a pris, pour me plaire, le costume, et avec le costume les manières du temps présent. Nous avons des chevaux anglais, un coupé[1], une calèche et un tilbury[2]. Nos domestiques ont une tenue simple, mais élégante. Aussi passons-nous pour des prodigues[3]. J'emploie mon intelligence (je ne ris pas) à tenir ma maison avec économie, à y donner le plus de jouissances pour la moindre somme possible. J'ai déjà démontré à Louis la nécessité de faire des chemins, afin de conquérir la réputation d'un homme occupé du bien de son pays. Je l'oblige à compléter son instruction. J'espère le voir bientôt membre du Conseil général de son département par l'influence de ma famille et de celle de sa mère. Je lui ai déclaré tout net que j'étais ambitieuse, que je ne trouvais pas mauvais que son père continuât à soigner nos biens, à réaliser des

Notes

1. **coupé** : voiture à deux portes ; compartiment de diligence.

2. **tilbury** : voiture à cheval découverte et à deux places.

3. **prodigues** : qui dépensent beaucoup.

économies, parce que je le voulais tout entier à la politique ; si nous avions des enfants, je les voulais voir tous heureux et bien placés dans l'État ; sous peine de perdre mon estime et mon affection, il devait devenir député du département aux prochaines élections ; ma famille aiderait sa candidature, et nous aurions alors le plaisir de passer tous les hivers à Paris. Ah ! mon ange, à l'ardeur avec laquelle il m'a obéi, j'ai vu combien j'étais aimée. Enfin, hier, il m'a écrit cette lettre de Marseille, où il est allé pour quelques heures.

« Quand tu m'as permis de t'aimer, ma douce Renée, j'ai cru au bonheur ; mais aujourd'hui je n'en vois plus la fin. Le passé n'est plus qu'un vague souvenir, une ombre nécessaire à faire ressortir l'éclat de ma félicité. Quand je suis près de toi, l'amour me transporte au point que je suis hors d'état de t'exprimer l'étendue de mon affection : je ne puis que t'admirer, t'adorer. La parole ne me revient que loin de toi. Tu es parfaitement belle, et d'une beauté si grave, si majestueuse, que le temps l'altérera difficilement ; et, quoique l'amour entre époux ne tienne pas tant à la beauté qu'aux sentiments, qui sont exquis en toi, laisse-moi te dire que cette certitude de te voir toujours belle me donne une joie qui s'accroît à chaque regard que je jette sur toi. L'harmonie et la dignité des lignes de ton visage, où ton âme sublime se révèle, a je ne sais quoi de pur sous la mâle couleur du teint. L'éclat de tes yeux noirs et la coupe hardie de ton front disent combien tes vertus sont élevées, combien ton commerce[1] est solide et ton cœur fait aux[2] orages de la vie s'il en survenait. La noblesse est ton caractère distinctif ; je n'ai pas la prétention de te l'apprendre ; mais je t'écris ce mot pour te faire bien connaître que je sais tout le prix du trésor que je possède. Le peu que tu m'accorderas sera toujours le bonheur pour moi, dans longtemps comme à présent ; car je sens tout ce qu'il y a eu de grandeur dans notre

Notes

1. **ton commerce** : ta manière de te comporter envers les autres.

2. **fait aux** : préparé pour.

promesse de garder l'un et l'autre toute notre liberté. Nous ne devrons jamais aucun témoignage de tendresse qu'à notre vouloir. Nous serons libres malgré des chaînes étroites. Je serai d'autant plus fier de te reconquérir ainsi que je sais maintenant le prix que tu attaches à cette conquête. Tu ne pourras jamais parler ou respirer, agir, penser, sans que j'admire toujours davantage la grâce de ton corps et celle de ton âme. Il y a en toi je ne sais quoi de divin, de sensé, d'enchanteur, qui met d'accord la réflexion, l'honneur, le plaisir et l'espérance, qui donne enfin à l'amour une étendue plus spacieuse que celle de la vie. Oh ! mon ange, puisse le génie de l'amour me rester fidèle et l'avenir être plein de cette volupté à l'aide de laquelle tu as embelli tout autour de moi ! Quand seras-tu mère, pour que je te voie applaudir à l'énergie de ta vie, pour que je t'entende, de cette voix si suave[1] et avec ces idées si fines, si neuves et si curieusement bien rendues, bénir l'amour qui a rafraîchi mon âme, retrempé mes facultés, qui fait mon orgueil, et où j'ai puisé, comme dans une magique fontaine, une vie nouvelle ? Oui, je serai tout ce que tu veux que je sois : je deviendrai l'un des hommes utiles de mon pays, et je ferai rejaillir sur toi cette gloire dont le principe sera ta satisfaction. »

Ma chère, voilà comment je le forme. Ce style est de fraîche date, dans un an ce sera mieux. Louis en est aux premiers transports, je l'attends à cette égale et continue sensation de bonheur que doit donner un heureux mariage quand, sûrs l'un de l'autre et se connaissant bien, une femme et un homme ont trouvé le secret de varier l'infini, de mettre l'enchantement dans le fond même de la vie. Ce beau secret des véritables épouses, je l'entrevois et veux le posséder. Tu vois qu'il se croit aimé, le fat, comme s'il n'était pas mon mari. Je n'en suis cependant encore qu'à cet attachement matériel qui nous donne la force de supporter bien des choses. Cependant Louis

Note

1. **suave** : d'une douceur délicieuse.

est aimable, il est d'une grande égalité de caractère, il fait simplement les actions dont se vanteraient la plupart des hommes. Enfin, si je ne l'aime point, je me sens très capable de le chérir.

Voilà donc mes cheveux noirs, mes yeux noirs dont les cils se déplient, selon toi, comme des jalousies[1], mon air impérial et ma personne élevée à l'état de pouvoir souverain. Nous verrons dans dix ans d'ici, ma chère, si nous ne sommes pas toutes deux bien rieuses, bien heureuses dans ce Paris, d'où je te ramènerai quelquefois dans ma belle oasis de Provence. Ô Louise, ne compromets pas notre bel avenir à toutes deux ! Ne fais pas les folies dont tu me menaces. J'épouse un vieux jeune homme, épouse quelque jeune vieillard de la chambre des pairs. Tu es là dans le vrai.

XIV
Le duc de Soria au baron de Macumer

Madrid.

Mon cher frère, vous ne m'avez pas fait duc de Soria pour que je n'agisse pas en duc de Soria. Si je vous savais errant et sans les douceurs que la fortune donne partout, vous me rendriez mon bonheur insupportable. Ni Marie ni moi, nous ne nous marierons jusqu'à ce que nous ayons appris que vous avez accepté les sommes remises pour vous à Urraca. Ces deux millions proviennent de vos propres économies et de celles de Marie. Nous avons prié tous deux, agenouillés devant le même autel, et avec quelle ferveur ! ah ! Dieu le sait ! pour ton bonheur. Ô mon frère ! nos souhaits doivent être exaucés. L'amour que tu cherches, et qui serait la consolation de ton exil, il descendra du ciel. Marie a lu ta lettre en pleurant, et tu as toute son admiration. Quant à moi, j'ai accepté pour notre maison et non pour moi. Le roi a rempli ton attente. Ah !

Note

1. **jalousies** : volets composés de lames.

tu lui as si dédaigneusement jeté son plaisir, comme on jette leur proie aux tigres, que, pour te venger, je voudrais lui faire savoir combien tu l'as écrasé par ta grandeur. La seule chose que j'aie prise pour moi, cher frère aimé, c'est mon bonheur, c'est Marie. Aussi serai-je toujours devant toi ce qu'est une créature devant le Créateur. Il y aura dans ma vie et dans celle de Marie un jour aussi beau que celui de notre heureux mariage, ce sera celui où nous saurons que ton cœur est compris, qu'une femme t'aime comme tu dois et veux être aimé. N'oublie pas que, si tu vis par nous, nous vivons aussi par toi. Tu peux nous écrire en toute confiance sous le couvert du nonce[1], en envoyant tes lettres par Rome. L'ambassadeur de France à Rome se chargera sans doute de les remettre à la secrétairerie d'État, à monsignore Bemboni, que notre légat[2] a dû prévenir. Toute autre voie serait mauvaise. Adieu, cher dépouillé, cher exilé. Sois fier au moins du bonheur que tu nous as fait, si tu ne peux en être heureux. Dieu sans doute écoutera nos prières pleines de toi.

FERNAND.

XV
Louise de Chaulieu à madame de l'Estorade

Mars.

Ah ! mon ange, le mariage rend philosophe ?… Ta chère figure devait être jaune alors que tu m'écrivais ces terribles pensées sur la vie humaine et sur nos devoirs. Crois-tu donc que tu me convertiras au mariage par ce programme de travaux souterrains ? Hélas ! voilà donc où t'ont fait parvenir nos trop savantes rêveries ? Nous sommes sorties de Blois parées de toute notre innocence et armées des pointes aiguës de la réflexion :

Notes

1. **nonce** : diplomate du Saint-Siège (État du pape).

2. **légat** : ambassadeur du Saint-Siège.

les dards[1] de cette expérience purement morale des choses se sont tournés contre toi ! Si je ne te connaissais pas pour la plus pure et la plus angélique créature du monde, je te dirais que tes calculs sentent la dépravation[2]. Comment, ma chère, dans l'intérêt de ta vie à la campagne, tu mets tes plaisirs en coupes réglées[3], tu traites l'amour comme tu traiteras tes bois ! Oh ! j'aime mieux périr dans la violence des tourbillons de mon cœur, que de vivre dans la sécheresse de ta sage arithmétique. Tu étais comme moi la jeune fille la plus instruite, parce que nous avions beaucoup réfléchi sur peu de choses ; mais, mon enfant, la philosophie sans l'amour, ou sous un faux amour, est la plus horrible des hypocrisies conjugales. Je ne sais pas si, de temps en temps, le plus grand imbécile de la terre n'apercevrait pas le hibou de la sagesse tapi dans ton tas de roses, découverte peu récréative qui peut faire enfuir la passion la mieux allumée. Tu te fais le destin, au lieu d'être son jouet. Nous tournons toutes les deux bien singulièrement : beaucoup de philosophie et peu d'amour, voilà ton régime ; beaucoup d'amour et peu de philosophie, voilà le mien. La Julie de Jean-Jacques[4], que je croyais un professeur, n'est qu'un étudiant auprès de toi. Vertu de femme ! as-tu toisé[5] la vie ? Hélas ! je me moque de toi, peut-être as-tu raison. Tu as immolé ta jeunesse en un jour, et tu t'es faite avare avant le temps. Ton Louis sera sans doute heureux. S'il t'aime, et je n'en doute pas, il ne s'apercevra jamais que tu te conduis dans l'intérêt de ta famille comme les courtisanes se conduisent dans l'intérêt de leur fortune ; et certes elles rendent les hommes heureux, à en croire les folles

Notes

1. **dards** : piques ; organes pointus servant à piquer.
2. **dépravation** : avilissement moral, débauche.
3. **tu mets tes plaisirs en coupes réglées** : « tu imposes à tes plaisirs d'importants sacrifices. »
4. Nouvelle allusion à *Julie ou la Nouvelle Héloïse* de Jean-Jacques Rousseau. (voir note 1, p. 69).
5. **toisé** : mesuré ; regardé avec dédain.

dissipations dont elles sont l'objet. Un mari clairvoyant resterait sans doute passionné pour toi; mais ne finirait-il point par se dispenser de reconnaissance pour une femme qui fait de la fausseté une sorte de corset moral aussi nécessaire à sa vie que l'autre l'est au corps? Mais, chère, l'amour est à mes yeux le principe de toutes les vertus rapportées à une image de la divinité! L'amour, comme tous les principes, ne se calcule pas, il est l'infini de notre âme. N'as-tu pas voulu te justifier à toi-même l'affreuse position d'une fille mariée à un homme qu'elle ne peut qu'estimer? Le devoir, voilà ta règle et ta mesure; mais agir par nécessité, n'est-ce pas la morale d'une société d'athées? Agir par amour et par sentiment, n'est-ce pas la loi secrète des femmes? Tu t'es faite homme, et ton Louis va se trouver la femme! Ô chère, ta lettre m'a plongée en des méditations infinies. J'ai vu que le couvent ne remplace jamais une mère pour des filles. Je t'en supplie, mon noble ange aux yeux noirs, si pure et si fière, si grave et si élégante, pense à ces premiers cris que ta lettre m'arrache! Je me suis consolée en songeant qu'au moment où je me lamentais, l'amour renversait sans doute les échafaudages de la raison. Je ferai peut-être pis sans raisonner, sans calculer : la passion est un élément qui doit avoir une logique aussi cruelle que la tienne.

Lundi.

Hier au soir, en me couchant, je me suis mise à ma fenêtre pour contempler le ciel, qui était d'une sublime pureté. Les étoiles ressemblaient à des clous d'argent qui retenaient un voile bleu. Par le silence de la nuit, j'ai pu entendre une respiration, et, par le demi-jour que jetaient les étoiles, j'ai vu mon Espagnol, perché comme un écureuil dans les branches d'un des arbres de la contre-allée des boulevards, admirant sans doute mes fenêtres. Cette découverte a eu pour premier effet de me faire rentrer dans ma chambre, les pieds, les mains comme brisés; mais, au fond de cette sensation de peur, je sentais une joie délicieuse. J'étais abattue et heureuse. Pas un de ces spirituels Français qui veulent m'épouser n'a eu l'esprit de venir passer les nuits sur un orme[1], au risque d'être emmené par la garde. Mon Espagnol est là sans doute depuis quelque temps. Ah! il ne me donne plus de leçons, il veut en recevoir, il en aura. S'il savait tout ce que je me suis dit sur sa laideur apparente! Moi aussi, Renée, j'ai philosophé. J'ai pensé qu'il y avait quelque chose d'horrible à aimer un homme beau. N'est-ce pas avouer que les sens sont les trois quarts de l'amour, qui doit être divin? Remise de ma première peur, je tendais le cou derrière la vitre pour le revoir, et bien m'en a pris! Au moyen d'une canne creuse, il m'a soufflé par la fenêtre une lettre artistement roulée autour d'un gros grain de plomb. Mon Dieu! va-t-il croire que j'ai laissé ma fenêtre ouverte exprès? me suis-je dit; la fermer brusquement, ce serait me rendre sa complice. J'ai mieux fait, je suis revenue à ma fenêtre comme si je n'avais pas entendu le bruit de son billet, comme si je n'avais rien vu, et j'ai dit à haute voix : – Venez donc voir les étoiles, Griffith? Griffith dormait comme une vieille fille. En m'entendant, le Maure a dégringolé avec la vitesse d'une ombre. Il a dû mourir de peur aussi bien que moi, car je ne l'ai pas entendu s'en aller, il est resté sans doute au pied de l'orme. Après un bon quart d'heure, pendant lequel je me noyais dans le bleu du ciel et nageais dans l'océan de la curiosité, j'ai fermé ma fenêtre, et je me suis mise au lit pour dérouler le fin papier avec la sollicitude de ceux qui travaillent à Naples les volumes antiques. Mes doigts touchaient du feu. Quel horrible pouvoir cet homme exerce sur moi! me dis-je. Aussitôt j'ai présenté le papier à la lumière pour le brûler sans le lire… Une pensée a retenu ma main. Que m'écrit-il pour m'écrire en secret? Eh! bien, ma chère, j'ai brûlé la lettre en songeant que, si toutes les filles de la terre l'eussent dévorée, moi, Armande-Louise-Marie de Chaulieu, je devais ne la point lire.

Note

1. **orme** : type d'arbre.

Le lendemain, aux Italiens, il était à son poste ; mais, tout premier ministre constitutionnel qu'il a été, je ne crois pas que mes attitudes lui aient révélé la moindre agitation de mon âme : je suis demeurée absolument comme si je n'avais rien vu ni reçu la veille. J'étais contente de moi, mais il était bien triste. Pauvre homme, il est si naturel en Espagne que l'amour entre par la fenêtre ! Il est venu pendant l'entracte se promener dans les corridors. Le premier secrétaire de l'ambassade d'Espagne me l'a dit en m'apprenant de lui une action qui est sublime. Étant duc de Soria, il devait épouser une des plus riches héritières de l'Espagne, la jeune princesse Marie Heredia, dont la fortune eût adouci pour lui les malheurs de l'exil ; mais il paraît que, trompant les vœux de leurs pères qui les avaient fiancés dès leur enfance, Marie aimait le cadet de Soria, et mon Felipe a renoncé à la princesse Marie en se laissant dépouiller par le roi d'Espagne. – Il a dû faire cette grande chose très simplement, ai-je dit au jeune homme. – Vous le connaissez donc ? m'a-t-il répondu naïvement. Ma mère a souri. – Que va-t-il devenir ? car il est condamné à mort, ai-je dit. – S'il est mort en Espagne, il a le droit de vivre en Sardaigne. – Ah ! il y a aussi des tombes en Espagne ? dis-je pour avoir l'air de prendre cela en plaisanterie. – Il y a de tout en Espagne, même des Espagnols du vieux temps, m'a répondu ma mère. – Le roi de Sardaigne a, non sans peine, accordé au baron de Macumer un passeport, a repris le jeune diplomate ; mais enfin il est devenu sujet sarde, il possède des fiefs magnifiques en Sardaigne, avec droit de haute et basse justice. Il a un palais à Sassari[1]. Si Ferdinand VII mourait, Macumer entrerait vraisemblablement dans la diplomatie, et la cour de Turin en ferait un ambassadeur. Quoique jeune, il… – Ah ! il est jeune ! – Oui, mademoiselle, quoique jeune il est un des hommes les plus distingués de l'Espagne ! Je lorgnais la salle

Note

1. **Sassari** : ville de Sardaigne.

en écoutant le secrétaire, et semblais lui prêter une médiocre attention ; mais, entre nous, j'étais au désespoir d'avoir brûlé la lettre. Comment s'exprime un pareil homme quand il m'aime ? et il aime. Être aimée, adorée en secret, avoir dans cette salle où s'assemblent toutes les supériorités de Paris un homme à soi, sans que personne le sache ! Oh ! Renée, j'ai compris alors la vie parisienne, et ses bals et ses fêtes. Tout a pris sa couleur véritable à mes yeux. On a besoin des autres quand on aime, ne fût-ce que pour les sacrifier à celui qu'on aime. J'ai senti dans mon être un autre être heureux. Toutes mes vanités, mon amour-propre, mon orgueil étaient caressés. Dieu sait quel regard j'ai jeté sur le monde ! – Ah ! petite commère ! m'a dit à l'oreille la duchesse en souriant. Oui, ma très rusée mère a deviné quelque secrète joie dans mon attitude, et j'ai baissé pavillon[1] devant cette savante femme. Ces trois mots m'ont plus appris la science du monde que je n'en avais surpris depuis un an, car nous sommes en mars. Hélas ! nous n'avons plus d'Italiens dans un mois. Que devenir sans cette adorable musique, quand on a le cœur plein d'amour ?

Ma chère, au retour, avec une résolution digne d'une Chaulieu, j'ai ouvert ma fenêtre pour admirer une averse. Oh ! si les hommes connaissaient la puissance de séduction qu'exercent sur nous les actions héroïques, ils seraient bien grands ; les plus lâches deviendraient des héros. Ce que j'avais appris de mon Espagnol me donnait la fièvre. J'étais sûre qu'il était là, prêt à me jeter une nouvelle lettre. Aussi n'ai-je rien brûlé : j'ai lu. Voici donc la première lettre d'amour que j'ai reçue, madame la raisonneuse : chacune la nôtre.

« Louise, je ne vous aime pas à cause de votre sublime beauté ; je ne vous aime pas à cause de votre esprit si étendu, de la noblesse de vos sentiments, de la grâce infinie que vous donnez à toutes choses, ni à cause de votre fierté, de votre royal dédain

Note

1. **j'ai baissé pavillon** : « je me suis avouée vaincue. »

pour ce qui n'est pas de votre sphère, et qui chez vous n'exclut point la bonté, car vous avez la charité des anges ; Louise, je vous aime parce que vous avez fait fléchir toutes ces grandeurs altières[1] pour un pauvre exilé ; parce que, par un geste, par un regard, vous avez consolé un homme d'être si fort au-dessous de vous, qu'il n'avait droit qu'à votre pitié, mais à une pitié généreuse. Vous êtes la seule femme au monde qui aura tempéré pour moi la rigueur de ses yeux ; et comme vous avez laissé tomber sur moi ce bienfaisant regard, alors que j'étais un grain dans la poussière, ce que je n'avais jamais obtenu quand j'avais tout ce qu'un sujet peut avoir de puissance, je tiens à vous faire savoir, Louise, que vous m'êtes devenue chère, que je vous aime pour vous-même et sans aucune arrière-pensée, en dépassant de beaucoup les conditions mises par vous à un amour parfait. Apprenez donc, idole placée par moi au plus haut des cieux, qu'il est dans le monde un rejeton de la race sarrasine dont la vie vous appartient, à qui vous pouvez tout demander comme à un esclave, et qui s'honorera d'exécuter vos ordres. Je me suis donné à vous sans retour, et pour le seul plaisir de me donner, pour un seul de vos regards, pour cette main tendue un matin à votre maître d'espagnol. Vous avez un serviteur, Louise, et pas autre chose. Non, je n'ose penser que je puisse être jamais aimé ; mais peut-être serai-je souffert[2], et seulement à cause de mon dévouement. Depuis cette matinée où vous m'avez souri en noble fille qui devinait la misère de mon cœur solitaire et trahi, je vous ai intronisée[3] : vous êtes la souveraine absolue de ma vie, la reine de mes pensées, la divinité de mon cœur, la lumière qui brille chez moi, la fleur de mes fleurs, le baume[4] de l'air que je respire, la richesse de mon sang, la lueur dans laquelle je sommeille. Une seule pensée troublait ce bonheur : vous ignoriez avoir à vous un

Notes

1. **altières** : élevées, ayant la conscience de leur noblesse.
2. **souffert** : accepté.
3. **intronisée** : placée sur le trône.
4. **baume** : préparation pharmaceutique qui calme, adoucit les plaies.

dévouement sans bornes, un bras fidèle, un esclave aveugle, un agent muet, un trésor, car je ne suis plus que le dépositaire de tout ce que je possède ; enfin, vous ne vous saviez pas un cœur à qui vous pouvez tout confier, le cœur d'une vieille aïeule à qui vous pouvez tout demander, un père de qui vous pouvez réclamer toute protection, un ami, un frère ; tous ces sentiments vous font défaut autour de vous, je le sais. J'ai surpris le secret de votre isolement ! Ma hardiesse est venue de mon désir de vous révéler l'étendue de vos possessions. Acceptez tout, Louise, vous m'aurez donné la seule vie qu'il y ait pour moi dans le monde, celle de me dévouer. En me passant le collier de la servitude, vous ne vous exposez à rien : je ne demanderai jamais autre chose que le plaisir de me savoir à vous. Ne me dites même pas que vous ne m'aimerez jamais : cela doit être, je le sais ; je dois aimer de loin, sans espoir et pour moi-même. Je voudrais bien savoir si vous m'acceptez pour serviteur, et je me suis creusé la tête afin de trouver une preuve qui vous atteste qu'il n'y aura de votre part aucune atteinte à votre dignité en me l'apprenant, car voici bien des jours que je suis à vous, à votre insu. Donc, vous me le diriez en ayant à la main un soir, aux Italiens, un bouquet composé d'un camélia blanc et d'un camélia rouge, l'image de tout le sang d'un homme aux ordres d'une candeur[1] adorée. Tout sera dit alors : à toute heure, dans dix ans comme demain, quoi que vous vouliez qu'il soit possible à l'homme de faire, ce sera fait dès que vous le demanderez à votre heureux serviteur,

FELIPE HENAREZ. »

P.-S. Ma chère, avoue que les grands seigneurs savent aimer ! Quel bond de lion africain ! quelle ardeur contenue ! quelle foi ! quelle sincérité ! quelle grandeur d'âme dans l'abaissement ! Je me suis sentie petite et me suis demandé tout abasourdie : Que faire ?... Le propre d'un grand homme est de

Note

1. **candeur** : simplicité sincère, innocence.

dérouter les calculs ordinaires. Il est sublime et attendrissant, naïf et gigantesque. Par une seule lettre, il est au-delà des cent lettres de Lovelace[1] et de Saint-Preux[2]. Oh! voilà l'amour vrai, sans chicanes[3] : il est ou n'est pas; mais quand il est, il doit se produire dans son immensité. Me voilà destituée de toutes les coquetteries. Refuser ou accepter! je suis entre ces deux termes sans un prétexte pour abriter mon irrésolution. Toute discussion est supprimée. Ce n'est plus Paris, c'est l'Espagne ou l'Orient; enfin, c'est l'Abencerrage qui parle, qui s'agenouille devant l'Ève catholique en lui apportant son cimeterre[4], son cheval et sa tête. Accepterai-je ce restant de Maure? Relisez souvent cette lettre hispano-sarrasine, ma Renée, et vous y verrez que l'amour emporte toutes les stipulations judaïques de votre philosophie. Tiens, Renée, j'ai ta lettre sur le cœur, tu m'as embourgeoisé la vie. Ai-je besoin de finasser? Ne suis-je pas éternellement maîtresse de ce lion qui change ses rugissements en soupirs humbles et religieux? Oh! combien n'a-t-il pas dû rugir dans sa tanière de la rue Hillerin-Bertin! Je sais où il demeure, j'ai sa carte : F., baron de Macumer. Il m'a rendu toute réponse impossible, il n'y a qu'à lui jeter à la figure deux camélias. Quelle science infernale possède l'amour pur, vrai, naïf! Voilà donc ce qu'il y a de plus grand pour le cœur d'une femme réduit à une action simple et facile. Ô l'Asie! j'ai lu les *Mille et Une Nuits*[5], en voilà l'esprit : deux fleurs, et tout est dit. Nous franchissons les quatorze volumes de *Clarisse Harlowe* avec un bouquet. Je me tords devant cette lettre comme une corde au feu. Prends ou ne prends pas tes deux

Notes

1. **Lovelace** : personnage du roman de S. Richardson, *Clarisse Harlowe*; c'est un grand séducteur (voir note 2, p. 69).
2. **Saint-Preux** : amoureux de Julie dans le roman de Jean-Jacques Rousseau, *Julie ou la Nouvelle Héloïse* (voir notes 1, p. 69 et 4 p. 95).
3. **chicanes** : tracasseries inutiles.
4. **cimeterre** : sabre oriental.
5. ***Mille et Une Nuits*** : recueil anonyme de contes perses qui mettent en scène la belle Shéhérazade qui, tous les soirs, pour retarder sa mise à mort, raconte au sultan, son mari, une histoire. Antoine Galland en publie une traduction française au début du XVIIIe siècle.

camélias. Oui ou non, tue ou fais vivre ! Enfin, une voix me crie : Éprouve-le ! Aussi l'éprouverai-je !

XVI
De la même à la même

Mars.

Je suis habillée en blanc : j'ai des camélias blancs dans les cheveux et un camélia blanc à la main, ma mère en a de rouges ; je lui en prendrai un si je veux. Il y a en moi je ne sais quelle envie de *lui* vendre son camélia rouge par un peu d'hésitation, et de ne me décider que sur le terrain. Je suis bien belle ! Griffith m'a priée de me laisser contempler un moment. La solennité de cette soirée et le drame de ce consentement secret m'ont donné des couleurs : j'ai à chaque joue un camélia rouge épanoui sur un camélia blanc !

Une heure.

Tous m'ont admirée, un seul savait m'adorer. Il a baissé la tête en me voyant un camélia blanc à la main, et je l'ai vu devenir blanc comme la fleur quand j'en ai eu pris un rouge à ma mère. Venir avec les deux fleurs pouvait être un effet du hasard ; mais cette action était une réponse. J'ai donc étendu mon aveu ! On donnait *Roméo et Juliette*[1], et comme tu ne sais pas ce qu'est le duo des deux amants, tu ne peux comprendre le bonheur de deux néophytes[2] d'amour écoutant cette divine expression de la tendresse. Je me suis couchée en entendant des pas sur le terrain sonore de la contre-allée. Oh ! maintenant, mon ange, j'ai le feu dans le cœur, dans la tête. Que fait-il ? que pense-t-il ? A-t-il une pensée, une seule qui me

Notes

1. ***Roméo et Juliette*** : il s'agit, ici, de l'opéra du compositeur italien Niccolò Zingarelli (1752-1837), inspiré de la pièce de Shakespeare.

2. **néophytes** : débutants, inexpérimentés.

soit étrangère ? Est-il l'esclave toujours prêt qu'il m'a dit être ? Comment m'en assurer ? A-t-il dans l'âme le plus léger soupçon que mon acceptation emporte un blâme, un retour quelconque, un remerciement ? Je suis livrée à toutes les arguties minutieuses des femmes de *Cyrus*[1] et de l'*Astrée*[2], aux subtilités des Cours d'amour. Sait-il qu'en amour les plus menues actions des femmes sont la terminaison d'un monde de réflexions, de combats intérieurs, de victoires perdues ! À quoi pense-t-il en ce moment ? Comment lui ordonner de m'écrire le soir le détail de sa journée ? Il est mon esclave, je dois l'occuper, et je vais l'écraser de travail.

Dimanche matin.

Je n'ai dormi que très peu, le matin. Il est midi. Je viens de faire écrire la lettre suivante par Griffith.

À Monsieur le baron de Macumer.

Mademoiselle de Chaulieu me charge, monsieur le baron, de vous redemander la copie d'une lettre que lui a écrite une de ses amies, qui est de sa main et que vous avez emportée.

Agréez, etc.

GRIFFITH.

Ma chère, Griffith est sortie, elle est allée rue Hillerin-Bertin, elle a fait remettre ce poulet[3] à mon esclave qui m'a rendu sous enveloppe mon programme mouillé de larmes. Il a obéi. Oh ! ma chère, il devait y tenir ! Un autre aurait refusé en écrivant une lettre pleine de flatteries ; mais le Sarrasin a été ce qu'il avait promis d'être : il a obéi. Je suis touchée aux larmes.

Notes

1. **Cyrus** : *Artamène ou le Grand Cyrus*, roman-fleuve de Mlle de Scudéry (1607-1701), publié entre 1649 et 1653 et comptant plus de 13 000 pages !

2. **Astrée** : roman pastoral d'Honoré d'Urfé (1567-1625), mettant en scène les amours de jeunes bergers et bergères, publié de 1607 à 1627, comptant plus de 5 000 pages et qui a remporté un immense succès dans toute l'Europe.

3. **poulet** : billet doux, lettre d'amour.

XVII
De la même à la même

2 avril.

Hier, le temps était superbe, je me suis mise en fille aimée et qui veut plaire. À ma prière, mon père m'a donné le plus joli attelage qu'il soit possible de voir à Paris : deux chevaux gris pommelé et une calèche de la dernière élégance. J'essayais mon équipage. J'étais comme une fleur sous une ombrelle doublée de soie blanche. En montant l'avenue des Champs-Élysées, j'ai vu venir à moi mon Abencerrage sur un cheval de la plus admirable beauté : les hommes, qui maintenant sont presque tous de parfaits maquignons[1], s'arrêtaient pour le voir, pour l'examiner. Il m'a saluée, et je lui ai fait un signe amical d'encouragement; il a modéré le pas de son cheval, et j'ai pu lui dire : – Vous ne trouverez pas mauvais, monsieur le baron, que je vous aie redemandé ma lettre, elle vous était inutile... Vous avez déjà dépassé ce programme, ai-je ajouté à voix basse. Vous avez un cheval qui vous fait bien remarquer, lui ai-je dit. – Mon intendant de Sardaigne me l'a envoyé par orgueil, car ce cheval de race arabe est né dans mes maquis.

Ce matin, ma chère, Henarez était sur un cheval anglais alezan[2], encore très beau, mais qui n'excitait plus l'attention : le peu de critique moqueuse de mes paroles avait suffi. Il m'a saluée, et je lui ai répondu par une légère inclination de tête. Le duc d'Angoulême a fait acheter le cheval de Macumer. Mon esclave a compris qu'il sortait de la simplicité voulue en attirant sur lui l'attention des badauds. Un homme doit être remarqué pour lui-même, et non pas pour son cheval ou pour des choses. Avoir un trop beau cheval me semble aussi ridicule que d'avoir un gros diamant à sa chemise. J'ai été ravie de le prendre en faute, et peut-être y avait-il dans son fait un

Notes

1. **maquignons** : marchands de chevaux pas toujours très honnêtes.

2. **alezan** : de couleur brun rougeâtre.

peu d'amour-propre, permis à un pauvre proscrit[1]. Cet enfantillage me plaît. Ô ma vieille raisonneuse ! jouis-tu de mes amours autant que je me suis attristée de ta sombre philosophie ? Chère Philippe II[2] en jupon, te promènes-tu bien dans ma calèche ? Vois-tu ce regard de velours, humble et plein, fier de son servage, que me lance en passant cet homme vraiment grand qui porte ma livrée, et qui a toujours à sa boutonnière un camélia rouge, tandis que j'en ai toujours un blanc à la main ? Quelle clarté jette l'amour ! Combien je comprends Paris ! Maintenant tout m'y semble spirituel. Oui, l'amour y est plus joli, plus grand, plus charmant que partout ailleurs. Décidément j'ai reconnu que jamais je ne pourrais tourmenter, inquiéter un sot, ni avoir le moindre empire sur lui. Il n'y a que les hommes supérieurs qui nous comprennent bien et sur lesquels nous puissions agir. Oh ! pauvre amie, pardon, j'oubliais notre l'Estorade ; mais ne m'as-tu pas dit que tu allais en faire un génie ? Oh ! je devine pourquoi : tu l'élèves à la brochette pour être comprise un jour. Adieu, je suis un peu folle et ne veux pas continuer.

XVIII
De madame de l'Estorade à Louise de Chaulieu

Avril.

Chère ange, ou ne dois-je pas plutôt dire cher démon, tu m'as affligée sans le vouloir, et, si nous n'étions pas la même âme, je dirais blessée ; mais ne se blesse-t-on pas aussi soi-même ? Comme on voit bien que tu n'as pas encore arrêté ta pensée sur ce mot *indissoluble*[3], appliqué au contrat qui lie

Notes

1. **proscrit** : exilé.
2. **Philippe II** : roi d'Espagne (1527-1598) connu pour sa prudence.
3. ***indissoluble*** : perpétuel, qui ne peut être rompu.

une femme à un homme! Je ne veux pas contredire les philosophes ni les législateurs, ils sont bien de force à se contredire eux-mêmes; mais, chère, en rendant le mariage irrévocable[1] et lui imposant une formule égale pour tous et impitoyable, on a fait de chaque union une chose entièrement dissemblable[2], aussi dissemblable que le sont les individus entre eux; chacune d'elles a ses lois intérieures différentes : celles d'un mariage à la campagne, où deux êtres seront sans cesse en présence, ne sont pas celles d'un ménage à la ville, où plus de distractions nuancent la vie; et celles d'un ménage à Paris, où la vie passe comme un torrent, ne seront pas celles d'un mariage en province, où la vie est moins agitée. Si les conditions varient selon les lieux, elles varient bien davantage selon les caractères. La femme d'un homme de génie n'a qu'à se laisser conduire, et la femme d'un sot doit, sous peine des plus grands malheurs, prendre les rênes de la machine si elle se sent plus intelligente que lui. Peut-être, après tout, la réflexion et la raison arrivent-elles à ce qu'on appelle dépravation. Pour nous la dépravation, n'est-ce pas le calcul dans les sentiments? Une passion qui raisonne est dépravée; elle n'est belle qu'involontaire et dans ces sublimes jets qui excluent tout égoïsme. Ah! tôt ou tard tu te diras, ma chère : Oui! la fausseté est aussi nécessaire à la femme que son corset, si par fausseté on entend le silence de celle qui a le courage de se taire, si par fausseté l'on entend le calcul nécessaire de l'avenir. Toute femme mariée apprend à ses dépens les lois sociales qui sont incompatibles en beaucoup de points avec celles de la nature. On peut avoir en mariage une douzaine d'enfants, en se mariant à l'âge où nous sommes; et, si nous les avions, nous commettrions douze crimes, nous ferions douze malheurs. Ne livrerions-nous pas à la misère et au désespoir de charmants êtres? tandis que deux enfants sont

Notes

1. **irrévocable** : qui engage définitivement et pour toujours.

2. **dissemblable** : qui n'est pas pareille malgré quelques caractéristiques communes.

deux bonheurs, deux bienfaits, deux créations en harmonie avec les mœurs et les lois actuelles. La loi naturelle et le code sont ennemis, et nous sommes le terrain sur lequel ils luttent. Appelleras-tu dépravation la sagesse de l'épouse qui veille à ce que la famille ne se ruine pas par elle-même ? Un seul calcul ou mille, tout est perdu dans le cœur. Ce calcul atroce, vous le ferez un jour, belle baronne de Macumer, quand vous serez la femme heureuse et fière de l'homme qui vous adore ; ou plutôt cet homme supérieur vous l'épargnera, car il le fera lui-même. Tu vois, chère folle, que nous avons étudié le code dans ses rapports avec l'amour conjugal. Tu sauras que nous ne devons compte qu'à nous-mêmes et à Dieu des moyens que nous employons pour perpétuer le bonheur au sein de nos maisons ; et mieux vaut le calcul qui y parvient que l'amour irréfléchi qui y met le deuil, les querelles ou la désunion. J'ai cruellement étudié le rôle de l'épouse et de la mère de famille. Oui, chère ange, nous avons de sublimes mensonges à faire pour être la noble créature que nous sommes en accomplissant nos devoirs. Tu me taxes de fausseté parce que je veux mesurer au jour le jour à Louis la connaissance de moi-même ; mais n'est-ce pas une trop intime connaissance qui cause les désunions ? Je veux l'occuper beaucoup pour beaucoup le distraire de moi, au nom de son propre bonheur ; et tel n'est pas le calcul de la passion. Si la tendresse est inépuisable, l'amour ne l'est point : aussi est-ce une véritable entreprise pour une honnête femme que de le sagement distribuer sur toute la vie. Au risque de te paraître exécrable[1], je te dirai que je persiste dans mes principes en me croyant très grande et très généreuse. La vertu, mignonne, est un principe dont les manifestations diffèrent selon les milieux : la vertu de Provence, celle de Constantinople, celle de Londres et celle de Paris ont des effets parfaitement dissemblables sans cesser d'être la vertu.

Note

1. **exécrable** : détestable.

Chaque vie humaine offre dans son tissu les combinaisons les plus irrégulières ; mais, vues d'une certaine hauteur, toutes paraissent semblables. Si je voulais voir Louis malheureux et faire fleurir une séparation de corps, je n'aurais qu'à me mettre à sa laisse. Je n'ai pas eu comme toi le bonheur de rencontrer un être supérieur, mais peut-être aurai-je le plaisir de le rendre supérieur, et je te donne rendez-vous dans cinq ans à Paris. Tu y seras prise toi-même, et tu me diras que je me suis trompée, que monsieur de l'Estorade était nativement remarquable. Quant à ces belles amours, à ces émotions que je n'éprouve que par toi ; quant à ces stations nocturnes sur le balcon, à la lueur des étoiles ; quant à ces adorations excessives, à ces divinisations de nous, j'ai su qu'il y fallait renoncer. Ton épanouissement dans la vie rayonne à ton gré ; le mien est circonscrit, il a l'enceinte de la Crampade, et tu me reproches les précautions que demande un fragile, un secret, un pauvre bonheur pour devenir durable, riche et mystérieux ! Je croyais avoir trouvé les grâces d'une maîtresse dans mon état de femme, et tu m'as presque fait rougir de moi-même. Entre nous deux, qui a tort, qui a raison ? Peut-être avons-nous également tort et raison toutes deux, et peut-être la société nous vend-elle fort cher nos dentelles, nos titres et nos enfants ! Moi, j'ai mes camélias rouges, ils sont sur mes lèvres, en sourires qui fleurissent pour ces deux êtres, le père et le fils, à qui je suis dévouée, à la fois esclave et maîtresse. Mais, chère ! tes dernières lettres m'ont fait apercevoir tout ce que j'ai perdu ! Tu m'as appris l'étendue des sacrifices de la femme mariée. J'avais à peine jeté les yeux sur ces beaux steppes[1] sauvages où tu bondis, et je ne te parlerai point de quelques larmes essuyées en te lisant ; mais le regret n'est pas le remords, quoiqu'il en soit un peu germain[2]. Tu m'as dit : Le mariage rend philosophe ! hélas ! non ; je l'ai

Notes

1. **steppes** : plaines arides et dont la végétation est pauvre. Mot masculin à l'époque de Balzac.

2. **germain** : de la même famille.

bien senti quand je pleurais en te sachant emportée au torrent de l'amour. Mais mon père m'a fait lire un des plus profonds écrivains de nos contrées, un des héritiers de Bossuet[1], un de ces cruels politiques dont les pages engendrent la conviction. Pendant que tu lisais *Corinne*[2], je lisais Bonald[3], et voilà tout le secret de ma philosophie : la Famille sainte et forte m'est apparue. De par Bonald, ton père avait raison dans son discours. Adieu, ma chère imagination, mon amie, toi qui es ma folie !

XIX
Louise de Chaulieu à madame de l'Estorade

Eh ! bien, tu es un amour de femme, ma Renée ; et je suis maintenant d'accord que c'est être honnête que de tromper : es-tu contente ? D'ailleurs l'homme qui nous aime nous appartient ; nous avons le droit d'en faire un sot ou un homme de génie ; mais, entre nous, nous en faisons le plus souvent des sots. Tu feras du tien un homme de génie, et tu garderas ton secret : deux magnifiques actions ! Ah ! s'il n'y avait pas de paradis, tu serais bien attrapée, car tu te voues à un martyre volontaire. Tu veux le rendre ambitieux et le garder amoureux ! mais, enfant que tu es, c'est bien assez de le maintenir amoureux. Jusqu'à quel point le calcul est-il la vertu ou la vertu est-elle le calcul ? Hein ? Nous ne nous fâcherons point pour cette question, puisque Bonald est là. Nous sommes et voulons être vertueuses ; mais en ce moment je crois que, malgré tes charmantes friponneries, tu vaux mieux que moi. Oui, je suis une fille horriblement fausse : j'aime Felipe, et je le lui cache avec une infâme dissimulation. Je le voudrais voir sau-

Notes

1. Voir note 1, p. 76.
2. Voir note 1, p. 30.
3. Louis de Bonald était un philosophe et homme politique français (1754-1840), catholique, très hostile à la Révolution française et très traditionaliste.

tant de son arbre sur la crête du mur, de la crête du mur sur mon balcon ; et, s'il faisait ce que je désire, je le foudroierais de mon mépris. Tu vois, je suis d'une bonne foi terrible. Qui m'arrête ? quelle puissance mystérieuse m'empêche de dire à ce cher Felipe tout le bonheur qu'il me verse à flots par son amour pur, entier, grand, secret, plein ? Madame de Mirbel[1] fait mon portrait, je compte le lui donner, ma chère. Ce qui me surprend chaque jour davantage, est l'activité que l'amour donne à la vie. Quel intérêt prennent les heures, les actions, les plus petites choses ! et quelle admirable confusion du passé, de l'avenir dans le présent ! On vit aux trois temps du verbe. Est-ce encore ainsi quand on a été heureuse ? Oh ! réponds-moi, dis-moi ce qu'est le bonheur, s'il calme ou s'il irrite. Je suis d'une inquiétude mortelle, je ne sais plus comment me conduire : il y a dans mon cœur une force qui m'entraîne vers lui, malgré la raison et les convenances. Enfin, je comprends ta curiosité avec Louis, es-tu contente ? Le bonheur que Felipe a d'être à moi, son amour à distance et son obéissance m'impatientent autant que son profond respect m'irritait quand il n'était que mon maître d'espagnol. Je suis tentée de lui crier quand il passe : – Imbécile, si tu m'aimes en tableau, que serait-ce donc si tu me connaissais !

Oh ! Renée, tu brûles mes lettres, n'est-ce pas ? moi, je brûlerai les tiennes. Si d'autres yeux que les nôtres lisaient ces pensées qui sont versées de cœur à cœur, je dirais à Felipe d'aller les crever et de tuer un peu les gens pour plus de sûreté.

Lundi.

Ah ! Renée, comment sonder le cœur d'un homme ? Mon père doit me présenter ton monsieur Bonald, et, puisqu'il est si savant, je le lui demanderai. Dieu est bien heureux de pouvoir lire au fond des cœurs. Suis-je toujours un ange pour cet homme ? Voilà toute la question.

Note

1. **Madame de Mirbel** : peintre (1796-1849) spécialisée dans les portraits en miniature.

Si jamais, dans un geste, dans un regard, dans l'accent d'une parole, j'apercevais une diminution de ce respect qu'il avait pour moi quand il était mon maître d'espagnol, je me sens la force de tout oublier ! Pourquoi ces grands mots, ces grandes résolutions ? te diras-tu. Ah ! voilà, ma chère. Mon charmant père, qui se conduit avec moi comme un vieux cavalier servant[1] avec une Italienne, faisait faire, je te l'ai dit, mon portrait par madame de Mirbel. J'ai trouvé moyen d'avoir une copie assez bien exécutée pour pouvoir la donner au duc et envoyer l'original à Felipe. Cet envoi a eu lieu hier, accompagné de ces trois lignes :

« Don Felipe, on répond à votre entier dévouement par une confiance aveugle : le temps dira si ce n'est pas accorder trop de grandeur à un homme. »

La récompense est grande, elle a l'air d'une promesse, et, chose horrible, d'une invitation ; mais, ce qui va te sembler plus horrible encore, j'ai voulu que la récompense exprimât promesse et invitation sans aller jusqu'à l'offre. Si dans sa réponse il y a ma Louise, ou seulement Louise, il est perdu.

Mardi.

Non ! il n'est pas perdu. Ce ministre constitutionnel est un adorable amant. Voici sa lettre :

« Tous les moments que je passais sans vous voir, je demeurais occupé de vous, les yeux fermés à toute chose et attachés par la méditation sur votre image, qui ne se dessinait jamais assez promptement dans le palais obscur où se passent les songes et où vous répandiez la lumière. Désormais ma vue se reposera sur ce merveilleux ivoire, sur ce talisman[2], dois-je dire ; car pour moi vos yeux bleus s'animent, et la peinture devient aussitôt une réalité. Le retard de cette lettre vient de mon empressement à jouir de cette contemplation pendant

Notes

1. **cavalier servant** : cavalier ou chevalier qui fait une cour assidue à une femme et lui rend de nombreux soins.

2. **talisman** : objet auquel on attribue des pouvoirs magiques de protection.

laquelle je vous disais tout ce que je dois taire. Oui, depuis hier, enfermé seul avec vous, je me suis livré, pour la première fois de ma vie, à un bonheur entier, complet, infini. Si vous pouviez vous voir où je vous ai mise, entre la Vierge et Dieu, vous comprendriez en quelles angoisses j'ai passé la nuit ; mais, en vous les disant, je ne voudrais pas vous offenser, car il y aurait tant de tourments pour moi dans un regard dénué de cette angélique bonté qui me fait vivre, que je vous demande pardon par avance. Si donc, reine de ma vie et de mon âme, vous vouliez m'accorder un millième de l'amour que je vous porte !

« Le *si* de cette constante prière m'a ravagé l'âme. J'étais entre la croyance et l'erreur, entre la vie et la mort, entre les ténèbres et la lumière. Un criminel n'est pas plus agité pendant la délibération de son arrêt que je ne le suis en m'accusant à vous de cette audace. Le sourire exprimé sur vos lèvres, et que je venais revoir de moment en moment, calmait ces orages excités par la crainte de vous déplaire. Depuis que j'existe, personne, pas même ma mère, ne m'a souri. La belle jeune fille qui m'était destinée a rebuté[1] mon cœur et s'est éprise de mon frère. Mes efforts, en politique, ont trouvé la défaite. Je n'ai jamais vu dans les yeux de mon roi qu'un désir de vengeance ; et nous sommes si ennemis depuis notre jeunesse, qu'il a regardé comme une cruelle injure le vœu par lequel les cortès[2] m'ont porté au pouvoir. Quelque forte que vous fassiez une âme, le doute y entrerait à moins. D'ailleurs je me rends justice : je connais la mauvaise grâce de mon extérieur, et sais combien il est difficile d'apprécier mon cœur à travers une pareille enveloppe. Être aimé, ce n'était plus qu'un rêve quand je vous ai vue. Aussi, quand je m'attachai à vous, ai-je compris

Notes

1. **rebuté** : repoussé avec dureté, refusé.
2. **cortès** : assemblées législatives espagnoles qui votèrent, notamment, la Constitution démocratique de 1812 à laquelle Henarez fait de nombreuses allusions. Le roi Ferdinand VII s'opposa constamment aux *cortès*.

que le dévouement pouvait seul faire excuser ma tendresse. En contemplant ce portrait, en écoutant ce sourire plein de promesses divines, un espoir que je ne me permettais pas à moi-même a rayonné dans mon âme. Cette clarté d'aurore est incessamment combattue par les ténèbres du doute, par la crainte de vous offenser en la laissant poindre. Non, vous ne pouvez pas m'aimer encore, je le sens; mais, à mesure que vous aurez éprouvé la puissance, la durée, l'étendue de mon inépuisable affection, vous lui donnerez une petite place dans votre cœur. Si mon ambition est une injure, vous me le direz sans colère, je rentrerai dans mon rôle; mais, si vous vouliez essayer de m'aimer, ne le faites pas savoir sans de minutieuses précautions à celui qui mettait tout le bonheur de sa vie à vous servir uniquement. »

Ma chère, en lisant ces derniers mots, il m'a semblé le voir pâle comme il l'était le soir où je lui ai dit, en lui montrant le camélia, que j'acceptais les trésors de son dévouement. J'ai vu dans ces phrases soumises tout autre chose qu'une simple fleur de rhétorique[1] à l'usage des amants, et j'ai senti comme un grand mouvement en moi-même… le souffle du bonheur.

Il a fait un temps détestable, il ne m'a pas été possible d'aller au bois sans donner lieu à d'étranges soupçons; car ma mère, qui sort souvent malgré la pluie, est restée chez elle, seule.

Mercredi soir.

Je viens de *le* voir, à l'Opéra. Ma chère, ce n'est plus le même homme : il est venu dans notre loge présenté par l'ambassadeur de Sardaigne. Après avoir vu dans mes yeux que son audace ne déplaisait point, il m'a paru comme embarrassé de son corps, et il a dit alors mademoiselle à la marquise d'Espard[2]. Ses yeux lançaient des regards qui faisaient une lumière plus vive que celle des lustres. Enfin il est sorti comme un

Notes

1. rhétorique : éloquence, art de bien parler, manquant parfois de sincérité.

2. marquise d'Espard : personnage fictif récurrent – une femme très à la mode – de *La Comédie humaine*.

homme qui craignait de commettre une extravagance. – Le baron de Macumer est amoureux ! a dit madame de Maufrigneuse à ma mère. – C'est d'autant plus extraordinaire que c'est un ministre tombé, a répondu ma mère. J'ai eu la force de regarder madame d'Espard, madame de Maufrigneuse et ma mère avec la curiosité d'une personne qui ne connaît pas une langue étrangère et qui voudrait deviner ce qu'on dit ; mais j'étais intérieurement en proie à une joie voluptueuse dans laquelle il me semblait que mon âme se baignait. Il n'y a qu'un mot pour t'expliquer ce que j'éprouve, c'est le ravissement. Felipe aime tant, que je le trouve digne d'être aimé. Je suis exactement le principe de sa vie, et je tiens dans ma main le fil qui mène sa pensée. Enfin, si nous devons nous tout dire, il y a chez moi le plus violent désir de lui voir franchir tous les obstacles, arriver à moi pour me demander à moi-même, afin de savoir si ce furieux amour redeviendra humble et calme à un seul de mes regards.

Ah ! ma chère, je me suis arrêtée et suis toute tremblante. En t'écrivant, j'ai entendu dehors un léger bruit et je me suis levée. De ma fenêtre je l'ai vu allant sur la crête du mur, au risque de se tuer. Je suis allée à la fenêtre de ma chambre et je ne lui ai fait qu'un signe ; il a sauté du mur, qui a dix pieds[1] ; puis il a couru sur la route, jusqu'à la distance où je pouvais le voir, pour me montrer qu'il ne s'était fait aucun mal. Cette attention, au moment où il devait être étourdi par sa chute, m'a tant attendrie que je pleure sans savoir pourquoi. Pauvre laid ! que venait-il chercher, que voulait-il me dire ?

Je n'ose écrire mes pensées et vais me coucher dans ma joie, en songeant à tout ce que nous dirions si nous étions ensemble. Adieu, belle muette. Je n'ai pas le temps de te gronder sur ton silence ; mais voici plus d'un mois que je n'ai de tes nouvelles.

Note

1. **pieds** : ancienne unité de mesure. Dix pieds valent un peu plus de trois mètres.

Serais-tu, par hasard, devenue heureuse ? N'aurais-tu plus ce libre arbitre qui te rendait si fière et qui ce soir a failli m'abandonner ?

XX
Renée de l'Estorade à Louise de Chaulieu

Mai.

Si l'amour est la vie du monde, pourquoi d'austères philosophes le suppriment-ils dans le mariage ? Pourquoi la Société prend-elle pour loi suprême de sacrifier la Femme à la Famille en créant ainsi nécessairement une lutte sourde au sein du mariage ? lutte prévue par elle et si dangereuse qu'elle a inventé des pouvoirs pour en armer l'homme contre nous, en devinant que nous pouvions tout annuler soit par la puissance de la tendresse, soit par la persistance d'une haine cachée. Je vois en ce moment, dans le mariage, deux forces opposées que le législateur aurait dû réunir ; quand se réuniront-elles ? voilà ce que je me dis en te lisant. Oh ! chère, une seule de tes lettres ruine cet édifice bâti par le grand écrivain de l'Aveyron[1], et où je m'étais logée avec une douce satisfaction. Les lois ont été faites par des vieillards, les femmes s'en aperçoivent ; ils ont bien sagement décrété que l'amour conjugal exempt de passion ne nous avilissait[2] point, et qu'une femme devait se donner sans amour une fois que la loi permettait à un homme de la faire sienne. Préoccupés de la famille, ils ont imité la nature, inquiète seulement de perpétuer l'espèce. J'étais un être auparavant, et je suis maintenant une chose ! Il est plus d'une larme que j'ai dévorée au loin, seule, et que j'aurais voulu donner en échange d'un sourire consolateur. D'où vient l'inégalité de nos destinées ? L'amour permis agrandit ton âme. Pour toi, la vertu se trouvera dans le plaisir. Tu ne souffriras que de ton

Notes

1. Allusion à Bonald. Voir note 3, p. 110.

2. **avilissait** : rendait méprisables.

propre vouloir. Ton devoir, si tu épouses ton Felipe, deviendra le plus doux, le plus expansif des sentiments. Notre avenir est gros de la réponse, et je l'attends avec une inquiète curiosité.

Tu aimes, tu es adorée. Oh! chère, livre-toi tout entière à ce beau poème qui nous a tant occupées. Cette beauté de la femme, si fine et si spiritualisée en toi, Dieu l'a faite ainsi pour qu'elle charme et plaise : il a ses desseins. Oui, mon ange, garde bien le secret de ta tendresse, et soumets Felipe aux épreuves subtiles que nous inventions pour savoir si l'amant que nous rêvions serait digne de nous. Sache surtout moins s'il t'aime que si tu l'aimes : rien n'est plus trompeur que le mirage produit en notre âme par la curiosité, par le désir, par la croyance au bonheur. Toi qui, seule de nous deux, demeures intacte, chère, ne te risque pas sans arrhes[1] au dangereux marché d'un irrévocable mariage, je t'en supplie! Quelquefois un geste, une parole, un regard, dans une conversation sans témoins, quand les âmes sont déshabillées de leur hypocrisie mondaine, éclairent des abîmes. Tu es assez noble, assez sûre de toi pour pouvoir aller hardiment en des sentiers où d'autres se perdraient. Tu ne saurais croire en quelles anxiétés je te suis. Malgré la distance, je te vois, j'éprouve tes émotions. Aussi, ne manque pas à m'écrire, n'omets[2] rien! Tes lettres me font une vie passionnée au milieu de mon ménage si simple, si tranquille, uni comme une grande route par un jour sans soleil. Ce qui se passe ici, mon ange, est une suite de chicanes avec moi-même sur lesquelles je veux garder le secret aujourd'hui, je t'en parlerai plus tard. Je me donne et me reprends avec une sombre obstination, en passant du découragement à l'espérance. Peut-être demandé-je à la vie plus de bonheur qu'elle ne nous en doit. Au jeune âge nous sommes assez portées à vouloir que l'idéal et le positif s'accordent! Mes réflexions, et

Notes

1. **arrhes** : somme d'argent versée lors de la conclusion d'un contrat (ou d'une commande) au cas où l'un des signataires annulerait le contrat (ou la commande).
2. **n'omets** : n'oublie.

maintenant je les fais toute seule, assise au pied d'un rocher de mon parc, m'ont conduite à penser que l'amour dans le mariage est un hasard sur lequel il est impossible d'asseoir la loi qui doit tout régir. Mon philosophe de l'Aveyron a raison de considérer la famille comme la seule unité sociale possible et d'y soumettre la femme comme elle l'a été de tout temps. La solution de cette grande question, presque terrible pour nous, est dans le premier enfant que nous avons. Aussi voudrais-je être mère, ne fût-ce que pour donner une pâture à la dévorante activité de mon âme.

Louis est toujours d'une adorable bonté, son amour est actif et ma tendresse est abstraite ; il est heureux, il cueille à lui seul les fleurs, sans s'inquiéter des efforts de la terre qui les produit. Heureux égoïsme ! Quoi qu'il puisse m'en coûter, je me prête à ses illusions, comme une mère, d'après les idées que je me fais d'une mère, se brise pour procurer un plaisir à son enfant. Sa joie est si profonde qu'elle lui ferme les yeux et qu'elle jette ses reflets jusque sur moi. Je le trompe par le sourire ou par le regard pleins de satisfaction que me cause la certitude de lui donner le bonheur. Aussi, le nom d'amitié dont je me sers pour lui dans notre intérieur est-il : « mon enfant ! » J'attends le fruit de tant de sacrifices qui seront un secret entre Dieu, toi et moi. La maternité est une entreprise à laquelle j'ai ouvert un crédit énorme, elle me doit trop aujourd'hui, je crains de n'être pas assez payée : elle est chargée de déployer mon énergie et d'agrandir mon cœur, de me dédommager par des joies illimitées. Oh ! mon Dieu, que je ne sois pas trompée ! là est tout mon avenir, et, chose effrayante à penser, celui de ma vertu.

XXI
Louise de Chaulieu à Renée de l'Estorade

Juin.

Chère biche mariée, ta lettre est venue à propos pour me justifier à moi-même une hardiesse[1] à laquelle je pensais nuit et jour. Il y a je ne sais quel appétit en moi pour les choses inconnues ou, si tu veux, défendues, qui m'inquiète et m'annonce au-dedans de moi-même un combat entre les lois du monde et celles de la nature. Je ne sais pas si la nature est chez moi plus forte que la société, mais je me surprends à conclure des transactions entre ces puissances. Enfin, pour parler clairement, je voulais causer avec Felipe, seule avec lui, pendant une heure de nuit, sous les tilleuls, au bout de notre jardin. Assurément, ce vouloir est d'une fille qui mérite le nom de *commère éveillée* que me donne la duchesse en riant et que mon père me confirme. Néanmoins, je trouve cette faute prudente et sage. Tout en récompensant tant de nuits passées au pied de mon mur, je veux savoir ce que pensera mons[2] Felipe de mon escapade, et le juger dans un pareil moment ; en faire mon cher époux, s'il divinise ma faute ; ou ne le revoir jamais, s'il n'est pas plus respectueux et plus tremblant que quand il me salue en passant à cheval aux Champs-Élysées. Quant au monde, je risque moins à voir ainsi mon amoureux qu'à lui sourire chez madame de Maufrigneuse ou chez la vieille marquise de Beauséant[3], où nous sommes maintenant enveloppés d'espions, car Dieu sait de quels regards on poursuit une fille soupçonnée de faire attention à un monstre comme Macumer. Oh ! si tu savais combien je me suis agitée en moi-même à rêver ce projet, combien je me suis occupée à voir par avance

Notes

1. **hardiesse** : audace, capacité à oser sans se laisser intimider.

2. **mons** : abréviation, ironique ou amusée, de *monsieur*.

3. **marquise de Beauséant** : personnage fictif récurrent de *La Comédie humaine*.

comment il pouvait se réaliser. Je t'ai regrettée, nous aurions bavardé pendant quelques bonnes petites heures, perdues dans les labyrinthes de l'incertitude et jouissant par avance de toutes les bonnes ou mauvaises choses d'un premier rendez-vous à la nuit, dans l'ombre et le silence, sous les beaux tilleuls de l'hôtel de Chaulieu, criblés[1] par les mille lueurs de la lune. J'ai palpité toute seule en me disant : – Ah! Renée, où es-tu? Donc, ta lettre a mis le feu aux poudres[2], et mes derniers scrupules ont sauté. J'ai jeté par ma fenêtre à mon adorateur stupéfait le dessin exact de la clef de la petite porte au bout du jardin avec ce billet :

«On veut vous empêcher de faire des folies. En vous cassant le cou, vous raviriez[3] l'honneur à la personne que vous dites aimer. Êtes-vous digne d'une nouvelle preuve d'estime et méritez-vous que l'on vous parle à l'heure où la lune laisse dans l'ombre les tilleuls au bout du jardin?»

Hier, à une heure, au moment où Griffith allait se coucher, je lui ai dit : – Prenez votre châle et accompagnez-moi, ma chère, je veux aller au fond du jardin sans que personne le sache! Elle ne m'a pas dit un mot et m'a suivie. Quelles sensations, ma Renée! car, après l'avoir attendu en proie à une charmante petite angoisse, je l'avais vu se glissant comme une ombre. Arrivée au jardin sans encombre[4], je dis à Griffith : – Ne soyez pas étonnée, il y a là le baron de Macumer, et c'est bien à cause de lui que je vous ai emmenée. Elle n'a rien dit.

– Que voulez-vous de moi? m'a dit Felipe d'une voix dont l'émotion annonçait que le bruit de nos robes dans le silence de la nuit et celui de nos pas sur le sable, quelque léger qu'il fût, l'avaient mis hors de lui.

– Je veux vous dire ce que je ne saurais écrire, lui ai-je répondu.

Notes

1. **criblés** : traversés.

2. **a mis le feu aux poudres** : a déclenché des sentiments violents.

3. **vous raviriez** : vous voleriez.

4. **sans encombre** : sans problème, sans rencontrer d'obstacle.

Griffith est allée à six pas de nous. La nuit était une de ces nuits tièdes, embaumées par les fleurs ; j'ai ressenti dans ce moment un plaisir enivrant à me trouver presque seule avec lui dans la douce obscurité des tilleuls, au-delà desquels le jardin brillait d'autant plus que la façade de l'hôtel reflétait en blanc la lueur de la lune. Ce contraste offrait une vague image du mystère de notre amour qui doit finir par l'éclatante publicité[1] du mariage. Après un moment donné de part et d'autre au plaisir de cette situation neuve pour nous deux, et où nous étions aussi étonnés l'un que l'autre, j'ai retrouvé la parole.

– Quoique je ne craigne pas la calomnie, je ne veux plus que vous montiez sur cet arbre, lui dis-je en lui montrant l'orme, ni sur ce mur. Nous avons assez fait, vous l'écolier, et moi la pensionnaire : élevons nos sentiments à la hauteur de nos destinées. Si vous étiez mort dans votre chute, je mourais déshonorée… Je l'ai regardé, il était blême. – Et si vous étiez surpris ainsi, ma mère ou moi nous serions soupçonnées…

– Pardon, a-t-il dit d'une voix faible.

– Passez sur le boulevard, j'entendrai votre pas, et quand je voudrai vous voir, j'ouvrirai ma fenêtre ; mais je ne vous ferai courir et je ne courrai ce danger que dans une circonstance grave. Pourquoi m'avoir forcée, par votre imprudence, à en commettre une autre et à vous donner une mauvaise opinion de moi ? J'ai vu dans ses yeux des larmes qui m'ont paru la plus belle réponse du monde. – Vous devez croire, lui dis-je en souriant, que ma démarche est excessivement hasardée[2]…

Après un ou deux tours faits en silence sous les arbres, il a trouvé la parole. – Vous devez me croire stupide ; et je suis tellement ivre de bonheur, que je suis sans force et sans esprit ; mais sachez du moins qu'à mes yeux vous sanctifiez vos actions par cela seulement que vous vous les permettez. Le

Notes

1. **publicité** : le fait de porter à la connaissance de tout le monde.

2. **hasardée** : risquée.

respect que j'ai pour vous ne peut se comparer qu'à celui que j'ai pour Dieu. D'ailleurs, miss Griffith est là.

– Elle est là pour les autres et non pas pour nous, Felipe, lui ai-je dit vivement. Cet homme, ma chère, m'a comprise.

– Je sais bien, reprit-il en me jetant le plus humble regard, qu'elle n'y serait pas, tout se passerait entre nous comme si elle nous voyait : si nous ne sommes pas devant les hommes, nous sommes toujours devant Dieu, et nous avons autant besoin de notre propre estime que de celle du monde.

– Merci, Felipe, lui ai-je dit en lui tendant la main par un geste que tu dois voir. Une femme, et prenez-moi pour une femme, est bien disposée à aimer un homme qui la comprend. Oh ! seulement disposée, repris-je en levant un doigt sur mes lèvres. Je ne veux pas que vous ayez plus d'espoir que je n'en veux donner. Mon cœur n'appartiendra qu'à celui qui saura y lire et le bien connaître. Nos sentiments, sans être absolument semblables, doivent avoir la même étendue, être à la même élévation. Je ne cherche point à me grandir, car ce que je crois être des qualités comporte sans doute des défauts ; mais si je ne les avais point, je serais bien désolée.

– Après m'avoir accepté pour serviteur, vous m'avez permis de vous aimer, dit-il en tremblant et me regardant à chaque mot ; j'ai plus que je n'ai primitivement désiré.

– Mais, lui ai-je vivement répliqué, je trouve votre lot meilleur que le mien ; je ne me plaindrais pas d'en changer, et ce changement vous regarde.

– À moi maintenant de vous dire merci, m'a-t-il répondu, je sais les devoirs d'un loyal amant. Je dois vous prouver que je suis digne de vous, et vous avez le droit de m'éprouver aussi longtemps qu'il vous plaira. Vous pouvez, mon Dieu ! me rejeter si je trahissais votre espoir.

– Je sais que vous m'aimez, lui ai-je répondu. Jusqu'à présent (j'ai cruellement appuyé sur le mot) vous êtes le préféré, voilà pourquoi vous êtes ici.

Nous avons alors recommencé quelques tours en causant, et je dois t'avouer que, mis à l'aise, mon Espagnol a déployé la véritable éloquence du cœur en m'exprimant, non pas sa passion, mais sa tendresse ; car il a su m'expliquer ses sentiments par une adorable comparaison avec l'amour divin. Sa voix pénétrante, qui prêtait une valeur particulière à ses idées déjà si délicates, ressemblait aux accents du rossignol. Il parlait bas, dans le medium[1] plein de son délicieux organe, et ses phrases se suivaient avec la précipitation d'un bouillonnement : son cœur y débordait. – Cessez, lui dis-je, je resterais là plus longtemps que je ne le dois. Et, par un geste, je l'ai congédié[2]. – Vous voilà engagée, mademoiselle, m'a dit Griffith. – Peut-être en Angleterre, mais non en France, ai-je répondu négligemment. Je veux faire un mariage d'amour et ne pas être trompée : voilà tout. Tu le vois, ma chère, l'amour ne venait pas à moi, j'ai agi comme Mahomet avec sa montagne[3].

Vendredi.

J'ai revu mon esclave : il est devenu craintif, il a pris un air mystérieux et dévot[4] qui me plaît ; il me paraît pénétré de ma gloire et de ma puissance. Mais rien, ni dans ses regards, ni dans ses manières, ne peut permettre aux devineresses[5] du monde de soupçonner en lui cet amour infini que je vois. Cependant, ma chère, je ne suis pas emportée, dominée, domptée ; au contraire, je dompte, je domine et j'emporte… Enfin je raisonne. Ah ! je voudrais bien retrouver cette peur que me causait la fascination du maître, du bourgeois à qui je me refusais. Il y a deux amours : celui qui commande et celui qui obéit ; ils sont distincts et donnent naissance à deux passions, et l'une n'est pas l'autre ; pour avoir son compte de la vie, peut-

Notes

1. **medium** : étendue de la voix entre le grave et l'aigu.
2. **congédié** : ici, invité à se retirer.
3. Allusion à une citation attribuée au prophète Mahomet (v. 570- v. 632) : *« Puisque la montagne ne vient pas à nous, allons à la montagne. »*
4. **dévot** : pieux, fervent dans sa foi.
5. **devineresses** : personnes prétendant découvrir l'avenir ou ce qui est caché.

être une femme doit-elle connaître l'une et l'autre. Ces deux passions peuvent-elles se confondre ? Un homme à qui nous inspirons de l'amour nous en inspirera-t-il ? Felipe sera-t-il un jour mon maître ? tremblerai-je comme il tremble ? Ces questions me font frémir. Il est bien aveugle ! À sa place, j'aurais trouvé mademoiselle de Chaulieu sous ces tilleuls bien coquettement froide, compassée[1], calculatrice. Non, ce n'est pas aimer, cela, c'est badiner avec le feu. Felipe me plaît toujours, mais je me trouve maintenant calme et à mon aise. Plus d'obstacles ! quel terrible mot. En moi tout s'affaisse, se rassoit[2], et j'ai peur de m'interroger. Il a eu tort de me cacher la violence de son amour, il m'a laissée maîtresse de moi. Enfin, je n'ai pas les bénéfices de cette espèce de faute. Oui, chère, quelque douceur que m'apporte le souvenir de cette demi-heure passée sous les arbres, je trouve le plaisir qu'elle m'a donné bien au-dessous des émotions que j'avais en disant : Y viendrai-je ? n'y viendrai-je pas ? lui écrirai-je ? ne lui écrirai-je point ? En serait-il donc ainsi pour tous nos plaisirs ? Serait-il meilleur de les différer que d'en jouir ? l'espérance vaudrait-elle mieux que la possession ? Les riches sont-ils les pauvres ? Avons-nous toutes deux trop étendu les sentiments en développant outre mesure les forces de notre imagination ? Il y a des instants où cette idée me glace. Sais-tu pourquoi ? Je songe à revenir sans Griffith au bout du jardin. Jusqu'où irais-je ainsi ? L'imagination n'a pas de bornes, et les plaisirs en ont. Dis-moi, cher docteur en corset, comment concilier ces deux termes de l'existence des femmes ?

Notes

1. **compassée** : sans aucune spontanéité.

2. **se rassoit** : reprend ses esprits.

XXII
Louise à Felipe

Je ne suis pas contente de vous. Si vous n'avez pas pleuré en lisant *Bérénice* de Racine[1], si vous n'y avez pas trouvé la plus horrible des tragédies, vous ne me comprendrez point, nous ne nous entendrons jamais : brisons, ne nous voyons plus, oubliez-moi ; car si vous ne me répondez pas d'une manière satisfaisante, je vous oublierai, vous deviendrez monsieur le baron de Macumer pour moi, ou plutôt vous ne deviendrez rien, vous serez pour moi comme si vous n'aviez jamais existé. Hier, chez madame d'Espard, vous avez eu je ne sais quel air content qui m'a souverainement déplu. Vous paraissiez sûr d'être aimé. Enfin, la liberté de votre esprit m'a épouvantée, et je n'ai point reconnu en vous, dans ce moment, le serviteur que vous disiez être dans votre première lettre. Loin d'être absorbé comme doit l'être un homme qui aime, vous trouviez des mots spirituels. Ainsi ne se comporte pas un vrai croyant : il est toujours abattu devant la divinité. Si je ne suis pas un être supérieur aux autres femmes, si vous ne voyez point en moi la source de votre vie, je suis moins qu'une femme, parce qu'alors je suis simplement une femme. Vous avez éveillé ma défiance, Felipe : elle a grondé de manière à couvrir la voix de la tendresse, et quand j'envisage notre passé, je me trouve le droit d'être défiante. Sachez-le, monsieur le ministre constitutionnel de toutes les Espagnes, j'ai profondément réfléchi à la pauvre condition de mon sexe. Mon innocence a tenu des flambeaux dans ses mains sans se brûler. Écoutez bien ce que ma jeune expérience m'a dit et ce que je vous répète. En

Note

1. Jean Racine (1639-1699) est un dramaturge français très célèbre pour ses tragédies. *Bérénice* (1670) met en scène l'amour impossible entre l'empereur romain Titus et la reine de Palestine, Bérénice. C'est une des tragédies de Racine les plus pathétiques.

toute autre chose, la duplicité[1], le manque de foi, les promesses inexécutées rencontrent des juges, et les juges infligent des châtiments ; mais il n'en est pas ainsi pour l'amour, qui doit être à la fois la victime, l'accusateur, l'avocat, le tribunal et le bourreau ; car les plus atroces perfidies[2], les plus horribles crimes demeurent inconnus, se commettent d'âme à âme sans témoins, et il est dans l'intérêt bien entendu de l'assassiné de se taire. L'amour a donc son code à lui, sa vengeance à lui : le monde n'a rien à y voir. Or, j'ai résolu, moi, de ne jamais pardonner un crime, et il n'y a rien de léger dans les choses du cœur. Hier, vous ressembliez à un homme certain d'être aimé. Vous auriez tort de ne pas avoir cette certitude, mais vous seriez criminel à mes yeux si elle vous ôtait la grâce ingénue que les anxiétés de l'espérance vous donnaient auparavant. Je ne veux vous voir ni timide ni fat, je ne veux pas que vous trembliez de perdre mon affection, parce que ce serait une insulte ; mais je ne veux pas non plus que la sécurité vous permette de porter légèrement votre amour. Vous ne devez jamais être plus libre que je ne le suis moi-même. Si vous ne connaissez pas le supplice qu'une seule pensée de doute impose à l'âme, tremblez que je ne vous l'apprenne. Par un seul regard je vous ai livré mon âme, et vous y avez lu. Vous avez à vous les sentiments les plus purs qui jamais se soient élevés dans une âme de jeune fille. La réflexion, les méditations dont je vous ai parlé n'ont enrichi que la tête ; mais quand le cœur froissé demandera conseil à l'intelligence, croyez-moi, la jeune fille tiendra de l'ange qui sait et peut tout. Je vous le jure, Felipe, si vous m'aimez comme je le crois, et si vous devez me laisser soupçonner le moindre affaiblissement dans les sentiments de crainte, d'obéissance, de respectueuse attente, de désir soumis que vous annonciez ; si j'aperçois un jour la moindre diminution dans ce premier et bel amour qui de votre âme est venu

Notes

1. **duplicité** : caractère de quelqu'un de faux, d'hypocrite.

2. **perfidies** : méchancetés, trahisons.

dans la mienne, je ne vous dirai rien, je ne vous ennuierai point par une lettre plus ou moins digne, plus ou moins fière ou courroucée[1], ou seulement grondeuse comme celle-ci ; je ne dirais rien, Felipe : vous me verriez triste à la manière des gens qui sentent venir la mort ; mais je ne mourrais pas sans vous avoir imprimé la plus horrible flétrissure[2], sans avoir déshonoré de la manière la plus honteuse celle que vous aimiez, et vous avoir planté dans le cœur d'éternels regrets, car vous me verriez perdue ici-bas aux yeux des hommes et à jamais maudite en l'autre vie.

Ainsi, ne me rendez pas jalouse d'une autre Louise heureuse, d'une Louise saintement aimée, d'une Louise dont l'âme s'épanouissait dans un amour sans ombre, et qui possédait, selon la sublime expression de Dante[3],

Senza brama, sicura richezza ![4]

Sachez que j'ai fouillé son Enfer pour en rapporter la plus douloureuse des tortures, un terrible châtiment moral auquel j'associerai l'éternelle vengeance de Dieu.

Vous avez donc glissé dans mon cœur, hier, par votre conduite, la lame froide et cruelle du soupçon. Comprenez-vous ? j'ai douté de vous, et j'en ai tant souffert que je ne veux plus douter. Si vous trouvez mon servage trop dur, quittez-le, je ne vous en voudrai point. Ne sais-je donc pas que vous êtes un homme d'esprit ? réservez toutes les fleurs de votre âme pour moi, ayez les yeux ternes devant le monde, ne vous mettez jamais dans le cas de recevoir une flatterie, un éloge, un compliment de qui que ce soit. Venez me voir chargé de haine, excitant mille calomnies ou accablé de mépris, venez

Notes

1. **courroucée** : en colère.
2. **flétrissure** : souillure, surtout morale.
3. **Dante** : grand poète et homme politique italien (1265-1321), auteur de *La Divine Comédie*, considérée comme une œuvre majeure de la littérature occidentale et dont le titre inspira Balzac. Une partie de *La Divine Comédie* s'intitule « L'Enfer ».
4. Balzac a traduit en note : *« Posséder, sans crainte, des richesses qui ne peuvent être perdues ! »*

me dire que les femmes ne vous comprennent point, marchent auprès de vous sans vous voir, et qu'aucune d'elles ne saurait vous aimer ; vous apprendrez alors ce qu'il y a pour vous dans le cœur et dans l'amour de Louise. Nos trésors doivent être si bien enterrés, que le monde entier les foule aux pieds sans les soupçonner. Si vous étiez beau, je n'eusse sans doute jamais fait la moindre attention à vous et n'aurais pas découvert en vous le monde de raisons qui fait éclore l'amour ; et, quoique nous ne les connaissions pas plus que nous ne savons comment le soleil fait éclore les fleurs ou mûrir les fruits, néanmoins parmi ces raisons, il en est une que je sais et qui me charme. Votre sublime visage n'a son caractère, son langage, sa physionomie que pour moi. Moi seule, j'ai le pouvoir de vous transformer, de vous rendre le plus adorable de tous les hommes ; je ne veux donc point que votre esprit échappe à ma possession : il ne doit pas plus se révéler aux autres que vos yeux, votre charmante bouche et vos traits ne leur parlent. À moi seule d'allumer les clartés de votre intelligence comme j'enflamme vos regards. Restez ce sombre et froid, ce maussade et dédaigneux grand d'Espagne que vous étiez auparavant. Vous étiez une sauvage domination détruite dans les ruines de laquelle personne ne s'aventurait, vous étiez contemplé de loin, et voilà que vous frayez des chemins complaisants[1] pour que tout le monde y entre, et vous allez devenir un aimable Parisien. Ne vous souvenez-vous plus de mon programme ? Votre joie disait un peu trop que vous aimiez. Il a fallu mon regard pour vous empêcher de faire savoir au salon le plus perspicace, le plus railleur, le plus spirituel de Paris, qu'Armande-Louise-Marie de Chaulieu vous donnait de l'esprit. Je vous crois trop grand pour faire entrer la moindre ruse de la politique dans votre amour ; mais si vous n'aviez pas avec moi la simplicité d'un enfant,

Note

1. **complaisants** : faciles, indulgents.

je vous plaindrais; et, malgré cette première faute, vous êtes encore l'objet d'une admiration profonde pour

LOUISE DE CHAULIEU.

XXIII
Felipe à Louise

Quand Dieu voit nos fautes, il voit aussi nos repentirs : vous avez raison, ma chère maîtresse. J'ai senti que je vous avais déplu sans pouvoir pénétrer la cause de votre souci; mais vous me l'avez expliquée, et vous m'avez donné de nouvelles raisons de vous adorer. Votre jalousie à la manière de celle du Dieu d'Israël m'a rempli de bonheur. Rien n'est plus saint ni plus sacré que la jalousie. Ô mon bel ange gardien, la jalousie est la sentinelle qui ne dort jamais; elle est à l'amour ce que le mal est à l'homme, un véridique avertissement. Soyez jalouse de votre serviteur, Louise : plus vous le frapperez, plus il léchera, soumis, humble et malheureux, le bâton qui lui dit en frappant combien vous tenez à lui. Mais, hélas! chère, si vous ne les avez pas aperçus, est-ce donc Dieu qui me tiendra compte de tant d'efforts pour vaincre ma timidité, pour surmonter les sentiments que vous avez crus faibles chez moi? Oui, j'ai bien pris sur moi pour me montrer à vous comme j'étais avant d'aimer. On goûtait quelque plaisir dans ma conversation à Madrid, et j'ai voulu vous faire connaître à vous-même ce que je valais. Est-ce une vanité? vous l'avez bien punie. Votre dernier regard m'a laissé dans un tremblement que je n'ai jamais éprouvé, même quand j'ai vu les forces de la France devant Cadix[1], et ma vie mise en question dans une hypocrite phrase de mon maître. Je cherchais la cause de votre déplaisir sans pouvoir la trouver, et je me désespérais de ce désaccord de

Note

1. Allusion à l'arrivée, à Cadix, en 1823, des troupes françaises menées par le duc d'Angoulême. Voir note 1, p. 49.

notre âme, car je dois agir par votre volonté, penser par votre pensée, voir par vos yeux, jouir de votre plaisir et ressentir votre peine, comme je sens le froid et le chaud. Pour moi, le crime et l'angoisse étaient ce défaut de simultanéité dans la vie de notre cœur que vous avez faite si belle. Lui déplaire !… ai-je répété mille fois depuis comme un fou. Ma noble et belle Louise, si quelque chose pouvait accroître mon dévouement absolu pour vous et ma croyance inébranlable en votre sainte conscience, ce serait votre doctrine qui m'est entrée au cœur comme une lumière nouvelle. Vous m'avez dit à moi-même mes propres sentiments, vous m'avez expliqué des choses qui se trouvaient confuses dans mon esprit. Oh ! si vous pensez punir ainsi, quelles sont donc les récompenses ? Mais m'avoir accepté pour serviteur suffisait à tout ce que je veux. Je tiens de vous une vie inespérée : je suis voué, mon souffle n'est pas inutile, ma force a son emploi, ne fût-ce qu'à souffrir pour vous. Je vous l'ai dit, je vous le répète, vous me trouverez toujours semblable à ce que j'étais quand je me suis offert comme un humble et modeste serviteur ! Oui, fussiez-vous déshonorée et perdue comme vous dites que vous pourriez l'être, ma tendresse s'augmenterait de vos malheurs volontaires ! j'essuierais les plaies, je les cicatriserais, je convaincrais Dieu par mes prières que vous n'êtes pas coupable et que vos fautes sont le crime d'autrui… Ne vous ai-je pas dit que je vous porte en mon cœur les sentiments si divers qui doivent être chez un père, une mère, une sœur et un frère ? que je suis avant toute chose une famille pour vous, tout et rien, selon vos vouloirs ? Mais n'est-ce pas vous qui avez emprisonné tant de cœurs dans le cœur d'un amant, pardonnez-moi donc d'être de temps en temps plus amant que père et frère en apprenant qu'il y a toujours un frère, un père derrière l'amant. Si vous pouviez lire dans mon cœur, quand je vous vois belle et rayonnante, calme et admirée au fond de votre voiture aux Champs-Élysées ou dans votre loge au théâtre ?… Ah ! si vous saviez combien mon orgueil est peu personnel en entendant un éloge arraché par votre beauté, par votre maintien, et combien j'aime les inconnus qui vous admirent? Quand par hasard vous avez fleuri mon âme par un salut, je suis à la fois humble[1] et fier, je m'en vais comme si Dieu m'avait béni, je reviens joyeux, et ma joie laisse en moi-même une longue trace lumineuse : elle brille dans les nuages de la fumée de ma cigarette, et j'en sais mieux que le sang qui bouillonne dans mes veines est tout à vous. Ne savez-vous donc pas combien vous êtes aimée? Après vous avoir vue, je reviens dans le cabinet[2] où brille la magnificence sarrasine; mais où votre portrait éclipse tout, lorsque je fais jouer le ressort qui doit le rendre invisible à tous les regards; et je me lance alors dans l'infini de cette contemplation : je fais là des poèmes de bonheur. Du haut des cieux je découvre le cours de toute une vie que j'ose espérer! Avez-vous quelquefois entendu dans le silence des nuits, ou, malgré le bruit du monde, une voix résonner dans votre chère petite oreille adorée? Ignorez-vous les mille prières qui vous sont adressées? À force de vous contempler silencieusement, j'ai fini par découvrir la raison de tous vos traits, leur correspondance avec les perfections de votre âme; je vous fais alors en espagnol, sur cet accord de vos deux belles natures, des sonnets que vous ne connaissez pas, car ma poésie est trop au-dessous du sujet, et je n'ose vous les envoyer. Mon cœur est si parfaitement absorbé dans le vôtre, que je ne suis pas un moment sans penser à vous; et si vous cessiez d'animer ainsi ma vie, il y aurait souffrance en moi. Comprenez-vous maintenant, Louise, quel tourment pour moi d'être, bien involontairement, la cause d'un déplaisir pour vous et de n'en pas deviner la raison? Cette belle double vie était arrêtée, et mon cœur sentait un froid glacial. Enfin, dans l'impossibilité de m'expliquer ce désaccord, je pensais n'être plus aimé; je revenais bien tristement, mais heureux

Notes

1. **humble** : modeste, effacé.

2. **cabinet** : bureau.

encore, à ma condition de serviteur, quand votre lettre est arrivée et m'a rempli de joie. Oh ! grondez-moi toujours ainsi. Un enfant, qui s'était laissé tomber, dit à sa mère : – Pardon ! en se relevant et lui déguisant son mal. Oui, pardon de lui avoir causé une douleur. Eh ! bien, cet enfant, c'est moi : je n'ai pas changé, je vous livre la clef de mon caractère avec une soumission d'esclave ; mais, chère Louise, je ne ferai plus de faux pas. Tâchez que la chaîne qui m'attache à vous, et que vous tenez, soit toujours assez tendue pour qu'un seul mouvement dise vos moindres souhaits à celui qui sera toujours

Votre esclave,

FELIPE.

XXIV
Louise de Chaulieu à Renée de l'Estorade

Octobre 1824.

Ma chère amie, toi qui t'es mariée en deux mois à un pauvre souffreteux[1] de qui tu t'es faite la mère, tu ne connais rien aux effroyables péripéties de ce drame joué au fond des cœurs et appelé l'amour, où tout devient en un moment tragique, où la mort est dans un regard, dans une réponse faite à la légère. J'ai réservé pour dernière épreuve à Felipe une terrible mais décisive épreuve. J'ai voulu savoir si j'étais aimée *quand même* ! le grand et sublime mot des royalistes, et pourquoi pas des catholiques ? Il s'est promené pendant toute une nuit avec moi sous les tilleuls au fond de notre jardin, et il n'a pas eu dans l'âme l'ombre même d'un doute. Le lendemain, j'étais plus aimée, et pour lui tout aussi chaste[2], tout aussi grande, tout aussi pure que la veille ; il n'en avait pas tiré le moindre avantage. Oh ! il est bien Espagnol, bien Abencerrage. Il a gravi mon mur pour

Notes

1. **souffreteux** : de santé fragile, souvent souffrant.

2. **chaste** : qui s'abstient de tout geste sexuel.

Louise et Felipe Henarez : « *Il a gravi mon mur pour venir baiser la main que je lui tendais.* » Gravure de 1855.

venir baiser la main que je lui tendais dans l'ombre, du haut de mon balcon ; il a failli se briser ; mais combien de jeunes gens en feraient autant ? Tout cela n'est rien, les chrétiens subissent d'effroyables martyres pour aller au ciel. Avant-hier, au soir, j'ai pris[1] le futur ambassadeur du roi à la cour d'Espagne, mon très honoré père, et je lui ai dit en souriant : – Monsieur, pour un petit nombre d'amis, vous mariez au neveu d'un ambassadeur votre chère Armande à qui cet ambassadeur, désireux d'une telle alliance et qui l'a mendiée assez longtemps, assure au contrat de mariage son immense fortune et ses titres après sa mort en donnant, dès à présent, aux deux époux cent mille livres de rente et reconnaissant à la future une dot de huit cent mille francs. Votre fille pleure, mais elle plie sous l'ascendant irrésistible de votre majestueuse autorité paternelle. Quelques médisants disent que votre fille cache sous ses pleurs une âme intéressée et ambitieuse. Nous allons ce soir à l'Opéra dans la loge des gentilshommes, et monsieur le baron de Macumer y viendra. – Il ne va donc pas ? me répondit mon père en souriant et me traitant en ambassadrice. – Vous prenez Clarisse Harlowe pour Figaro[2] ! lui ai-je dit en lui jetant un regard plein de dédain et de raillerie. Quand vous m'aurez vu la main droite dégantée, vous démentirez ce bruit impertinent, et vous vous en montrerez offensé. – Je puis être tranquille sur ton avenir : tu n'as pas plus la tête d'une fille que Jeanne d'Arc n'avait le cœur d'une femme. Tu seras heureuse, tu n'aimeras personne et te laisseras aimer ! Pour cette fois, j'éclatai de rire. – Qu'as-tu, ma petite coquette ? me dit-il. – Je tremble pour les intérêts de mon pays… Et, voyant qu'il ne me comprenait pas, j'ajoutai : à Madrid ! – Vous ne sauriez croire à quel point, au bout d'une année, cette religieuse se moque de son père, dit-il à la duchesse. – Armande se moque de tout, répliqua ma mère

Notes

1. **j'ai pris** : j'ai pris à part, j'ai parlé à.
2. **Figaro** : personnage de théâtre créé par le dramaturge Beaumarchais (1732-1799). Il représente un domestique intelligent, drôle et insolent et incarne certaines valeurs de la future Révolution française.

en me regardant. – Que voulez-vous dire ? lui demandai-je. – Mais vous ne craignez même pas l'humidité de la nuit qui peut vous donner des rhumatismes, dit-elle en me lançant un nouveau regard. – Les matinées, répondis-je, sont si chaudes ! La duchesse a baissé les yeux. – Il est bien temps de la marier, dit mon père, et ce sera, je l'espère, avant mon départ. – Oui, si vous le voulez, lui ai-je répondu simplement.

Deux heures après, ma mère et moi, la duchesse de Maufrigneuse et madame d'Espard, nous étions comme quatre roses sur le devant de la loge. Je m'étais mise de côté, ne présentant qu'une épaule au public et pouvant tout voir sans être vue dans cette loge spacieuse qui occupe un des deux pans coupés au fond de la salle, entre les colonnes. Macumer est venu, s'est planté sur ses jambes et a mis ses jumelles devant ses yeux pour pouvoir me regarder à son aise. Au premier entracte, est entré celui que j'appelle le roi des Ribauds[1], un jeune homme d'une beauté féminine. Le comte Henri de Marsay[2] s'est produit dans la loge avec une épigramme dans les yeux, un sourire sur les lèvres, un air joyeux sur toute la figure. Il a fait les premiers compliments à ma mère, à madame d'Espard, à la duchesse de Maufrigneuse, au comte d'Esgrignon[3] et à monsieur de Canalis ; puis il me dit : – Je ne sais pas si je serai le premier à vous complimenter d'un événement qui va vous rendre un objet d'envie. – Ah ! un mariage, ai-je dit. Est-ce une jeune personne si récemment sortie du couvent qui vous apprendra que les mariages dont on parle ne se font jamais ? Monsieur de Marsay s'est penché à l'oreille de Macumer, et j'ai parfaitement compris, par le seul mouvement des lèvres, qu'il lui disait : – Baron, vous aimez peut-être cette petite coquette, qui s'est servie de vous ; mais, comme il s'agit de mariage et non d'une

Notes

1. Ribauds : milice médiévale.

2. Henri de Marsay : personnage fictif récurrent de *La Comédie humaine*, jeune homme arriviste.

3. comte d'Esgrignon : personnage fictif récurrent de *La Comédie humaine*.

passion, il faut toujours savoir ce qui se passe. Macumer a jeté sur l'officieux[1] médisant[2] un de ces regards qui, selon moi, sont un poème, et lui a répliqué quelque chose comme : – Je n'aime point de petite coquette ! d'un air qui m'a si bien ravie que je me suis dégantée en voyant mon père. Felipe n'avait pas eu la moindre crainte ni le moindre soupçon. Il a bien réalisé tout ce que j'attendais de son caractère : il n'a foi qu'en moi, le monde et ses mensonges ne l'atteignent pas. L'Abencerrage n'a pas sourcillé, la coloration de son sang bleu n'a pas teint sa face olivâtre. Les deux jeunes comtes sont sortis. J'ai dit alors en riant à Macumer : – Monsieur de Marsay vous a fait une épigramme sur moi. – Bien plus qu'une épigramme, a-t-il répondu, un épithalame[3]. – Vous me parlez grec, lui ai-je dit en souriant et le récompensant par un certain regard qui lui fait toujours perdre contenance. – Je l'espère bien ! s'est écrié mon père en s'adressant à madame de Maufrigneuse. Il court des commérages infâmes. Aussitôt qu'une jeune personne va dans le monde, on a la rage de la marier, et l'on invente des absurdités ! Je ne marierai jamais Armande contre son gré. Je vais faire un tour au foyer[4], car on croirait que je laisse courir ce bruit-là pour donner l'idée de ce mariage à l'ambassadeur ; et la fille de César doit être encore moins soupçonnée que sa femme, qui ne doit pas l'être du tout.

La duchesse de Maufrigneuse et madame d'Espard regardèrent d'abord ma mère, puis le baron, d'un air pétillant, narquois, rusé, plein d'interrogations contenues. Ces fines couleuvres ont fini par entrevoir quelque chose. De toutes les choses secrètes, l'amour est la plus publique, et les femmes l'exhalent[5], je crois. Aussi, pour le bien cacher, une femme doit-elle être un monstre ! Nos yeux sont encore plus bavards

Notes

1. **officieux** : serviable (ironique ici).
2. **médisant** : qui dit du mal de quelqu'un.
3. **épithalame** : poème composé pour un mariage.
4. **foyer** : dans un théâtre, salle où vont les spectateurs pendant l'entracte.
5. **exhalent** : produisent, sentent.

que ne l'est notre langue. Après avoir joui du délicieux plaisir de trouver Felipe aussi grand que je le souhaitais, j'ai naturellement voulu davantage. J'ai fait alors un signal convenu pour lui dire de venir à ma fenêtre par le dangereux chemin que tu connais. Quelques heures après, je l'ai trouvé droit comme une statue, collé le long de la muraille, la main appuyée à l'angle du balcon de ma fenêtre, étudiant les reflets de la lumière de mon appartement. – Mon cher Felipe, lui ai-je dit, vous avez été bien ce soir : vous vous êtes conduit comme je me serais conduite moi-même si l'on m'eût appris que vous faisiez un mariage. – J'ai pensé que vous m'eussiez instruit avant tout le monde, a-t-il répondu. – Et quel est votre droit à ce privilège ? – Celui d'un serviteur dévoué. – L'êtes-vous vraiment ? – Oui, dit-il ; et je ne changerai jamais. – Eh ! bien, si ce mariage était nécessaire, si je me résignais... La douce lueur de la lune a été comme éclairée par les deux regards qu'il a lancés sur moi d'abord, puis sur l'espèce d'abîme que nous faisait le mur. Il a paru se demander si nous pouvions mourir ensemble écrasés ; mais, après avoir brillé comme un éclair sur sa face et jailli de ses yeux, ce sentiment a été comprimé par une force supérieure à celle de la passion. – L'Arabe n'a qu'une parole, a-t-il dit d'une voix étranglée. Je suis votre serviteur et vous appartiens : je vivrai toute ma vie pour vous. La main qui tenait le balcon m'a paru mollir, j'y ai posé la mienne en lui disant : – Felipe, mon ami, je suis par ma seule volonté votre femme dès cet instant. Allez me demander dans la matinée à mon père. Il veut garder ma fortune ; mais vous vous engagerez à me la reconnaître au contrat sans l'avoir reçue, et vous serez sans aucun doute agréé. Je ne suis plus Armande de Chaulieu ; descendez promptement, Louise de Macumer ne veut pas commettre la moindre imprudence. Il a pâli, ses jambes ont fléchi, il s'est élancé d'environ dix pieds de haut à terre sans se faire le moindre mal ; mais, après m'avoir causé la plus horrible émotion, il m'a saluée de la main et a disparu. Je suis donc aimée, me suis-je dit, comme une femme ne le fut jamais ! Et je me suis endormie avec une satisfaction enfantine : mon sort était à jamais fixé. Vers deux heures mon père m'a fait appeler dans son cabinet, où j'ai trouvé la duchesse et Macumer. Les paroles s'y sont très gracieusement échangées. J'ai tout simplement répondu que, si monsieur Henarez s'était entendu avec mon père, je n'avais aucune raison de m'opposer à leurs désirs. Là-dessus, ma mère a retenu le baron à dîner ; après quoi nous avons été tous quatre nous promener au bois de Boulogne. J'ai regardé très railleusement[1] monsieur de Marsay quand il a passé à cheval, car il a remarqué Macumer et mon père sur le devant de la calèche.

Mon adorable Felipe a fait ainsi refaire ses cartes :

HENAREZ,
Des ducs de Soria, baron de Macumer.

Tous les matins il m'apporte lui-même un bouquet d'une délicieuse magnificence, au milieu duquel je trouve toujours une lettre qui contient un sonnet espagnol à ma louange, fait par lui pendant la nuit.

Pour ne pas grossir ce paquet, je t'envoie comme échantillon le premier et le dernier de ses sonnets, que je t'ai traduits mot à mot en te les mettant vers par vers.

PREMIER SONNET

Plus d'une fois, couvert d'une mince veste de soie, – l'épée haute, sans que mon cœur battît une pulsation de plus, – j'ai attendu l'assaut du taureau furieux, – et sa corne plus aiguë que le croissant de Phœbé[2].

J'ai gravi, fredonnant une seguidille[3] andalouse, – le talus d'une redoute[4] sous une pluie de fer ; – j'ai jeté ma vie sur le tapis vert du hasard – sans plus m'en soucier que d'un quadruple d'or.

Notes

1. **railleusement** : de manière très moqueuse.
2. **Phœbé** : dans la mythologie, la Lune.
3. **seguidille** : chanson et danse espagnoles.
4. **redoute** : fortification.

J'aurais pris avec la main les boulets dans la gueule des canons; – mais je crois que je deviens plus timide qu'un lièvre aux aguets; – qu'un enfant qui voit un spectre[1] *aux plis de sa fenêtre.*

Car, lorsque tu me regardes avec ta douce prunelle[2], *– une sueur glacée couvre mon front, mes genoux se dérobent sous moi, – je tremble, je recule, je n'ai plus de courage.*

DEUXIÈME SONNET

Cette nuit, je voulais dormir pour rêver de toi; – mais le sommeil jaloux fuyait mes paupières; – je m'approchai du balcon, et je regardai le ciel : – lorsque je pense à toi, mes yeux se tournent toujours en haut.

Phénomène étrange, que l'amour peut seul expliquer, – le firmament[3] *avait perdu sa couleur de saphir*[4]*; – les étoiles, diamants éteints dans leur monture d'or, – ne lançaient que des œillades mortes, des rayons refroidis.*

La lune, nettoyée de son fard d'argent et de lis, – roulait tristement sur le morne horizon, – car tu as dérobé au ciel toutes ses splendeurs.

La blancheur de la lune luit sur ton front charmant, – tout l'azur du ciel s'est concentré dans tes prunelles, et tes cils sont formés par les rayons des étoiles.

Peut-on prouver plus gracieusement à une jeune fille qu'on ne s'occupe que d'elle? Que dis-tu de cet amour qui s'exprime en prodiguant les fleurs de l'intelligence et les fleurs de la terre? Depuis une dizaine de jours, je connais ce qu'est cette galanterie espagnole si fameuse autrefois.

Ah çà, chère, que se passe-t-il à la Crampade, où je me promène si souvent en examinant les progrès de notre agriculture? N'as-tu rien à me dire de nos mûriers, de nos plantations de l'hiver dernier? Tout y réussit-il à tes souhaits? Les fleurs sont-elles épanouies dans ton cœur d'épouse en même temps que celles de nos massifs? je n'ose dire de nos plates-bandes. Louis continue-t-il son système de madrigaux[5]? Vous enten-

Notes

1. **spectre** : fantôme.
2. **prunelle** : pupille de l'œil.
3. **firmament** : voûte céleste, ciel.
4. **saphir** : pierre précieuse bleue.
5. **madrigaux** : courts poèmes galants.

dez-vous bien ? Le doux murmure de ton filet de tendresse conjugale vaut-il mieux que la turbulence des torrents de mon amour ? Mon gentil docteur en jupon s'est-il fâché ? Je ne saurais le croire, et j'enverrais Felipe en courrier se mettre à tes genoux et me rapporter ta tête ou mon pardon s'il en était ainsi. Je fais une belle vie ici, cher amour, et je voudrais savoir comment va celle de Provence. Nous venons d'augmenter notre famille d'un Espagnol coloré comme un cigare de La Havane, et j'attends encore tes compliments.

Vraiment, ma belle Renée, je suis inquiète, j'ai peur que tu ne dévores quelques souffrances pour ne pas en attrister mes joies, méchante ! Écris-moi promptement quelques pages où tu me peignes ta vie dans ses infiniment petits, et dis-moi bien si tu résistes toujours, si ton libre arbitre est sur ses deux pieds ou à genoux, ou bien assis, ce qui serait grave. Crois-tu que les événements de ton mariage ne me préoccupent pas ? Tout ce que tu m'as écrit me rend parfois rêveuse. Souvent, lorsqu'à l'Opéra je paraissais regarder des danseuses en pirouette, je me disais : Il est neuf heures et demie, elle se couche peut-être, que fait-elle ? Est-elle heureuse ? Est-elle seule avec son libre arbitre ? ou son libre arbitre est-il où vont les libres arbitres dont on ne se soucie plus ?... Mille tendresses.

XXV
Renée de l'Estorade à Louise de Chaulieu

Octobre.

Impertinente ! pourquoi t'aurais-je écrit ? que t'eussé-je dit ? Durant cette vie animée par les fêtes, par les angoisses de l'amour, par ses colères et par ses fleurs que tu me dépeins, et à laquelle j'assiste comme à une pièce de théâtre bien jouée, je mène une vie monotone et réglée à la manière d'une vie de couvent. Nous sommes toujours couchés à neuf heures et levés au jour. Nos repas sont toujours servis avec une exactitude désespérante. Pas le plus léger accident. Je me suis accoutumée à cette division du temps et sans trop de peine. Peut-être est-ce naturel, que serait la vie sans cet assujettissement à des règles fixes qui, selon les astronomes et au dire de Louis, régit les mondes ? L'ordre ne lasse pas. D'ailleurs, je me suis imposé des obligations de toilette qui me prennent le temps entre mon lever et le déjeuner : je tiens à y paraître charmante par obéissance à mes devoirs de femme, j'en éprouve du contentement, et j'en cause un bien vif au bon vieillard et à Louis. Nous nous promenons après le déjeuner. Quand les journaux arrivent, je disparais pour m'acquitter de mes affaires de ménage ou pour lire, car je lis beaucoup, ou pour t'écrire. Je reviens une heure avant le dîner, et après on joue, on a des visites, ou on en fait. Je passe ainsi mes journées entre un vieillard heureux, sans désirs, et un homme pour qui je suis le bonheur. Louis est si content, que sa joie a fini par réchauffer mon âme. Le bonheur, pour nous, ne doit sans doute pas être le plaisir. Quelquefois, le soir, quand je ne suis pas utile à la partie, et que je suis enfoncée dans une bergère, ma pensée est assez puissante pour me faire entrer en toi ; j'épouse alors ta belle vie si féconde, si nuancée, si violemment agitée, et je me demande à quoi te mèneront ces turbulentes préfaces, ne tueront-elles pas le livre ? Tu peux avoir les illusions de l'amour, toi, chère mignonne ; mais moi, je n'ai plus que les réalités du ménage. Oui, tes amours me semblent un songe ! Aussi ai-je de la peine à comprendre pourquoi tu les rends si romanesques. Tu veux un homme qui ait plus d'âme que de sens, plus de grandeur et de vertu que d'amour ; tu veux que le rêve des jeunes filles à l'entrée de la vie prenne un corps ; tu demandes des sacrifices pour les récompenser ; tu soumets ton Felipe à des épreuves pour savoir si le désir, si l'espérance, si la curiosité seront durables. Mais, enfant, derrière tes décorations fantastiques s'élève un autel où se prépare un lien éternel. Le lendemain du mariage, le terrible fait qui change la fille en femme et l'amant en mari, peut renverser les élégants échafaudages de tes subtiles précautions. Sache donc enfin que deux amoureux, tout aussi bien que deux personnes mariées comme nous l'avons été Louis et moi, vont chercher sous les joies d'une noce, selon le mot de Rabelais, un grand *peut-être*[1] !

Je ne te blâme pas, quoique ce soit un peu léger, de causer avec Don Felipe au fond du jardin, de l'interroger, de passer une nuit à ton balcon, lui sur le mur ; mais tu joues avec la vie, enfant, et j'ai peur que la vie ne joue avec toi. Je n'ose pas te conseiller ce que l'expérience me suggère pour ton bonheur ; mais laisse-moi te répéter encore, du fond de ma vallée, que le viatique[2] du mariage est dans ces mots : résignation et dévouement ! Car, je le vois, malgré tes épreuves, malgré tes coquetteries et tes observations, tu te marieras absolument comme moi. En étendant le désir, on creuse un peu plus profondément le précipice, voilà tout.

Oh ! comme je voudrais voir le baron de Macumer et lui parler pendant quelques heures, tant je te souhaite de bonheur !

XXVI
Louise de Macumer à Renée de l'Estorade

Mars 1825.

Comme Felipe réalise avec une générosité de Sarrasin les plans de mon père et de ma mère, en me reconnaissant ma fortune sans la recevoir, la duchesse est devenue encore meilleure femme avec moi qu'auparavant. Elle m'appelle *petite rusée, petite commère*, elle me trouve *le bec affilé*[3]. – Mais, chère maman,

Notes

1. Allusion au fait que, selon certains biographes, l'humaniste Rabelais (1483 ou 1494-1553) aurait dit avant de mourir : « Je m'en vais chercher le grand *peut-être.* »

2. **viatique :** secours, soutien indispensable.

3. **elle me trouve *le bec affilé* :** elle me trouve bavarde.

lui ai-je dit la veille de la signature du contrat, vous attribuez à la politique, à la ruse, à l'habileté les effets de l'amour le plus vrai, le plus naïf, le plus désintéressé, le plus entier qui fut jamais ! Sachez donc que je ne suis pas la *commère* pour laquelle vous me faites l'honneur de me prendre. – Allons donc, Armande, me dit-elle en me prenant par le cou, m'attirant à elle et me baisant au front, tu n'as pas voulu retourner au couvent, tu n'as pas voulu rester fille, et en grande, en belle Chaulieu que tu es, tu as senti la nécessité de relever la maison de ton père. (Si tu savais, Renée, ce qu'il y a de flatterie dans ce mot pour le duc, qui nous écoutait !) Je t'ai vue pendant tout un hiver fourrant ton petit museau dans tous les quadrilles[1], jugeant très bien les hommes et devinant le monde actuel en France. Aussi as-tu avisé le seul Espagnol capable de te faire la belle vie d'une femme maîtresse chez elle. Ma chère petite, tu l'as traité comme Tullia traite ton frère. – Quelle école que le couvent de ma sœur ! s'est écrié mon père. Je jetai sur mon père un regard qui lui coupa net la parole ; puis je me suis retournée vers la duchesse, et lui ai dit : – Madame, j'aime mon prétendu, Felipe de Soria, de toutes les puissances de mon âme. Quoique cet amour ait été très involontaire et très combattu quand il s'est levé dans mon cœur, je vous jure que je ne m'y suis abandonnée qu'au moment où j'ai reconnu dans le baron de Macumer une âme digne de la mienne, un cœur en qui les délicatesses, les générosités, le dévouement, le caractère et les sentiments étaient conformes aux miens. – Mais, ma chère, a-t-elle repris en m'interrompant, il est laid comme… – Comme tout ce que vous voudrez, dis-je vivement, mais j'aime cette laideur. – Tiens, Armande, me dit mon père, si tu l'aimes et si tu as eu la force de maîtriser ton amour, tu ne dois pas risquer ton bonheur. Or, le bonheur dépend beaucoup des premiers jours du mariage… – Et pourquoi ne pas lui dire

Note

1. **quadrilles** : groupes de cavaliers ou de danseurs.

des premières nuits ? s'écria ma mère. Laissez-nous, monsieur, ajouta la duchesse en regardant mon père.

– Tu te maries dans trois jours, ma chère petite, me dit ma mère à l'oreille, je dois donc te faire maintenant, sans pleurnicheries bourgeoises, les recommandations sérieuses que toutes les mères font à leurs filles. Tu épouses un homme que tu aimes. Ainsi, je n'ai pas à te plaindre, ni à me plaindre moi-même. Je ne t'ai vue que depuis un an : si ce fut assez pour t'aimer, ce n'est pas non plus assez pour que je fonde en larmes en regrettant ta compagnie. Ton esprit a surpassé ta beauté ; tu m'as flattée dans mon amour-propre de mère, et tu t'es conduite en bonne et aimable fille. Aussi me trouveras-tu toujours excellente mère. Tu souris ?... Hélas ! souvent, là où la mère et la fille ont bien vécu, les deux femmes se brouillent. Je te veux heureuse. Écoute-moi donc. L'amour que tu ressens est un amour de petite fille, l'amour naturel à toutes les femmes qui sont nées pour s'attacher à un homme ; mais, hélas ! ma petite, il n'y a qu'un homme dans le monde pour nous, il n'y en a pas deux ! et celui que nous sommes appelées à chérir n'est pas toujours celui que nous avons choisi pour mari, tout en croyant l'aimer. Quelque singulières que puissent te paraître mes paroles, médite-les. Si nous n'aimons pas celui que nous avons choisi, la faute en est et à nous et à lui, quelquefois à des circonstances qui ne dépendent ni de nous ni de lui ; et néanmoins rien ne s'oppose à ce que ce soit l'homme que notre famille nous donne, l'homme à qui s'adresse notre cœur, qui soit l'homme aimé. La barrière qui plus tard se trouve entre nous et lui, s'élève souvent par un défaut de persévérance qui vient et de nous et de notre mari. Faire de son mari son amant est une œuvre aussi délicate que celle de faire de son amant son mari, et tu viens de t'en acquitter à merveille. Eh ! bien, je te le répète : je te veux heureuse. Songe donc dès à présent que dans les trois premiers mois de ton mariage tu pourrais devenir malheureuse si, de ton côté, tu ne te soumettais pas au mariage avec l'obéissance, la tendresse et l'esprit que tu as déployés dans tes amours. Car, ma petite commère, tu t'es laissée aller à tous les innocents bonheurs d'un amour clandestin. Si l'amour heureux commençait pour toi par des désenchantements, par des déplaisirs, par des douleurs même, eh! bien, viens me voir. N'espère pas trop d'abord du mariage, il te donnera peut-être plus de peines que de joies. Ton bonheur exige autant de culture qu'en a exigé l'amour. Enfin, si par hasard, tu perdais l'amant, tu retrouverais le père de tes enfants. Là, ma chère enfant, est toute la vie sociale. Sacrifie tout à l'homme dont le nom est le tien, dont l'honneur, dont la considération ne peuvent recevoir la moindre atteinte qui ne fasse chez toi la plus affreuse brèche. Sacrifier tout à son mari n'est pas seulement un devoir absolu pour des femmes de notre rang, mais encore le plus habile calcul. Le plus bel attribut des grands principes de morale, c'est d'être vrais et profitables de quelque côté qu'on les étudie. En voilà bien assez pour toi. Maintenant, je te crois encline à la jalousie ; et moi, ma chère, je suis jalouse aussi !... mais je ne te voudrais pas sottement jalouse. Écoute : la jalousie qui se montre ressemble à une politique qui mettrait cartes sur table. Se dire jalouse, le laisser voir, n'est-ce pas montrer son jeu ? Nous ne savons rien alors du jeu de l'autre. En toute chose, nous devons savoir souffrir en silence. J'aurai d'ailleurs avec Macumer un entretien sérieux à propos de toi la veille de votre mariage.

J'ai pris le beau bras de ma mère et lui ai baisé la main en y mettant une larme que son accent avait attirée dans mes yeux. J'ai deviné dans cette haute morale, digne d'elle et de moi, la plus profonde sagesse, une tendresse sans bigoterie[1] sociale, et surtout une véritable estime de mon caractère. Dans ces simples paroles, elle a mis le résumé des enseignements que sa vie et son expérience lui ont peut-être chèrement vendus.

Note

1. **bigoterie** : pratique religieuse peu réfléchie et s'exprimant dans une multitude de petites actions.

Elle fut touchée, et me dit en me regardant : – Chère fillette ! tu vas faire un terrible passage. Et la plupart des femmes ignorantes ou désabusées sont capables d'imiter le comte de Westmoreland.

Nous nous mîmes à rire. Pour t'expliquer cette plaisanterie, je dois te dire qu'à table, la veille, une princesse russe nous avait raconté que le comte de Westmoreland ayant énormément souffert du mal de mer pendant le passage de la Manche, et voulant aller en Italie, il tourna bride[1] et revint quand on lui parla du passage des Alpes : – J'ai assez de passages comme cela ! dit-il. Tu comprends, Renée, que ta sombre philosophie et la morale de ma mère étaient de nature à réveiller les craintes qui nous agitaient à Blois. Plus le mariage approchait, plus j'amassais en moi de force, de volonté, de sentiments pour résister au terrible passage de l'état de jeune fille à l'état de femme. Toutes nos conversations me revenaient à l'esprit, je relisais tes lettres et j'y découvrais je ne sais quelle mélancolie cachée. Ces appréhensions ont eu le mérite de me rendre la fiancée vulgaire des gravures et du public. Aussi le monde m'a-t-il trouvée charmante et très convenable le jour de la signature du contrat. Ce matin, à la mairie où nous sommes allés sans cérémonie, il n'y a eu que les témoins. Je te finis ce bout de lettre pendant que l'on apprête ma toilette pour le dîner. Nous serons mariés à l'église de Sainte-Valère, ce soir à minuit, après une brillante soirée. J'avoue que mes craintes me donnent un air de victime et une fausse pudeur qui me vaudront des admirations auxquelles je ne comprends rien. Je suis ravie de voir mon pauvre Felipe tout aussi jeune fille que moi, le monde le blesse, il est comme une chauve-souris dans une boutique de cristaux. – Heureusement que cette journée a un lendemain ! m'a-t-il dit à l'oreille sans y entendre malice. Il n'aurait voulu voir personne, tant il est honteux et timide.

Note

1. **il tourna bride** : il changea d'avis et rebroussa chemin.

En venant signer notre contrat, l'ambassadeur de Sardaigne m'a prise à part pour m'offrir un collier de perles attachées par six magnifiques diamants. C'est le présent de ma belle-sœur la duchesse de Soria. Ce collier est accompagné d'un bracelet de saphirs sous lequel est écrit : *Je t'aime sans te connaître !* Deux lettres charmantes enveloppaient ces présents que je n'ai pas voulu accepter sans savoir si Felipe me le permettait. – Car, lui ai-je dit, je ne voudrais vous rien voir qui ne vînt de moi. Il m'a baisé la main tout attendri, et m'a répondu : – Portez-les, à cause de la devise[1], et de ces tendresses qui sont sincères…

Samedi soir.

Voici donc, ma pauvre Renée, les dernières lignes de la jeune fille. Après la messe de minuit, nous partirons pour une terre que Felipe a, par une délicate attention, achetée en Nivernais[2], sur la route de Provence. Je me nomme déjà Louise de Macumer, mais je quitte Paris dans quelques heures en Louise de Chaulieu. De quelque façon que je me nomme, il n'y aura jamais pour toi que

LOUISE.

XXVII
Louise de Macumer à Renée de l'Estorade

Octobre 1825.

Je ne t'ai plus rien écrit, chère, depuis le mariage de la mairie, et voici bientôt huit mois. Quant à toi, pas un mot ! cela est horrible, madame.

Eh ! bien, nous sommes donc partis en poste pour le château de Chantepleurs, la terre achetée par Macumer en Nivernais, sur les bords de la Loire, à soixante lieues de Paris. Nos gens, moins ma femme de chambre, y étaient déjà, nous attendaient,

Notes

1. **devise** : formule qui peut constituer le signe distinctif d'une grande famille.

2. **Nivernais** : région de France, située au centre-est.

et nous y sommes arrivés avec une excessive rapidité, le lendemain soir. J'ai dormi depuis Paris jusqu'au-delà de Montargis[1]. La seule licence[2] qu'ait prise mon seigneur et maître a été de me soutenir par la taille et de tenir ma tête sur son épaule, où il avait disposé plusieurs mouchoirs. Cette attention quasi maternelle qui lui faisait vaincre le sommeil m'a causé je ne sais quelle émotion profonde. Endormie sous le feu de ses yeux noirs, je me suis réveillée sous leur flamme : même ardeur, même amour; mais des milliers de pensées avaient passé par là ! Il avait baisé deux fois mon front.

Nous avons déjeuné dans notre voiture, à Briare[3]. Le lendemain soir, à sept heures et demie, après avoir causé comme je causais avec toi à Blois, admirant cette Loire que nous y admirions, nous entrions dans la longue et belle avenue de tilleuls, d'acacias, de sycomores et de mélèzes[4] qui mène à Chantepleurs. À huit heures nous dînions, à dix heures nous étions dans une charmante chambre gothique embellie de toutes les inventions du luxe moderne. Mon Felipe, que tout le monde trouve laid, m'a semblé bien beau, beau de bonté, de grâce, de tendresse, d'exquise délicatesse. Des désirs de l'amour, je ne voyais pas la moindre trace. Pendant la route, il s'était conduit comme un ami que j'aurais connu depuis quinze ans. Il m'a peint, comme il sait peindre (il est toujours l'homme de sa première lettre), les effroyables orages qu'il a contenus et qui venaient mourir à la surface de son visage. – Jusqu'à présent, il n'y a rien de bien effrayant dans le mariage, dis-je en allant à la fenêtre et voyant par un clair de lune superbe un délicieux parc d'où s'exhalaient de pénétrantes odeurs. Il est venu près de moi, m'a reprise par la taille, et m'a dit : – Et pourquoi s'en effrayer? Ai-je démenti par un geste, par un regard, mes promesses? Les démentirai-je un jour? Jamais voix, jamais

Notes

1. **Montargis** : ville du Loiret.
2. **licence** : liberté qu'on s'accorde car on en a la permission.
3. **Briare** : ville du Loiret.
4. **tilleuls, acacias, sycomores, mélèzes** : types d'arbres.

regard, n'auront pareille puissance : la voix me remuait les moindres fibres du corps et réveillait tous les sentiments ; le regard avait une force solaire. – Oh ! lui ai-je dit, combien de perfidie mauresque n'y a-t-il pas dans votre perpétuel esclavage ! Ma chère, il m'a comprise.

Ainsi, belle biche, si je suis restée quelques mois sans t'écrire, tu devines maintenant pourquoi. Je suis forcée de me rappeler l'étrange passé de la jeune fille pour t'expliquer la femme. Renée, je te comprends aujourd'hui. Ce n'est ni à une amie intime, ni à sa mère, ni peut-être à soi-même, qu'une jeune mariée heureuse peut parler de son heureux mariage. Nous devons laisser ce souvenir dans notre âme comme un sentiment de plus qui nous appartient en propre et pour lequel il n'y a pas de nom. Comment ! on a nommé un devoir les gracieuses folies du cœur et l'irrésistible entraînement du désir. Et pourquoi ? Quelle horrible puissance a donc imaginé de nous obliger à fouler les délicatesses du goût, les mille pudeurs de la femme, en convertissant ces voluptés en devoirs ? Comment peut-on devoir ces fleurs de l'âme, ces roses de la vie, ces poèmes de la sensibilité exaltée, à un être qu'on n'aimerait pas ? Des droits dans de telles sensations ! mais elles naissent et s'épanouissent au soleil de l'amour, ou leurs germes se détruisent sous les froideurs de la répugnance et de l'aversion[1]. À l'amour d'entretenir de tels prestiges[2] ! Ô ma sublime Renée, je te trouve bien grande maintenant ! Je plie le genou devant toi, je m'étonne de ta profondeur et de ta perspicacité. Oui, la femme qui ne fait pas, comme moi, quelque secret mariage d'amour caché sous les noces légales et publiques, doit se jeter dans la maternité comme une âme à qui la terre manque se jette dans le ciel ! De tout ce que tu m'as écrit, il ressort un principe cruel : il n'y a que les hommes supérieurs qui sachent aimer. Je sais aujourd'hui pourquoi. L'homme obéit à deux

Notes

1. **aversion** : grande antipathie, dégoût profond.

2. **prestiges** : faits magiques.

principes. Il se rencontre en lui le besoin et le sentiment. Les êtres inférieurs ou faibles prennent le besoin pour le sentiment ; tandis que les êtres supérieurs couvrent le besoin sous les admirables effets du sentiment : le sentiment leur communique par sa violence une excessive réserve, et leur inspire l'adoration de la femme. Évidemment la sensibilité se trouve en raison de la puissance des organisations intérieures, et l'homme de génie est alors le seul qui se rapproche de nos délicatesses : il entend, devine, comprend la femme ; il l'élève sur les ailes de son désir contenu par les timidités du sentiment. Aussi, lorsque l'intelligence, le cœur et les sens également ivres nous entraînent, n'est-ce pas sur la terre que l'on tombe ; on s'élève alors dans les sphères célestes, et malheureusement on n'y reste pas assez longtemps. Telle est, ma chère âme, la philosophie des trois premiers mois de mon mariage. Felipe est un ange. Je puis penser tout haut avec lui. Sans figure de rhétorique, il est un autre moi. Sa grandeur est inexplicable : il s'attache plus étroitement par la possession, et découvre dans le bonheur de nouvelles raisons d'aimer. Je suis pour lui la plus belle partie de lui-même. Je le vois : des années de mariage, loin d'altérer l'objet de ses délices, augmenteront sa confiance, développeront de nouvelles sensibilités, et fortifieront notre union. Quel heureux délire ! Mon âme est ainsi faite que les plaisirs laissent en moi de fortes lueurs, ils me réchauffent, ils s'empreignent dans mon être intérieur : l'intervalle qui les sépare est comme la petite nuit des grands jours. Le soleil qui a doré les cimes à son coucher les retrouve presque chaudes à son lever. Par quel heureux hasard en a-t-il été pour moi sur-le-champ ainsi ? Ma mère avait éveillé chez moi mille craintes ; ses prévisions, qui m'ont semblé pleines de jalousie, quoique sans la moindre petitesse bourgeoise, ont été trompées par l'événement, car tes craintes et les siennes, les miennes, tout s'est dissipé ! Nous sommes restés à Chantepleurs sept mois et demi, comme deux amants dont l'un a enlevé l'autre, et qui ont fui des parents courroucés. Les roses du plaisir ont couronné notre amour, elles fleurissent notre vie à deux. Par un retour subit sur moi-même, un matin où j'étais plus pleinement heureuse, j'ai songé à ma Renée et à son mariage de convenance, et j'ai deviné ta vie, je l'ai pénétrée ! Ô mon ange, pourquoi parlons-nous une langue différente ? Ton mariage purement social, et mon mariage qui n'est qu'un amour heureux, sont deux mondes qui ne peuvent pas plus se comprendre que le fini ne peut comprendre l'infini. Tu restes sur la terre, je suis dans le ciel ! Tu es dans la sphère humaine, et je suis dans la sphère divine. Je règne par l'amour, tu règnes par le calcul et par le devoir. Je suis si haut que s'il y avait une chute je serais brisée en mille miettes. Enfin, je dois me taire, car j'ai honte de te peindre l'éclat, la richesse, les pimpantes joies d'un pareil printemps d'amour.

Nous sommes à Paris depuis dix jours, dans un charmant hôtel, rue du Bac, arrangé par l'architecte que Felipe avait chargé d'arranger Chantepleurs. Je viens d'entendre, l'âme épanouie par les plaisirs permis d'un heureux mariage, la céleste musique de Rossini que j'avais entendue l'âme inquiète, tourmentée à mon insu par les curiosités de l'amour. On m'a trouvée généralement embellie, et je suis comme une enfant en m'entendant appeler *madame*.

Vendredi matin.

Renée, ma belle sainte, mon bonheur me ramène sans cesse à toi. Je me sens meilleure pour toi que je ne l'ai jamais été : je te suis si dévouée ! J'ai si profondément étudié ta vie conjugale par le commencement de la mienne, et je te vois si grande, si noble, si magnifiquement vertueuse, que je me constitue ici ton inférieure, ta sincère admiratrice, en même temps que ton amie. En voyant ce qu'est mon mariage, il m'est à peu près prouvé que je serais morte s'il en eût été autrement. Et tu vis ! par quel sentiment, dis-le-moi ? Aussi ne te ferai-je plus la moindre plaisanterie. Hélas ! la plaisanterie, mon ange, est fille de l'ignorance, on se moque de ce qu'on ne connaît point. Là où les recrues[1] se mettent à rire, les soldats éprouvés[2] sont graves, m'a dit le comte de Chaulieu, pauvre capitaine de cavalerie qui n'est encore allé que de Paris à Fontainebleau, et de Fontainebleau à Paris. Aussi, ma chère aimée, deviné-je[3] que tu ne m'as pas tout dit. Oui, tu m'as voilé quelques plaies. Tu souffres, je le sens. Je me suis fait à propos de toi des romans d'idées en voulant à distance et par le peu que tu m'as dit de toi, trouver les raisons de ta conduite. Elle s'est seulement essayée au mariage, pensai-je un soir, et ce qui se trouve bonheur pour moi n'a été que souffrance pour elle. Elle en est pour ses sacrifices, et veut limiter leur nombre. Elle a déguisé ses chagrins sous les pompeux[4] axiomes[5] de la morale sociale. Ah ! Renée, il y a cela d'admirable, que le plaisir n'a pas besoin de religion, d'appareil, ni de grands mots, il est tout par lui-même ; tandis que pour justifier les atroces combinaisons de notre esclavage et de notre vassalité[6], les hommes ont accumulé les théories et les maximes. Si tes immolations[7] sont belles, sont sublimes, mon bonheur, abrité sous le poêle[8] blanc et or de l'église et paraphé par le plus maussade des maires, serait donc une monstruosité ? Pour l'honneur des lois, pour toi, mais surtout pour rendre mes plaisirs entiers, je te voudrais heureuse, ma Renée. Oh ! dis-moi que tu te sens venir au cœur un peu d'amour pour ce Louis qui t'adore ? Dis-moi que la torche symbolique et solennelle de l'hyménée[9] n'a pas servi qu'à t'éclairer des ténèbres ? car l'amour, mon ange, est bien exactement pour la nature morale ce qu'est le soleil pour

Notes

1. **recrues** : soldats qui viennent d'être recrutés.
2. **éprouvés** : expérimentés.
3. **deviné-je** : je devine.
4. **pompeux** : ridicules car trop sérieux et vaniteux.
5. **axiomes** : vérités générales.
6. **vassalité** : état de dépendance, de soumission.
7. **immolations** : sacrifices.
8. **poêle** : voile tenu au-dessus de la tête des mariés dans la religion catholique.
9. **hyménée** : mariage.

la terre. Je reviens toujours à te parler de ce Jour qui m'éclaire et qui, je le crains, me consumera. Chère Renée, toi qui disais dans tes extases d'amitié, sous le berceau de vigne, au fond du couvent : – Je t'aime tant, Louise, que si Dieu se manifestait, je lui demanderais toutes les peines, et pour toi toutes les joies de la vie. Oui, j'ai la passion de la souffrance ! Eh ! bien, ma chérie, aujourd'hui je te rends la pareille, et demande à grands cris à Dieu de nous partager mes plaisirs.

Écoute : j'ai deviné que tu t'es faite ambitieuse sous le nom de Louis de l'Estorade, eh ! bien, aux prochaines élections, fais-le nommer député, car il aura près de quarante ans, et comme la chambre ne s'assemblera que six mois après les élections, il se trouvera précisément de l'âge requis pour être un homme politique. Tu viendras à Paris, je ne te dis que cela. Mon père et les amis que je vais me faire vous apprécieront, et si ton vieux beau-père veut constituer un majorat, nous t'obtiendrons le titre de comte pour Louis. Ce sera déjà cela ! Enfin nous serons ensemble.

Voir Méthode, p. 315

Se préparer à l'oral du Bac

Analyse de l'extrait (p. 150, l. 3944, à p. 151, l. 3971)

Conseils pour la lecture à voix haute

› Louise, dans cette lettre, est exaltée : montrez-le par votre ton.

› Ce passage contient plusieurs figures de style (hyperbole, énumération, parallélisme) : soulignez-les lors de votre lecture.

› Dans la seconde partie de l'extrait, Louise oppose son mariage et celui de Renée : marquez ces antithèses par de petites pauses.

Explication linéaire

Introduction rédigée

Ce texte est extrait de la lettre XXVII qui date d'octobre 1825. Louise, mariée depuis trois mois, raconte à son amie Renée les joies intenses de son existence d'épouse amoureuse. Après avoir dépeint son bonheur, elle compare son mariage et celui de Renée en les opposant.

I. La peinture d'un bonheur absolu (l. 3944 à 3958)

❶ Par quel type de phrase l'extrait commence-t-il ? Rappelez les différents sens du mot *délire* et commentez le groupe nominal « *heureux délire* ».

❷ Dans la phrase suivante (l. 3945-3948), relevez les mots qui évoquent la vie intérieure de Louise ainsi qu'une comparaison. Quelles images Louise développe-t-elle dans la phrase d'après (l. 3948-3949) ?

❸ « *Heureux délire* », « *heureux hasard* » : analysez le parallélisme* ; quelle impression ces deux groupes nominaux donnent-ils ? Louise emploie une phrase interrogative (l. 3949-3950) : de quelle figure rhétorique s'agit-il ?

****Parallélisme** : *figure de style qui consiste à rapprocher 2 groupes de mots construits syntaxiquement de la même manière.*

❹ Louise évoque ensuite les craintes de sa mère et celles de Renée (l. 3951-3954) : relevez l'hyperbole* puis recherchez dans la lettre XXVI les avertissements donnés par sa mère et dans les lettres XI, XX et XXV les inquiétudes exprimées par Renée. Résumez-les.

****Hyperbole** : *figure de style qui consiste en une exagération excessive.*

❺ Quelle image de l'amour entre Louise et Macumer la phrase suivante donne-t-elle (l. 3954-3957) ? Relevez les deux métaphores qu'utilise, ensuite, Louise (l. 3957-3958).

II. L'opposition de deux types de mariages (l. 3958 à 3971)

6 À quel thème Louise passe-t-elle ensuite (l. 3958-3961) ? Relevez les trois verbes principaux : en quoi expriment-ils une gradation* ?

**Gradation* : *énumération d'éléments classés selon un ordre, croissant ou décroissant.*

7 Comment Louise interpelle-t-elle Renée (l. 3961) ? Relevez la ponctuation expressive de ce paragraphe : que traduit-elle ? Quelle métaphore Louise emploie-t-elle ?

8 Louise oppose le mariage de Renée au sien (l. 3962-3967) : relevez les éléments qui caractérisent chacune de ces unions. Montrez que les deux dernières phrases (l. 3967-3971) traduisent une menace possible.

Conclusion rédigée

Louise dépeint à Renée, qui s'est mariée peu de temps avant elle et qui s'était inquiétée du choix de son amie, le bonheur de ses premiers mois de mariage. Contrairement aux avertissements de sa mère et de son amie de couvent, Louise semble avoir réussi à allier mariage et passion. À ce moment du roman, elle paraît donc avoir réussi là où Renée est dans le compromis. Cependant, ce passage contient déjà les germes de la fin tragique de Louise.

Grammaire

La négation

• La **négation lexicale** est portée par **un mot** : soit par l'**antonyme** d'un nom ou d'un adjectif qui peut être obtenu par la préfixation de la particule *in-*, *il-*, *im-*, *ir-* devant le nom ou l'adjectif (ex. : *capable / incapable*), soit par un **mot à valeur négative** (ex. : *refuser* = « *ne pas vouloir* »).

• La **négation grammaticale** est portée par la **structure syntaxique de la phrase** et, en général, est exprimée par un **système corrélatif** composé de deux mots (ex. : *Je **ne** veux **pas** venir.*).

• De même que l'affirmation, la **négation** grammaticale comporte plusieurs **nuances** ; elle peut être :

– **totale**, en portant sur toute la proposition (ex. : *Il **n'**aime **pas** les gâteaux.*) ;

– **partielle**, en ne portant que sur un élément de la proposition ; elle double l'adverbe *ne* d'un mot négatif (ex. : *Il **ne** mange **aucun** gâteau.*) ;

– **restrictive**, en excluant tout ce qui n'est pas l'exception citée (ex. : *Il **n'**aime **que** les tartes.*).

9 Analysez la présence de la négation dans la phrase des lignes 3962-3965 (de « Ton mariage purement social » à « comprendre l'infini »).

XXVIII
Renée de l'Estorade à Louise de Macumer

Décembre 1825.

Ma bienheureuse Louise, tu m'as éblouie. J'ai pendant quelques instants tenu ta lettre où quelques-unes de mes larmes brillaient au soleil couchant, les bras lassés, seule sous le petit rocher aride au bas duquel j'ai mis un banc. Dans un énorme lointain, comme une lame d'acier, reluit la Méditerranée. Quelques arbres odoriférants ombragent ce banc où j'ai fait transplanter un énorme jasmin, des chèvrefeuilles et des genêts[1] d'Espagne. Quelque jour le rocher sera couvert en entier par des plantes grimpantes. Il y a déjà de la vigne vierge de plantée. Mais l'hiver arrive, et toute cette verdure est devenue comme une vieille tapisserie. Quand je suis là, personne ne m'y vient troubler, on sait que j'y veux rester seule. Ce banc s'appelle le banc de Louise. N'est-ce pas te dire que je n'y suis point seule, quoique seule.

Si je te raconte ces détails, si menus pour toi, si je te peins ce verdoyant espoir qui, par avance, habille ce rocher nu, sourcilleux[2] sur le haut duquel le hasard de la végétation a placé l'un des plus beaux pins en parasol[3], c'est que j'ai trouvé là des images auxquelles je me suis attachée.

En jouissant de ton heureux mariage (et pourquoi ne t'avouerais-je pas tout ?), en l'enviant de toutes mes forces, j'ai senti le premier mouvement de mon enfant qui des profondeurs de ma vie a réagi sur les profondeurs de mon âme. Cette sourde sensation, à la fois un avis, un plaisir, une douleur, une promesse, une réalité ; ce bonheur qui n'est qu'à moi dans le monde et qui reste un secret entre moi et Dieu ; ce mystère m'a dit que le rocher serait un jour couvert de fleurs, que les

Notes

1. **jasmin, chèvrefeuilles, genêts** : plantes et petits arbres.
2. **sourcilleux** : sévère.
3. **pins en parasol** : très grands arbres dont la forme ressemble à un parasol.

Renée lisant une lettre de Louise : « *J'ai pendant quelques instants tenu ta lettre* » Gravure de 1855.

joyeux rires d'une famille y retentiraient, que mes entrailles étaient enfin bénies et donneraient la vie à flots. Je me suis sentie née pour être mère ! Aussi la première certitude que j'ai eue de porter en moi une autre vie m'a-t-elle donné de bienfaisantes consolations. Une joie immense a couronné tous ces longs jours de dévouement qui ont fait déjà la joie de Louis. Dévouement ! me suis-je dit à moi-même, n'es-tu pas plus que l'amour ? n'es-tu pas la volupté la plus profonde, parce que tu es une abstraite volupté, la volupté génératrice ? N'es-tu pas, ô Dévouement ! la faculté supérieure à l'effet ? N'es-tu pas la mystérieuse, l'infatigable divinité cachée sous les sphères innombrables dans un centre inconnu par où passent tour à tour tous les mondes ? Le Dévouement, seul dans son secret, plein de plaisirs savourés en silence sur lesquels personne ne jette un œil profane et que personne ne soupçonne, le Dévouement, dieu jaloux et accablant, dieu vainqueur et fort, inépuisable parce qu'il tient à la nature même des choses et qu'il est ainsi toujours égal à lui-même, malgré l'épanchement de ses forces, le Dévouement, voilà donc la signature de ma vie.

L'amour, Louise, est un effort[1] de Felipe sur toi ; mais le rayonnement de ma vie sur la famille produira une incessante réaction de ce petit monde sur moi ! Ta belle moisson dorée est passagère ; mais la mienne, pour être retardée, n'en sera-t-elle pas plus durable ? elle se renouvellera de moments en moments. L'amour est le plus joli larcin que la Société ait su faire à la Nature ; mais la maternité, n'est-ce pas la Nature dans sa joie ? Un sourire a séché mes larmes. L'amour rend mon Louis heureux ; mais le mariage m'a rendue mère et je vais être heureuse aussi ! Je suis alors revenue à pas lents à ma bastide blanche aux volets verts, pour t'écrire ceci.

Donc, chère, le fait le plus naturel et le plus surprenant chez nous s'est établi chez moi depuis cinq mois ; mais je puis te dire

Note

1. **effort** : ici, effet.

tout bas qu'il ne trouble en rien ni mon cœur ni mon intelligence. Je les vois tous heureux : le futur grand-père empiète sur les droits de son petit-fils, il est devenu comme un enfant; le père prend des airs graves et inquiets; tous sont aux petits soins pour moi, tous parlent du bonheur d'être mère. Hélas! moi seule je ne sens rien, et n'ose dire l'état d'insensibilité parfaite où je suis. Je mens un peu pour ne pas attrister leur joie. Comme il m'est permis d'être franche avec toi, je t'avoue que, dans la crise où je me trouve, la maternité ne commence qu'en imagination. Louis a été aussi surpris que moi-même d'apprendre ma grossesse. N'est-ce pas te dire que cet enfant est venu de lui-même, sans avoir été appelé autrement que par les souhaits impatiemment exprimés de son père? Le hasard, ma chère, est le dieu de la maternité. Quoique, selon notre médecin, ces hasards soient en harmonie avec le vœu de la nature, il ne m'a pas nié que les enfants qui se nomment si gracieusement les enfants de l'amour devaient être beaux et spirituels; que leur vie était souvent comme protégée par le bonheur qui avait rayonné, brillante étoile! à leur conception. Peut-être donc, ma Louise, auras-tu dans ta maternité des joies que je dois ignorer dans la mienne. Peut-être aime-t-on mieux l'enfant d'un homme adoré comme tu adores Felipe que celui d'un mari qu'on épouse par raison, à qui l'on se donne par devoir, et pour être femme enfin! Ces pensées gardées au fond de mon cœur ajoutent à ma gravité de mère en espérance. Mais, comme il n'y a pas de famille sans enfant, mon désir voudrait pouvoir hâter le moment où pour moi commenceront les plaisirs de la famille, qui doivent être ma seule existence. En ce moment, ma vie est une vie d'attente et de mystères, où la souffrance la plus nauséabonde[1] accoutume sans doute la femme à d'autres souffrances. Je m'observe. Malgré les efforts de Louis, dont l'amour me comble de soins, de

Note

1. Allusion au fait que, parfois, dans les premiers mois, la grossesse provoque des nausées.

douceurs, de tendresses, j'ai de vagues inquiétudes auxquelles se mêlent les dégoûts, les troubles, les singuliers appétits de la grossesse[1]. Si je dois te dire les choses comme elles sont, au risque de te causer quelque déplaisance pour le métier, je t'avoue que je ne conçois pas la fantaisie que j'ai prise pour certaines oranges, goût bizarre et que je trouve naturel. Mon mari va me chercher à Marseille les plus belles oranges du monde ; il en a demandé de Malte, de Portugal, de Corse ; mais ces oranges, je les laisse. Je cours à Marseille, quelquefois à pied, y dévorer de méchantes oranges à un liard, quasi pourries, dans une petite rue qui descend au port, à deux pas de l'Hôtel-de-Ville ; et leurs moisissures bleuâtres ou verdâtres brillent à mes yeux comme des diamants : j'y vois des fleurs, je n'ai nul souvenir de leur odeur cadavéreuse et leur trouve une saveur irritante, une chaleur vineuse[2], un goût délicieux. Eh ! bien, mon ange, voilà les premières sensations amoureuses de ma vie. Ces affreuses oranges sont mes amours. Tu ne désires pas Felipe autant que je souhaite un de ces fruits en décomposition. Enfin je sors quelquefois furtivement[3], je galope à Marseille d'un pied agile, et il me prend des tressaillements voluptueux quand j'approche de la rue : j'ai peur que la marchande n'ait plus d'oranges pourries, je me jette dessus, je les mange, je les dévore en plein air. Il me semble que ces fruits viennent du paradis et contiennent la plus suave nourriture. J'ai vu Louis se détournant pour ne pas sentir leur puanteur. Je me suis souvenue de cette atroce phrase d'Obermann[4], sombre élégie[5] que je me repens d'avoir lue : *Les racines s'abreuvent dans*

Notes

1. On dit souvent qu'une femme enceinte a des envies subites et intenses de certains aliments.
2. **vineuse** : qui a la couleur ou la saveur du vin.
3. **furtivement** : en cachette.
4. **Obermann** : personnage fictif éponyme du roman d'Étienne de Senancourt (1770-1846) publié en 1804. Il s'agit d'un héros romantique typique, malheureux et qui trouve refuge dans la nature.
5. **élégie** : œuvre poétique très mélancolique qui exprime une plainte douloureuse.

une eau fétide ! Depuis que je mange de ces fruits, je n'ai plus de maux de cœur et ma santé s'est rétablie. Ces dépravations ont un sens, puisqu'elles sont un effet naturel et que la moitié des femmes éprouvent ces envies, monstrueuses quelquefois. Quand ma grossesse sera très visible, je ne sortirai plus de la Crampade : je n'aimerais pas à être vue ainsi.

Je suis excessivement curieuse de savoir à quel moment de la vie commence la maternité. Ce ne saurait être au milieu des effroyables douleurs que je redoute.

Adieu, mon heureuse ! adieu, toi en qui je renais et par qui je me figure ces belles amours, ces jalousies à propos d'un regard, ces mots à l'oreille et ces plaisirs qui nous enveloppent comme une autre atmosphère, un autre sang, une autre lumière, une autre vie ! Ah ! mignonne, moi aussi je comprends l'amour. Ne te lasse pas de me tout dire. Tenons bien nos conventions. Moi, je ne t'épargnerai rien. Aussi te dirai-je, pour finir gravement cette lettre, qu'en te relisant une invincible et profonde terreur m'a saisie. Il m'a semblé que ce splendide amour défiait Dieu. Le souverain maître de ce monde, le Malheur, ne se courroucera-t-il pas de ne point avoir sa part de votre festin ? Quelle fortune superbe n'a-t-il pas renversée ! Oh ! Louise, n'oublie pas, au milieu de ton bonheur, de prier Dieu. Fais du bien, sois charitable et bonne ; enfin conjure les adversités par ta modestie. Moi, je suis devenue encore plus pieuse que je ne l'étais au couvent, depuis mon mariage. Tu ne me dis rien de la religion à Paris. En adorant Felipe, il me semble que tu t'adresses, à l'encontre du proverbe[1], plus au saint qu'à Dieu. Mais ma terreur est excès d'amitié. Vous allez ensemble à l'église, et vous faites du bien en secret, n'est-ce pas ? Tu me trouveras peut-être bien provinciale dans cette fin de lettre ; mais pense que mes craintes cachent une excessive amitié, l'amitié comme

Note

1. Le proverbe dit : *« Il vaut mieux s'adresser au Bon Dieu qu'à ses saints. »* Il signifie qu'il est préférable de s'adresser à celui qui décide plutôt qu'à ses messagers.

l'entendait La Fontaine[1], celle qui s'inquiète et s'alarme d'un rêve, d'une idée à l'état de nuage. Tu mérites d'être heureuse, puisque tu penses à moi dans ton bonheur, comme je pense à toi dans ma vie monotone, un peu grise, mais pleine ; sobre, mais productive : sois donc bénie !

XXIX
De monsieur de l'Estorade à la baronne de Macumer

Décembre 1825.

Madame,

Ma femme n'a pas voulu que vous apprissiez par le vulgaire billet de faire-part un événement qui nous comble de joie. Elle vient d'accoucher d'un gros garçon, et nous retarderons son baptême jusqu'au moment où vous retournerez à votre terre de Chantepleurs. Nous espérons, Renée et moi, que vous pousserez jusqu'à la Crampade et que vous serez la marraine de notre premier-né. Dans cette espérance, je viens de le faire inscrire sur les registres de l'état civil sous les noms d'Armand-Louis de l'Estorade. Notre chère Renée a beaucoup souffert, mais avec une patience angélique. Vous la connaissez, elle a été soutenue dans cette première épreuve du métier de mère par la certitude du bonheur qu'elle nous donnait à tous. Sans me livrer aux exagérations un peu ridicules des pères qui sont pères pour la première fois, je puis vous assurer que le petit Armand est très beau ; mais vous le croirez sans peine quand je vous dirai qu'il a les traits et les yeux de Renée. C'est avoir eu déjà de l'esprit. Maintenant que le médecin et l'accoucheur nous ont affirmé que Renée n'a pas le moindre danger à courir, car elle nourrit, l'enfant a très bien pris le sein, le lait est abondant, la nature est si riche en elle ! nous pouvons mon

Note

1. Allusion à la fable de Jean de La Fontaine « Les Deux Amis » (*Fables*, VIII, 11).

père et moi nous abandonner à notre joie. Madame, cette joie est si grande, si forte, si pleine, elle anime tellement toute la maison, elle a tant changé l'existence de ma chère femme, que je désire pour votre bonheur qu'il en soit ainsi promptement pour vous. Renée a fait préparer un appartement que je voudrais rendre digne de nos hôtes[1], mais où vous serez reçus du moins avec une cordialité[2] fraternelle, sinon avec faste[3].

Renée m'a dit, madame, vos intentions pour nous, et je saisis d'autant plus cette occasion de vous en remercier que rien n'est plus de saison. La naissance de mon fils a déterminé mon père à faire des sacrifices auxquels les vieillards se résolvent difficilement : il vient d'acquérir deux domaines. La Crampade est maintenant une terre qui rapporte trente mille francs. Mon père va solliciter du roi la permission de l'ériger en majorat ; mais obtenez pour lui le titre dont vous avez parlé dans votre dernière lettre, et vous aurez déjà travaillé pour votre filleul.

Quant à moi, je suivrai vos conseils uniquement pour vous réunir à Renée durant les sessions. J'étudie avec ardeur et tâche de devenir ce qu'on appelle un homme spécial[4]. Mais rien ne me donnera plus de courage que de vous savoir la protectrice de mon petit Armand. Promettez-nous donc de venir jouer ici, vous si belle et si gracieuse, si grande et si spirituelle, le rôle d'une fée pour mon fils aîné. Vous aurez ainsi, madame, augmenté d'une éternelle reconnaissance les sentiments d'affection respectueuse avec lesquels j'ai l'honneur d'être

Votre très humble et très obéissant serviteur,

LOUIS DE L'ESTORADE.

Notes

1. **hôtes** : mot qui désigne aussi bien les invités (c'est le cas ici) que les gens qui invitent.

2. **cordialité** : sympathie simple et chaleureuse.

3. **faste** : luxe.

4. **homme spécial** : spécialiste.

XXX
Louise de Macumer à Renée de l'Estorade

Janvier 1826.

Macumer m'a réveillée tout à l'heure avec la lettre de ton mari, mon ange. Je commence par dire *oui*. Nous irons vers la fin d'avril à Chantepleurs. Ce sera pour moi plaisir sur plaisir que de voyager, de te voir et d'être la marraine de ton premier enfant ; mais je veux Macumer pour parrain. Une alliance catholique avec un autre compère me serait odieuse. Ah ! si tu pouvais voir l'expression de son visage au moment où je lui ai dit cela, tu saurais combien cet ange m'aime.

– Je veux d'autant plus que nous allions ensemble à la Crampade, Felipe, lui ai-je dit, que là nous aurons peut-être un enfant. Moi aussi je veux être mère… quoique cependant je serais bien partagée entre un enfant et toi. D'abord, si je te voyais me préférer une créature, fût-ce mon fils, je ne sais pas ce qui en adviendrait. Médée[1] pourrait bien avoir eu raison : il y a du bon chez les anciens !

Il s'est mis à rire. Ainsi, chère biche, tu as le fruit sans avoir eu les fleurs, et moi j'ai les fleurs sans le fruit. Le contraste de notre destinée continue. Nous sommes assez philosophes pour en chercher, un jour, le sens et la morale. Bah ! je n'ai que dix mois de mariage, convenons-en, il n'y a pas de temps perdu.

Nous menons la vie dissipée, et néanmoins pleine, des gens heureux. Les jours nous semblent toujours trop courts. Le monde, qui m'a revue déguisée en femme, a trouvé la baronne de Macumer beaucoup plus jolie que Louise de Chaulieu : l'amour heureux a son fard. Quand, par un beau soleil et par une belle gelée de janvier, alors que les arbres des Champs-Élysées sont fleuris de grappes blanches étoilées, nous passons,

Note

1. Médée : personnage de la mythologie grecque. Épouse de Jason qu'elle adore, elle devient folle de rage quand celui-ci la quitte pour une autre femme et se venge en tuant les deux enfants qu'elle avait eus avec lui.

Felipe et moi, dans notre coupé, devant tout Paris, réunis là où nous étions séparés l'année dernière, il me vient des pensées par milliers, et j'ai peur d'être un peu trop insolente, comme tu le pressentais dans ta dernière lettre.

Si j'ignore les joies de la maternité, tu me les diras, et je serai mère par toi ; mais il n'y a, selon moi, rien de comparable aux voluptés de l'amour. Tu vas me trouver bien bizarre ; mais voici dix fois en dix mois que je me surprends à désirer de mourir à trente ans, dans toute la splendeur de la vie, dans les roses de l'amour, au sein des voluptés, de m'en aller rassasiée, sans mécompte[1], ayant vécu dans ce soleil, en plein dans l'éther[2], et même un peu tuée par l'amour, n'ayant rien perdu de ma couronne, pas même une feuille, et gardant toutes mes illusions. Songe donc ce que c'est que d'avoir un cœur jeune dans un vieux corps, de trouver les figures muettes, froides, là où tout le monde, même les indifférents, nous souriait, d'être enfin une femme respectable… Mais c'est un enfer anticipé.

Nous avons eu, Felipe et moi, notre première querelle à ce sujet. Je voulais qu'il eût la force de me tuer à trente ans, pendant mon sommeil, sans que je m'en doutasse, pour me faire entrer d'un rêve dans un autre. Le monstre n'a pas voulu. Je l'ai menacé de le laisser seul dans la vie, et il a pâli, le pauvre enfant ! Ce grand ministre est devenu, ma chère, un vrai bambin. C'est incroyable tout ce qu'il cachait de jeunesse et de simplicité. Maintenant que je pense tout haut avec lui comme avec toi, que je l'ai mis à ce régime de confiance, nous nous émerveillons l'un de l'autre.

Ma chère, les deux amants, Felipe et Louise, veulent envoyer un présent à l'accouchée. Nous voudrions faire faire quelque chose qui te plût. Ainsi dis-moi franchement ce que tu désires, car nous ne donnons pas dans les surprises, à la façon des bourgeois. Nous voulons donc nous rappeler sans cesse à toi par

Notes

1. **mécompte** : erreur provoquant une déception ; désillusion.

2. **éther** : air le plus pur.

un aimable souvenir, par une chose qui te serve tous les jours, et ne périsse point par l'usage. Notre repas le plus gai, le plus intime, le plus animé, car nous y sommes seuls, est pour nous le déjeuner ; j'ai donc pensé à t'envoyer un service spécial, appelé déjeuner, dont les ornements seraient des enfants. Si tu m'approuves, réponds-moi promptement. Pour te l'apporter, il faut le commander, et les artistes de Paris sont comme des rois fainéants. Ce sera mon offrande à Lucine[1].

Adieu, chère nourrice, je te souhaite tous les plaisirs des mères, et j'attends avec impatience la première lettre où tu me diras bien tout, n'est-ce pas ? Cet accoucheur me fait frissonner. Ce mot de la lettre de ton mari m'a sauté non pas aux yeux, mais au cœur. Pauvre Renée, un enfant coûte cher, n'est-ce pas ? Je lui dirai combien il doit t'aimer, ce filleul. Mille tendresses, mon ange.

XXXI
Renée de l'Estorade à Louise de Macumer

Voici bientôt cinq mois que je suis accouchée, et je n'ai pas trouvé, ma chère âme, un seul petit moment pour t'écrire. Quand tu seras mère, tu m'excuseras plus pleinement que tu ne l'as fait, car tu m'as un peu punie en rendant tes lettres rares. Écris-moi, ma chère mignonne ! Dis-moi tous tes plaisirs, peins-moi ton bonheur à grandes teintes, verses-y l'outremer sans craindre de m'affliger, car je suis heureuse et plus heureuse que tu ne l'imagineras jamais.

Je suis allée à la paroisse entendre une messe de relevailles[2], en grande pompe, comme cela se fait dans nos vieilles familles de Provence. Les deux grands-pères, le père de Louis, le mien

Notes

1. **Lucine** : autre nom de la déesse romaine Junon, protectrice de l'accouchement.

2. **messe de relevailles** : messe au cours de laquelle une femme qui vient d'accoucher remercie Dieu.

me donnaient le bras. Ah ! jamais je ne me suis agenouillée devant Dieu dans un pareil accès de reconnaissance. J'ai tant de choses à te dire, tant de sentiments à te peindre, que je ne sais par où commencer ; mais, du sein de cette confusion, s'élève un souvenir radieux, celui de ma prière à l'église !

Quand, à cette place où, jeune fille, j'ai douté de la vie et de mon avenir, je me suis retrouvée métamorphosée en mère joyeuse, j'ai cru voir la Vierge de l'autel inclinant la tête et me montrant l'Enfant divin qui a semblé me sourire ! Avec quelle sainte effusion[1] d'amour céleste j'ai présenté notre petit Armand à la bénédiction du curé qui l'a ondoyé[2] en attendant le baptême. Mais tu nous verras ensemble, Armand et moi.

Mon enfant, voilà que je t'appelle mon enfant ! mais c'est en effet le plus doux mot qu'il y ait dans le cœur, dans l'intelligence et sur les lèvres quand on est mère. Or donc, ma chère enfant, je me suis traînée, pendant les deux derniers mois, assez languissamment[3] dans nos jardins, fatiguée, accablée par la gêne de ce fardeau que je ne savais pas être si cher et si doux malgré les ennuis de ces deux mois. J'avais de telles appréhensions, des prévisions si mortellement sinistres, que la curiosité n'était pas la plus forte : je me raisonnais, je me disais que rien de ce que veut la nature n'est à redouter, je me promettais à moi-même d'être mère. Hélas ! je ne me sentais rien au cœur, tout en pensant à cet enfant qui me donnait d'assez jolis coups de pied ; et, ma chère, on peut aimer à les recevoir quand on a déjà eu des enfants ; mais, pour la première fois, ces débats d'une vie inconnue apportent plus d'étonnement que de plaisir. Je te parle de moi, qui ne suis ni fausse ni théâtrale, et dont le fruit venait plus de Dieu, car Dieu donne les enfants, que

Notes

1. effusion : manifestation sincère et vive d'un sentiment.
2. qui l'a ondoyé : qui lui a versé l'eau du baptême sur la tête.
3. languissamment : d'une manière languissante, sans entrain ni énergie.

d'un homme aimé. Laissons ces tristesses passées et qui ne reviendront plus, je le crois.

Quand la crise[1] est venue, j'ai rassemblé en moi les éléments d'une telle résistance, je me suis attendue à de telles douleurs, que j'ai supporté merveilleusement, dit-on, cette horrible torture. Il y a eu, ma mignonne, une heure environ pendant laquelle je me suis abandonnée à un anéantissement dont les effets ont été ceux d'un rêve. Je me suis sentie être deux : une enveloppe tenaillée, déchirée, torturée, et une âme placide. Dans cet état bizarre, la souffrance a fleuri comme une couronne au-dessus de ma tête. Il m'a semblé qu'une immense rose sortie de mon crâne grandissait et m'enveloppait. La couleur rose de cette fleur sanglante était dans l'air. Je voyais tout rouge. Ainsi parvenue au point où la séparation semble vouloir se faire entre le corps et l'âme, une douleur, qui m'a fait croire à une mort immédiate, a éclaté. J'ai poussé des cris horribles, et j'ai trouvé des forces nouvelles contre de nouvelles douleurs. Cet affreux concert de clameurs a été soudain couvert en moi par le chant délicieux des vagissements[2] argentins[3] de ce petit être. Non, rien ne peut te peindre ce moment : il me semblait que le monde entier criait avec moi, que tout était douleur ou clameur, et tout a été comme éteint par ce faible cri de l'enfant. On m'a recouchée dans mon grand lit où je suis entrée comme dans un paradis, quoique je fusse d'une excessive faiblesse. Trois ou quatre figures joyeuses, les yeux en larmes, m'ont alors montré l'enfant. Ma chère, j'ai crié d'effroi. – Quel petit singe ! ai-je dit. Êtes-vous sûrs que ce soit un enfant ? ai-je demandé. Je me suis remise sur le flanc, assez désolée de ne pas me sentir plus mère que cela. – Ne vous tourmentez pas, ma chère, m'a dit ma mère qui s'est constituée ma garde, vous avez fait le plus bel enfant du monde. Évitez

Notes

1. **crise** : début de l'accouchement, travail du corps qui y conduit.
2. **vagissements** : cris du nouveau-né.
3. **argentins** : qui résonnent clair comme l'argent.

de vous troubler l'imagination, il vous faut mettre tout votre esprit à devenir bête, à vous faire exactement la vache qui broute pour avoir du lait. Je me suis donc endormie avec la ferme intention de me laisser aller à la nature. Ah ! mon ange, le réveil de toutes ces douleurs, de ces sensations confuses, de ces premières journées où tout est obscur, pénible et indécis, a été divin. Ces ténèbres ont été animées par une sensation dont les délices ont surpassé celles du premier cri de mon enfant. Mon cœur, mon âme, mon être, un moi inconnu a été réveillé dans sa coque souffrante et grise jusque-là, comme une fleur s'élance de sa graine au brillant appel du soleil. Le petit monstre a pris mon sein et a tété : voilà le *fiat lux*[1] ! J'ai soudain été mère. Voilà le bonheur, la joie, une joie ineffable[2], quoiqu'elle n'aille pas sans quelques douleurs. Oh ! ma belle jalouse, combien tu apprécieras un plaisir qui n'est qu'entre nous, l'enfant et Dieu. Ce petit être ne connaît absolument que notre sein. Il n'y a pour lui que ce point brillant dans le monde, il l'aime de toutes ses forces, il ne pense qu'à cette fontaine de vie, il y vient et s'en va pour dormir, il se réveille pour y retourner. Ses lèvres ont un amour inexprimable, et, quand elles s'y collent, elles y font à la fois une douleur et un plaisir, un plaisir qui va jusqu'à la douleur, ou une douleur qui finit par un plaisir ; je ne saurais t'expliquer une sensation qui du sein rayonne en moi jusqu'aux sources de la vie, car il semble que ce soit un centre d'où partent mille rayons qui réjouissent le cœur et l'âme. Enfanter, ce n'est rien ; mais nourrir, c'est enfanter à toute heure. Oh ! Louise, il n'y a pas de caresses d'amant qui puissent valoir celles de ces petites mains roses qui se promènent si doucement, et cherchent à s'accrocher à la vie. Quels regards un enfant jette alternativement de notre sein à nos yeux ! Quels rêves on fait en le voyant suspendu par

Notes

1. *fiat lux* : « que la lumière soit » en latin. Référence à la première parole de Dieu dans la Bible, le premier jour de la Création du monde.

2. **ineffable** : inexprimable.

les lèvres à son trésor? Il ne tient pas moins à toutes les forces de l'esprit qu'à toutes celles du corps, il emploie et le sang et l'intelligence, il satisfait au-delà des désirs. Cette adorable sensation de son premier cri, qui fut pour moi ce que le premier rayon du soleil a été pour la terre, je l'ai retrouvée en sentant mon lait lui emplir la bouche; je l'ai retrouvée en recevant son premier regard, je viens de la retrouver en savourant dans son premier sourire sa première pensée. Il a ri, ma chère. Ce rire, ce regard, cette morsure, ce cri, ces quatre jouissances sont infinies : elles vont jusqu'au fond du cœur, elles y remuent des cordes qu'elles seules peuvent remuer! Les mondes doivent se rattacher à Dieu comme un enfant se rattache à toutes les fibres de sa mère : Dieu, c'est un grand cœur de mère. Il n'y a rien de visible, ni de perceptible dans la conception, ni même dans la grossesse; mais être nourrice, ma Louise, c'est un bonheur de tous les moments. On voit ce que devient le lait, il se fait chair, il fleurit au bout de ces doigts mignons qui ressemblent à des fleurs et qui en ont la délicatesse; il grandit en ongles fins et transparents, il s'effile en cheveux, il s'agite avec les pieds. Oh! des pieds d'enfant, mais c'est tout un langage. L'enfant commence à s'exprimer par là. Nourrir, Louise! c'est une transformation qu'on suit d'heure en heure et d'un œil hébété. Les cris, vous ne les entendez point par les oreilles, mais par le cœur; les sourires des yeux et des lèvres, ou les agitations des pieds, vous les comprenez comme si Dieu vous écrivait des caractères en lettres de feu dans l'espace! Il n'y a plus rien dans le monde qui vous intéresse : le père?... on le tuerait s'il s'avisait d'éveiller l'enfant. On est à soi seul le monde pour cet enfant, comme l'enfant est le monde pour vous! On est si sûre que notre vie est partagée, on est si amplement récompensée des peines qu'on se donne et des souffrances qu'on endure, car il y a des souffrances, Dieu te garde d'avoir une crevasse au sein! Cette plaie qui se rouvre sous des lèvres de rose, qui se guérit si difficilement et qui cause des tortures à rendre folle, si l'on n'avait pas la joie de voir la bouche de l'enfant barbouillée de lait, est une des plus affreuses punitions de la beauté. Ma Louise, songez-y, elle ne se fait que sur une peau délicate et fine.

Mon jeune singe est, en cinq mois, devenu la plus jolie créature que jamais une mère ait baignée de ses larmes joyeuses, lavée, brossée, peignée, pomponnée ; car Dieu sait avec quelle infatigable ardeur on pomponne, on habille, on brosse, on lave, on change, on baise ces petites fleurs ! Donc, mon singe n'est plus un singe, mais un *baby*, comme dit ma bonne[1] Anglaise, un *baby* blanc et rose ; et comme il se sent aimé, il ne crie pas trop ; mais, à la vérité, je ne le quitte guère, et m'efforce de le pénétrer de mon âme.

Chère, j'ai maintenant dans le cœur pour Louis un sentiment qui n'est pas l'amour, mais qui doit, chez une femme aimante, compléter l'amour. Je ne sais si cette tendresse, si cette reconnaissance dégagée de tout intérêt ne va pas au-delà de l'amour. Par tout ce que tu m'en as dit, chère mignonne, l'amour a quelque chose d'affreusement terrestre, tandis qu'il y a je ne sais quoi de religieux et de divin dans l'affection que porte une mère heureuse à celui de qui procèdent ces longues, ces éternelles joies. La joie d'une mère est une lumière qui jaillit jusque sur l'avenir et le lui éclaire, mais qui se reflète sur le passé pour lui donner le charme des souvenirs.

Le vieux l'Estorade et son fils ont redoublé d'ailleurs de bonté pour moi, je suis comme une nouvelle personne pour eux : leurs paroles, leurs regards me vont à l'âme, car ils me fêtent à nouveau chaque fois qu'ils me voient et me parlent. Le vieux grand-père devient enfant, je crois ; il me regarde avec admiration. La première fois que je suis descendue à déjeuner, et qu'il m'a vue mangeant et donnant à téter à son petit-fils, il a pleuré. Cette larme dans ces deux yeux secs où il ne brille

Note

1. **bonne** : domestique s'occupant notamment des enfants.

guère que des pensées d'argent, m'a fait un bien inexprimable ; il m'a semblé que le bonhomme comprenait mes joies. Quant à Louis, il aurait dit aux arbres et aux cailloux du grand chemin qu'il avait un fils. Il passe des heures entières à regarder ton filleul endormi. – Il ne sait pas, dit-il, quand il s'y habituera. Ces excessives démonstrations de joie m'ont révélé l'étendue de leurs appréhensions et de leurs craintes. Louis a fini par m'avouer qu'il doutait de lui-même, et se croyait condamné à ne jamais avoir d'enfants. Mon pauvre Louis a changé soudainement en mieux, il étudie encore plus que par le passé. Cet enfant a doublé l'ambition du père. Quant à moi, ma chère âme, je suis de moment en moment plus heureuse. Chaque heure apporte un nouveau lien entre une mère et son enfant. Ce que je sens en moi me prouve que ce sentiment est impérissable[1], naturel, de tous les instants ; tandis que je soupçonne l'amour, par exemple, d'avoir ses intermittences[2]. On n'aime pas de la même manière à tous moments, il ne se brode pas sur cette étoffe de la vie des fleurs toujours brillantes, enfin l'amour peut et doit cesser ; mais la maternité n'a pas de déclin à craindre, elle s'accroît avec les besoins de l'enfant, elle se développe avec lui. N'est-ce pas à la fois une passion, un besoin, un sentiment, un devoir, une nécessité, le bonheur ? Oui, mignonne, voilà la vie particulière de la femme. Notre soif de dévouement y est satisfaite, et nous ne trouvons point là les troubles de la jalousie. Aussi peut-être est-ce pour nous le seul point où la Nature et la Société soient d'accord. En ceci, la Société se trouve avoir enrichi la Nature, elle a augmenté le sentiment maternel par l'esprit de famille, par la continuité du nom, du sang, de la fortune. De quel amour une femme ne doit-elle pas entourer le cher être qui le premier lui a fait connaître de pareilles joies, qui lui a fait déployer les forces de son âme et lui a appris le grand art de la maternité ? Le droit

Notes

1. **impérissable** : qui ne peut mourir.

2. **intermittences** : arrêts momentanés.

Louis et son fils : « *Il passe des heures à regarder ton filleul endormi.* »
Gravure de 1855.

d'aînesse[1], qui pour l'antiquité se marie à celle du monde et se mêle à l'origine des Sociétés, ne me semble pas devoir être mis en question. Ah ! combien de choses un enfant apprend à sa mère. Il y a tant de promesses faites entre nous et la vertu dans cette protection incessante due à un être faible, que la femme n'est dans sa véritable sphère que quand elle est mère ; elle déploie alors seulement ses forces, elle pratique les devoirs de sa vie, elle en a tous les bonheurs et tous les plaisirs. Une femme qui n'est pas mère est un être incomplet et manqué. Dépêche-toi d'être mère, mon ange ! tu multiplieras ton bonheur actuel par toutes mes voluptés.

23.

Je t'ai quittée en entendant crier monsieur ton filleul, et ce cri je l'entends du fond du jardin. Je ne veux pas laisser partir cette lettre sans te dire un mot d'adieu ; je viens de la relire, et suis effrayée des vulgarités de sentiment qu'elle contient. Ce que je sens, hélas ! il me semble que toutes les mères l'ont éprouvé comme moi, doivent l'exprimer de la même manière, et que tu te moqueras de moi, comme on se moque de la naïveté de tous les pères qui vous parlent de l'esprit et de la beauté de leurs enfants, en leur trouvant toujours quelque chose de particulier. Enfin, chère mignonne, le grand mot de cette lettre le voici, je te le répète : je suis aussi heureuse maintenant que j'étais malheureuse auparavant. Cette bastide, qui d'ailleurs va devenir une terre, un majorat, est pour moi la terre promise. J'ai fini par traverser mon désert. Mille tendresses, chère mignonne. Écris-moi, je puis aujourd'hui lire sans pleurer la peinture de ton bonheur et celle de ton amour. Adieu.

Note

1. **droit d'aînesse** : droit avantageant considérablement l'aîné mâle lors de l'héritage. Aboli par la Révolution française, il est rétabli en 1826, puis définitivement aboli en 1849.

XXXII
Madame de Macumer
à madame de l'Estorade

Mars 1826.

Comment, ma chérie, voilà plus de trois mois que je ne t'ai écrit et que je n'ai reçu de lettres de toi… Je suis la plus coupable des deux, je ne t'ai pas répondu ; mais tu n'es pas susceptible[1], que je sache. Ton silence a été pris par Macumer et par moi comme une adhésion pour le Déjeuner orné d'enfants, et ces charmants bijoux vont partir ce matin pour Marseille ; les artistes ont mis six mois à les exécuter. Aussi me suis-je réveillée en sursaut quand Felipe m'a proposé de venir voir ce service, avant que l'orfèvre ne l'emballât. J'ai soudain pensé que nous ne nous étions rien dit depuis la lettre où je me suis sentie mère avec toi.

Mon ange, le terrible Paris, voilà mon excuse à moi, j'attends la tienne. Oh ! le monde, quel gouffre. Ne t'ai-je pas dit déjà que l'on ne pouvait être que Parisienne à Paris ? Le monde y brise tous les sentiments, il vous prend toutes vos heures, il vous dévorerait le cœur si l'on n'y faisait attention. Quel étonnant chef-d'œuvre que cette création de Célimène dans *Le Misanthrope* de Molière[2] ! C'est la femme du monde du temps de Louis XIV comme celle de notre temps, enfin la femme du monde de toutes les époques. Où en serais-je sans mon égide[3], sans mon amour pour Felipe ? Aussi lui ai-je dit ce matin, en faisant ces réflexions, qu'il était mon sauveur. Si mes soirées sont remplies par les fêtes, par les bals, par les concerts et les spectacles, je retrouve au retour les joies de l'amour et

Notes

1. **susceptible** : qui se vexe facilement.
2. *Le Misanthrope* est une comédie de Molière (1622-1673) de 1666. Dans cette pièce, Célimène est une très jeune veuve, très coquette, très mondaine et très hypocrite en société. Alceste, le misanthrope, qui n'aime pas les gens, est amoureux d'elle alors même qu'elle représente tout ce qu'il déteste.
3. **égide** : protection.

ses folies qui m'épanouissent le cœur, qui en effacent les morsures du monde. Je n'ai dîné chez moi que les jours où nous avons eu les gens qu'on appelle des amis, et je n'y suis restée que pour mes jours. J'ai mon jour, le mercredi, où je reçois. Je suis entrée en lutte avec mesdames d'Espard et de Maufrigneuse, avec la vieille duchesse de Lenoncourt. Ma maison passe pour être amusante. Je me suis laissé mettre à la mode en voyant mon Felipe heureux de mes succès. Je lui donne les matinées ; car, depuis quatre heures jusqu'à deux heures du matin, j'appartiens à Paris. Macumer est un admirable maître de maison : il est si spirituel et si grave, si vraiment grand et d'une grâce si parfaite, qu'il se ferait aimer d'une femme qui l'aurait épousé d'abord par convenance. Mon père et ma mère sont partis pour Madrid : Louis XVIII mort, la duchesse a facilement obtenu de notre bon Charles X[1] la nomination de son charmant poète, qu'elle emmène en qualité d'attaché. Mon frère, le duc de Rhétoré, daigne me regarder comme une supériorité. Quant au comte de Chaulieu, ce militaire de fantaisie me doit une éternelle reconnaissance : ma fortune a été employée, avant le départ de mon père, à lui constituer en terres un majorat de quarante mille francs de rente, et son mariage avec mademoiselle de Mortsauf[2], une héritière de Touraine, est tout à fait arrangé. Le roi, pour ne pas laisser s'éteindre le nom et les titres des maisons de Lenoncourt et de Givry, va autoriser par une ordonnance mon frère à succéder aux noms, titres et armes des Lenoncourt-Givry. Comment en effet laisser périr ces deux beaux blasons[3] et la sublime devise *Faciem semper monstramus*[4] ! Mademoiselle de Mortsauf, petite-fille et unique héritière du duc de Lenoncourt-Givry, réunira, dit-on, plus de cent mille livres de rente. Mon père

Notes

1. Voir note 4, p. 72.

2. **mademoiselle de Mortsauf** : personnage fictif de *La Comédie humaine*.

3. **blasons** : ensemble des signes distinctifs d'une grande famille.

4. ***Faciem semper monstramus !*** : « Nous montrons toujours notre visage ! ».

a seulement demandé que les armes des Chaulieu fussent en abîme[1] sur celles des Lenoncourt. Ainsi, mon frère sera duc de Lenoncourt. Le jeune de Mortsauf, à qui toute cette fortune devait revenir, est au dernier degré de la maladie de poitrine ; on attend sa mort de moment en moment. L'hiver prochain, après le deuil, le mariage aura lieu. J'aurai, dit-on, pour belle-sœur, une charmante personne dans Madeleine de Mortsauf. Ainsi, comme tu le vois, mon père avait raison dans son argumentation. Ce résultat m'a valu l'admiration de beaucoup de personnes, et mon mariage s'explique. Par affection pour ma grand-mère, le prince de Talleyrand prône Macumer, en sorte que notre succès est complet. Après avoir commencé par me blâmer, le monde m'approuve beaucoup. Je règne enfin dans ce Paris où j'étais si peu de chose il y a bientôt deux ans. Macumer voit son bonheur envié par tout le monde, car je suis *la femme la plus spirituelle de Paris*. Tu sais qu'il y a vingt *plus spirituelles femmes de Paris* à Paris. Les hommes me roucoulent des phrases d'amour ou se contentent de l'exprimer en regards envieux. Vraiment, il y a dans ce concert de désirs et d'admiration une si constante satisfaction de la vanité, que maintenant je comprends les dépenses excessives que font les femmes pour jouir de ces frêles et passagers avantages. Ce triomphe enivre l'orgueil, la vanité, l'amour-propre, enfin tous les sentiments du *moi*. Cette perpétuelle divinisation grise si violemment, que je ne m'étonne plus de voir les femmes devenir égoïstes, oublieuses[2] et légères au milieu de cette fête. Le monde porte à la tête. On prodigue les fleurs de son esprit et de son âme, son temps le plus précieux, ses efforts les plus généreux, à des gens qui vous paient en jalousie et en sourires, qui vous vendent la fausse monnaie de leurs phrases, de leurs compliments et de leurs adulations[3] contre les lingots d'or de votre courage, de

Notes

1. **fussent en abîme :** fussent placées en petit au centre des armes des Lenoncourt.
2. **oublieuses :** négligentes.
3. **adulations :** flatteries, louanges excessives.

vos sacrifices, de vos inventions pour être belle, bien mise, spirituelle, affable[1] et agréable à tous. On sait combien ce commerce est coûteux, on sait qu'on y est volé ; mais on s'y adonne[2] tout de même. Ah ! ma belle biche, combien on a soif d'un cœur ami, combien l'amour et le dévouement de Felipe sont précieux ! combien je t'aime ! Avec quel bonheur on fait ses apprêts de voyage pour aller se reposer à Chantepleurs des comédies de la rue du Bac et de tous les salons de Paris ! Enfin, moi qui viens de relire ta dernière lettre, je t'aurai peint cet infernal paradis de Paris en te disant qu'il est impossible à une femme du monde d'être mère.

À bientôt, chérie, nous nous arrêterons une semaine au plus à Chantepleurs, et nous serons chez toi vers le 10 mai. Nous allons donc nous revoir après plus de deux ans. Et quels changements ! Nous voilà toutes deux femmes : moi la plus heureuse des maîtresses, toi la plus heureuse des mères. Si je ne t'ai pas écrit, mon cher amour, je ne t'ai pas oubliée. Et mon filleul, ce singe, est-il toujours joli ? me fait-il honneur ? il aura plus de neuf mois. Je voudrais bien assister à ses premiers pas dans le monde ; mais Macumer me dit que les enfants précoces marchent à peine à dix mois. Nous taillerons donc *des bavettes*[3], en style du Blésois[4]. Je verrai si, comme on le dit, un enfant gâte la taille.

P. S. Si tu me réponds, mère sublime, adresse ta lettre à Chantepleurs, je pars.

Notes

1. **affable** : aimable, agréable, accueillante.
2. **on s'y adonne** : on s'y livre avec ardeur.
3. ***Nous taillerons donc des bavettes*** : *nous bavarderons*.
4. **Blésois** : de la ville de Blois.

XXXIII
Madame de l'Estorade à madame de Macumer

Eh ! mon enfant, si jamais tu deviens mère, tu sauras si l'on peut écrire pendant les neuf premiers mois de la nourriture. *Mary*, ma bonne anglaise, et moi, nous sommes sur les dents[1]. Il est vrai que je ne t'ai pas dit que je tiens à tout faire moi-même. Avant l'événement, j'avais de mes doigts cousu la layette et brodé, garni moi-même les bonnets. Je suis esclave, ma mignonne, esclave le jour et la nuit. Et d'abord Armand-Louis tète quand il veut, et il veut toujours ; puis il faut si souvent le changer, le nettoyer, l'habiller ; la mère aime tant à le regarder endormi, à lui chanter des chansons, à le promener quand il fait beau en le tenant sur ses bras, qu'il ne lui reste pas de temps pour se soigner elle-même. Enfin, tu avais le monde, j'avais mon enfant, notre enfant ! Quelle vie riche et pleine ! Oh ! ma chère, je t'attends, tu verras ! Mais j'ai peur que le travail des dents ne commence, et que tu ne le trouves bien criard, bien pleureur. Il n'a pas encore beaucoup crié, car je suis toujours là. Les enfants ne crient que parce qu'ils ont des besoins qu'on ne sait pas deviner, et je suis à la piste des siens. Oh ! mon ange, combien mon cœur s'est agrandi pendant que tu rapetissais le tien en le mettant au service du monde ! Je t'attends avec une impatience de solitaire. Je veux savoir ta pensée sur l'Estorade, comme tu veux sans doute la mienne sur Macumer. Écris-moi de ta dernière couchée[2]. Mes hommes veulent aller au-devant de nos illustres hôtes. Viens, reine de Paris, viens dans notre pauvre bastide où tu seras aimée !

Notes

1. **nous sommes sur les dents** : nous sommes très occupées.

2. **de ta dernière couchée** : de là où tu passeras ta dernière nuit (avant ton arrivée).

XXXIV
De madame de Macumer
à la vicomtesse de l'Estorade

Avril 1826.

L'adresse de ma lettre t'annoncera, ma chère, le succès de mes sollicitations. Voilà ton beau-père comte de l'Estorade. Je n'ai pas voulu quitter Paris sans t'avoir obtenu ce que tu désirais, et je t'écris devant le garde des sceaux, qui m'est venu dire que l'ordonnance est signée.

À bientôt.

XXXV
Madame de Macumer
à madame la vicomtesse de l'Estorade

Marseille, juillet.

Mon brusque départ va t'étonner, j'en suis honteuse ; mais, comme avant tout je suis vraie et que je t'aime toujours autant, je vais te dire naïvement tout en quatre mots : je suis horriblement jalouse. Felipe te regardait trop. Vous aviez ensemble au pied de ton rocher de petites conversations qui me mettaient au supplice, me rendaient mauvaise et changeaient mon caractère. Ta beauté vraiment espagnole devait lui rappeler son pays et cette Marie Heredia, de laquelle je suis jalouse, car j'ai la jalousie du passé. Ta magnifique chevelure noire, tes beaux yeux bruns, ce front où les joies de la maternité mettent en relief tes éloquentes douleurs passées qui sont comme les ombres d'une radieuse lumière ; cette fraîcheur de peau méridionale plus blanche que ma blancheur de blonde ; cette puissance de formes, ce sein qui brille dans les dentelles comme un fruit délicieux auquel se suspend mon beau filleul, tout cela me blessait les yeux et le cœur. J'avais beau tantôt mettre des bleuets dans mes grappes de cheveux, tantôt relever la fadeur de mes tresses blondes par des rubans cerise, tout cela pâlissait devant une Renée que je ne m'attendais pas à trouver dans cette oasis de la Crampade.

Felipe enviait trop aussi cet enfant, que je me prenais à haïr. Oui, cette insolente vie qui remplit ta maison, qui l'anime, qui y crie, qui y rit, je la voulais à moi. J'ai lu des regrets dans les yeux de Macumer, j'en ai pleuré pendant deux nuits à son insu. J'étais au supplice chez toi. Tu es trop belle femme et trop heureuse mère pour que je puisse rester auprès de toi. Ah ! hypocrite, tu te plaignais ! D'abord ton l'Estorade est très bien, il cause agréablement ; ses cheveux noirs mélangés de blancs sont jolis ; il a de beaux yeux, et ses façons de méridional ont ce *je ne sais quoi* qui plaît. D'après ce que j'ai vu, il sera tôt ou tard nommé député des Bouches-du-Rhône[1] ; il fera son chemin à la Chambre, car je suis toujours à votre service en tout ce qui concerne vos ambitions. Les misères de l'exil lui ont donné cet air calme et posé qui me semble être la moitié de la politique. Selon moi, ma chère, toute la politique, c'est de paraître grave. Aussi disais-je à Macumer qu'il doit être un bien grand homme d'État.

Enfin, après avoir acquis la certitude de ton bonheur, je m'en vais à tire-d'aile[2], contente, dans mon cher Chantepleurs, où Felipe s'arrangera pour être père, je ne veux t'y recevoir qu'ayant à mon sein un bel enfant semblable au tien. Je mérite tous les noms que tu voudras me donner : je suis absurde, infâme, sans esprit. Hélas ! on est tout cela quand on est jalouse. Je ne t'en veux pas, mais je souffrais, et tu me pardonneras de m'être soustraite à de telles souffrances. Encore deux jours, j'aurais commis quelque sottise. Oui, j'eusse été de mauvais goût. Malgré ces rages qui me mordaient le cœur, je suis heureuse d'être venue, heureuse de t'avoir vue mère si belle et si féconde, encore mon amie au milieu de tes joies maternelles,

Notes

1. **Bouches-du-Rhône** : département du Sud de la France.

2. **à tire-d'aile** : très rapidement.

comme je reste toujours la tienne au milieu de mes amours. Tiens, à Marseille, à quelques pas de vous, je suis déjà fière de toi, fière de cette grande mère de famille que tu seras. Avec quel sens tu devinais ta vocation ! car tu me sembles née pour être plus mère qu'amante, comme moi je suis plus née pour l'amour que pour la maternité. Certaines femmes ne peuvent être ni mères ni amantes, elles sont ou trop laides ou trop sottes. Une bonne mère et une épouse-maîtresse doivent avoir à tout moment de l'esprit, du jugement, et savoir à tout propos déployer les qualités les plus exquises de la femme. Oh ! je t'ai bien observée, n'est-ce pas te dire, ma minette, que je t'ai admirée ? Oui, tes enfants seront heureux et bien élevés, ils seront baignés dans les effusions de ta tendresse, caressés par les lueurs de ton âme.

Dis la vérité sur mon départ à ton Louis, mais colore-la d'honnêtes prétextes aux yeux de ton beau-père qui semble être votre intendant, et surtout aux yeux de ta famille, une vraie famille Harlowe[1], plus l'esprit provençal. Felipe ne sait pas encore pourquoi je suis partie, il ne le saura jamais. S'il le demande, je verrai à lui trouver un prétexte quelconque. Je lui dirai probablement que tu as été jalouse de moi. Fais-moi crédit de ce petit mensonge officieux[2]. Adieu, je t'écris à la hâte afin que tu aies cette lettre à l'heure de ton déjeuner, et le postillon[3], qui s'est chargé de te la faire tenir, est là qui boit en l'attendant. Baise bien mon cher petit filleul pour moi. Viens à Chantepleurs au mois d'octobre, j'y serai seule pendant tout le temps que Macumer ira passer en Sardaigne où il veut faire de grands changements dans ses domaines. Du moins tel est le projet du moment, et c'est sa fatuité[4] à lui d'avoir un projet, il se croit indépendant ; aussi est-il toujours inquiet en me le communiquant. Adieu !

Notes

1. Voir note 2, p. 69.
2. **officieux** : ici, non officiel, privé.
3. **postillon** : cocher, conducteur.
4. **fatuité** : vanité.

XXXVI
De la vicomtesse de l'Estorade à la baronne de Macumer

Ma chère, notre étonnement à tous a été inexprimable quand, au déjeuner, on nous a dit que vous étiez partis, et surtout quand le postillon qui vous avait emmenés à Marseille m'a remis ta folle lettre. Mais, méchante, il ne s'agissait que de ton bonheur dans ces conversations au pied du rocher sur le banc de Louise, et tu as eu bien tort d'en prendre ombrage. *Ingrata* ! je te condamne à revenir ici à mon premier appel. Dans cette odieuse lettre griffonnée sur du papier d'auberge, tu ne m'as pas dit où tu t'arrêteras ; je suis donc obligée de t'adresser ma réponse à Chantepleurs.

Écoute-moi, chère sœur d'élection[1], et sache, avant tout, que je te veux heureuse. Ton mari, ma Louise, a je ne sais quelle profondeur d'âme et de pensée qui impose autant que sa gravité naturelle et que sa contenance noble imposent ; puis il y a dans sa laideur si spirituelle, dans ce regard de velours, une puissance vraiment majestueuse ; il m'a donc fallu quelque temps avant d'établir cette familiarité sans laquelle il est difficile de s'observer à fond. Enfin, cet homme a été premier ministre, et il t'adore comme il adore Dieu ; donc, il devait dissimuler profondément ; et, pour aller pêcher des secrets au fond de ce diplomate, sous les roches de son cœur, j'avais à déployer autant d'habileté que de ruse ; mais j'ai fini, sans que notre homme s'en soit douté, par découvrir bien des choses desquelles ma mignonne ne se doute pas. De nous deux, je suis un peu la Raison comme tu es l'Imagination ; je suis le grave Devoir comme tu es le fol Amour. Ce contraste d'esprit qui n'existait que pour nous deux, le sort s'est plu à le continuer dans nos destinées. Je suis une humble vicomtesse

Note

1. **sœur d'élection** : sœur de cœur, sœur choisie.

campagnarde excessivement ambitieuse, qui doit conduire sa famille dans une voie de prospérité ; tandis que le monde sait Macumer ex-duc de Soria, et que, duchesse de droit, tu règnes sur ce Paris où il est si difficile à qui que ce soit, même aux Rois, de régner. Tu as une belle fortune que Macumer va doubler, s'il réalise ses projets d'exploitation pour ses immenses domaines de Sardaigne, dont les ressources sont bien connues à Marseille. Avoue que si l'une de nous deux devait être jalouse, ce serait moi ? Mais, rendons grâces à Dieu de ce que nous ayons chacune le cœur assez haut placé pour que notre amitié soit au-dessus des petitesses vulgaires. Je te connais : tu as honte de m'avoir quittée. Malgré ta fuite, je ne te ferai pas grâce d'une seule des paroles que j'allais te dire aujourd'hui sous le rocher. Lis-moi donc avec attention, je t'en supplie, car il s'agit encore plus de toi que de Macumer, quoiqu'il soit pour beaucoup dans ma morale. D'abord, ma mignonne, tu ne l'aimes pas. Avant deux ans, tu te fatigueras de cette adoration. Tu ne verras jamais en Felipe un mari, mais un amant de qui tu te joueras sans nul souci, comme font d'un amant toutes les femmes. Non, il ne t'impose pas, tu n'as pas pour lui ce profond respect, cette tendresse pleine de crainte qu'une véritable amante a pour celui en qui elle voit un Dieu. Oh ! j'ai bien étudié l'amour, mon ange, et j'ai jeté plus d'une fois la sonde dans les gouffres de mon cœur. Après t'avoir bien examinée, je puis te le dire : Tu n'aimes pas. Oui, chère reine de Paris, de même que les reines, tu désireras être traitée en grisette[1], tu souhaiteras être dominée, entraînée par un homme fort qui, au lieu de t'adorer, saura te meurtrir le bras en te le saisissant au milieu d'une scène de jalousie. Macumer t'aime trop pour pouvoir jamais soit te réprimander, soit te résister. Un seul de tes regards, une seule de tes paroles d'enjôleuse[2] fait fondre le plus fort de ses vouloirs. Tôt

Notes

1. **grisette** : jeune fille pauvre facile à séduire.

2. **enjôleuse** : séductrice.

ou tard, tu le mépriseras de ce qu'il t'aime trop. Hélas ! il te gâte, comme je te gâtais quand nous étions au couvent, car tu es une des plus séduisantes femmes et un des esprits les plus enchanteurs qu'on puisse imaginer. Tu es vraie surtout, et souvent le monde exige, pour notre propre bonheur, des mensonges auxquels tu ne descendras jamais. Ainsi, le monde demande qu'une femme ne laisse point voir l'empire qu'elle exerce sur son mari. Socialement parlant, un mari ne doit pas plus paraître l'amant de sa femme quand il l'aime en amant, qu'une épouse ne doit jouer le rôle d'une maîtresse. Or, vous manquez tous deux à cette loi. Mon enfant, d'abord ce que le monde pardonne le moins en le jugeant d'après ce que tu m'en as dit, c'est le bonheur, on doit le lui cacher ; mais ceci n'est rien. Il existe entre amants une égalité qui ne peut jamais, selon moi, apparaître entre une femme et son mari, sous peine d'un renversement social et sans des malheurs irréparables. Un homme nul est quelque chose d'effroyable ; mais il y a quelque chose de pire, c'est un homme annulé. Dans un temps donné, tu auras réduit Macumer à n'être que l'ombre d'un homme : il n'aura plus sa volonté, il ne sera plus lui-même, mais une chose façonnée à ton usage ; tu te le seras si bien assimilé, qu'au lieu d'être deux, il n'y aura plus qu'une personne dans votre ménage, et cet être-là sera nécessairement incomplet ; tu en souffriras, et le mal sera sans remède quand tu daigneras ouvrir les yeux. Nous aurons beau faire, notre sexe ne sera jamais doué des qualités qui distinguent l'homme ; et ces qualités sont plus que nécessaires, elles sont indispensables à la Famille. En ce moment, malgré son aveuglement, Macumer entrevoit cet avenir, il se sent diminué par son amour. Son voyage en Sardaigne me prouve qu'il va tenter de se retrouver lui-même par cette séparation momentanée. Tu n'hésites pas à exercer le pouvoir que te remet l'amour. Ton autorité s'aperçoit dans un geste, dans le regard, dans l'accent. Oh ! chère, tu es, comme te le disait ta mère, une folle courtisane. Certes, il t'est prouvé, je crois, que je suis de beaucoup supérieure à Louis; mais m'as-tu vue jamais le contredisant? Ne suis-je pas en public une femme qui le respecte comme le pouvoir de la famille? Hypocrisie! diras-tu. D'abord, les conseils que je crois utile de lui donner, mes avis, mes idées, je ne les lui soumets jamais que dans l'ombre et le silence de la chambre à coucher; mais je puis te jurer, mon ange, qu'alors même je n'affecte envers lui aucune supériorité. Si je ne restais pas secrètement comme ostensiblement[1] sa femme, il ne croirait pas en lui. Ma chère, la perfection de la bienfaisance consiste à s'effacer si bien que l'obligé ne se croie pas inférieur à celui qui l'oblige; et ce dévouement caché comporte des douceurs infinies. Aussi ma gloire a-t-elle été de te tromper toi-même, et tu m'as fait des compliments de Louis. La prospérité, le bonheur, l'espoir, lui ont d'ailleurs fait regagner depuis deux ans tout ce que le malheur, les misères, l'abandon, le doute lui avaient fait perdre. En ce moment donc, d'après mes observations, je trouve que tu aimes Felipe pour toi, et non pour lui-même. Il y a du vrai dans ce que t'a dit ton père : ton égoïsme de grande dame est seulement déguisé sous les fleurs du printemps de ton amour. Ah! mon enfant, il faut te bien aimer pour te dire de si cruelles vérités. Laisse-moi te raconter, sous la condition de ne jamais souffler de ceci le moindre mot au baron, la fin d'un de nos entretiens. Nous avions chanté tes louanges sur tous les tons, car il a bien vu que je t'aimais comme une sœur que l'on aime; et après l'avoir amené, sans qu'il y prît garde, à des confidences : – Louise, lui ai-je dit, n'a pas encore lutté avec la vie, elle est traitée en enfant gâté par le sort, et peut-être serait-elle malheureuse si vous ne saviez pas être un père pour elle comme vous êtes un amant. – Et le puis-je? a-t-il dit! Il s'est arrêté tout court, comme un homme qui voit le précipice où il

Note

1. **ostensiblement** : de manière visible, manifeste.

va rouler. Cette exclamation m'a suffi. Si tu n'étais pas partie, il m'en aurait dit davantage quelques jours après.

Mon ange, quand cet homme sera sans forces, quand il aura trouvé la satiété[1] dans le plaisir, quand il se sentira, je ne dis pas avili, mais sans sa dignité devant toi, les reproches que lui fera sa conscience lui donneront une sorte de remords, blessant pour toi par cela même que tu te sentiras coupable. Enfin tu finiras par mépriser celui que tu ne te seras pas habituée à respecter. Songes-y. Le mépris chez la femme est la première forme que prend sa haine. Comme tu es noble de cœur, tu te souviendras toujours des sacrifices que Felipe t'aura faits ; mais il n'aura plus à t'en faire après s'être en quelque sorte servi lui-même dans ce premier festin, et malheur à l'homme comme à la femme qui ne laissent rien à souhaiter ! Tout est dit. À notre honte ou à notre gloire, je ne saurais décider ce point délicat, nous ne sommes exigeantes que pour l'homme qui nous aime !

Ô Louise, change, il en est temps encore. Tu peux, en te conduisant avec Macumer comme je me conduis avec l'Estorade, faire surgir le lion caché dans cet homme vraiment supérieur. On dirait que tu veux te venger de sa supériorité. Ne seras-tu donc pas fière d'exercer ton pouvoir autrement qu'à ton profit, de faire un homme de génie d'un homme grand, comme je fais un homme supérieur d'un homme ordinaire ?

Tu serais restée à la campagne, je t'aurais toujours écrit cette lettre ; j'eusse craint ta pétulance[2] et ton esprit dans une conversation, tandis que je sais que tu réfléchiras à ton avenir en me lisant. Chère âme, tu as tout pour être heureuse, ne gâte pas ton bonheur, et retourne dès le mois de novembre à Paris. Les soins et l'entraînement du monde dont je me plaignais sont des diversions nécessaires à votre existence, peut-être un peu trop intime. Une femme mariée doit avoir sa coquetterie. La mère de famille qui ne laisse pas désirer sa présence en se

Notes

1. **satiété** : satisfaction complète menant à l'indifférence.

2. **pétulance** : fougue, vivacité.

rendant rare au sein du ménage risque d'y faire connaître la satiété. Si j'ai plusieurs enfants, ce que je souhaite pour mon bonheur, je te jure que dès qu'ils arriveront à un certain âge je me réserverai des heures pendant lesquelles je serai seule ; car il faut se faire demander par tout le monde, même par ses enfants. Adieu, chère jalouse ? Sais-tu qu'une femme vulgaire serait flattée de t'avoir causé ce mouvement de jalousie ? Hélas ! je ne puis que m'en affliger, car il n'y a en moi qu'une mère et une sincère amie. Mille tendresses. Enfin fais tout ce que tu voudras pour excuser ton départ : si tu n'es pas sûre de Felipe, je suis sûre de Louis.

XXXVII
De la baronne de Macumer à la vicomtesse de l'Estorade

Gênes[1].

Ma chère belle, j'ai eu la fantaisie de voir un peu l'Italie, et suis ravie d'y avoir entraîné Macumer, dont les projets, relativement à la Sardaigne, sont ajournés[2].

Ce pays m'enchante et me ravit. Ici les églises, et surtout les chapelles, ont un air amoureux et coquet qui doit donner à une protestante envie de se faire catholique. On a fêté Macumer, et l'on s'est applaudi d'avoir acquis un sujet pareil. Si je la désirais, Felipe aurait l'ambassade de Sardaigne à Paris ; car la cour est charmante pour moi. Si tu m'écris, adresse tes lettres à Florence. Je n'ai pas trop le temps de t'écrire en détail, je te raconterai mon voyage à ton premier séjour à Paris. Nous ne resterons ici qu'une semaine. De là nous irons à Florence par Livourne, nous séjournerons un mois en Toscane et un mois

Notes

1. **Gênes** : ville du Nord de l'Italie. Les lieux cités dans cette lettre (sauf Paris) sont italiens.

2. **ajournés** : retardés.

à Naples afin d'être à Rome en novembre. Nous reviendrons par Venise, où nous demeurerons la première quinzaine de décembre ; puis nous arriverons par Milan et par Turin à Paris pour le mois de janvier. Nous voyageons en amants : la nouveauté des lieux renouvelle nos chères noces. Macumer ne connaissait point l'Italie, et nous avons débuté par ce magnifique chemin de la Corniche qui semble construit par les fées. Adieu, chérie. Ne m'en veux pas si je ne t'écris point ; il m'est impossible de trouver un moment à moi en voyage ; je n'ai que le temps de voir, de sentir et de savourer mes impressions. Mais, pour t'en parler, j'attendrai qu'elles aient pris les teintes du souvenir.

XXXVIII
De la vicomtesse de l'Estorade à la baronne de Macumer

Septembre.

Ma chère, il y a pour toi à Chantepleurs une assez longue réponse à la lettre que tu m'as écrite de Marseille. Ce voyage fait en amants est si loin de diminuer les craintes que je t'y exprimais, que je te prie d'écrire en Nivernais pour qu'on t'envoie ma lettre.

Le ministère a résolu, dit-on, de dissoudre la Chambre. Si c'est un malheur pour la couronne, qui devait employer la dernière session de cette législature dévouée à faire rendre des lois nécessaires à la consolidation du pouvoir, c'en est un pour nous aussi : Louis n'aura quarante ans qu'à la fin de 1827[1]. Heureusement mon père, qui consent à se faire nommer député, donnera sa démission en temps utile.

Ton filleul a fait ses premiers pas sans sa marraine ; il est d'ailleurs admirable et commence à me faire de ces petits

Note

1. Il fallait avoir 40 ans pour pouvoir être élu député.

gestes gracieux qui me disent que ce n'est plus seulement un organe qui tète, une vie brutale, mais une âme : ses sourires sont pleins de pensées. Je suis si favorisée dans mon métier de nourrice que je sèvrerai notre Armand en décembre. Un an de lait suffit. Les enfants qui tètent trop deviennent des sots. Je suis pour les dictons populaires. Tu dois avoir un succès fou en Italie, ma belle blonde. Mille tendresses.

XXXIX
De la baronne de Macumer à la vicomtesse de l'Estorade

Rome, décembre.

J'ai ton infâme lettre, que, sur ma demande, mon régisseur[1] m'a envoyée de Chantepleurs ici. Oh ! Renée… Mais je t'épargne tout ce que mon indignation pourrait me suggérer. Je vais seulement te raconter les effets produits par ta lettre. Au retour de la fête charmante que nous a donnée l'ambassadeur et où j'ai brillé de tout mon éclat, d'où Macumer est revenu dans un enivrement de moi que je ne saurais peindre, je lui ai lu ton horrible réponse, et je la lui ai lue en pleurant, au risque de lui paraître laide. Mon cher Abencerrage est tombé à mes pieds en te traitant de radoteuse ; il m'a emmenée au balcon du palais où nous sommes, et d'où nous voyons une partie de Rome : là, son langage a été digne de la scène qui s'offrait à nos yeux ; car il faisait un superbe clair de lune. Comme nous savons déjà l'italien, son amour, exprimé dans cette langue si molle et si favorable à la passion, m'a paru sublime. Il m'a dit que, quand même tu serais prophète, il préférait une nuit heureuse ou l'une de nos délicieuses matinées à toute une vie. À ce compte, il avait déjà vécu mille ans. Il voulait que je restasse sa maîtresse, et ne souhaitait pas d'autre titre que celui de

Note

1. **régisseur** : personne qui gère une propriété.

mon amant. Il est si fier et si heureux de se voir chaque jour le préféré que, si Dieu lui apparaissait et lui donnait à opter entre vivre encore trente ans selon ta doctrine et avoir cinq enfants, ou n'avoir plus que cinq ans de vie en continuant nos chères amours fleuries, son choix serait fait : il aimerait mieux être aimé comme je l'aime et mourir. Ces protestations dites à mon oreille, ma tête sur son épaule, son bras autour de ma taille, ont été troublées en ce moment par les cris de quelque chauve-souris qu'un chat-huant[1] avait surprise. Ce cri de mort m'a fait une si cruelle impression que Felipe m'a emportée à demi évanouie sur mon lit. Mais rassure-toi ! quoique cet horoscope[2] ait retenti dans mon âme, ce matin je vais bien. En me levant, je me suis mise à genoux devant Felipe, et, les yeux sous les siens, ses mains prises dans les miennes, je lui ai dit : – Mon ange, je suis un enfant, et Renée pourrait avoir raison : c'est peut-être seulement l'amour que j'aime en toi ; mais du moins sache qu'il n'y a pas d'autre sentiment dans mon cœur, et que je t'aime alors à ma manière. Enfin si dans mes façons, dans les moindres choses de ma vie et de mon âme, il y avait quoi que ce soit de contraire à ce que tu voulais ou espérais de moi, dis-le ! fais-le-moi connaître ! j'aurai du plaisir à t'écouter et à ne me conduire que par la lueur de tes yeux. Renée m'effraie, elle m'aime tant !

Macumer n'a pas eu de voix pour me répondre, il fondait en larmes. Maintenant, je te remercie, ma Renée ; je ne savais pas combien je suis aimée de mon beau, de mon royal Macumer. Rome est la ville où l'on aime. Quand on a une passion, c'est là qu'il faut aller en jouir : on a les arts et Dieu pour complices. Nous trouverons, à Venise, le duc et la duchesse de Soria. Si tu m'écris, écris-moi maintenant à Paris, car nous quittons Rome dans trois jours. La fête de l'ambassadeur était un adieu.

Notes

1. **chat-huant** : rapace nocturne.

2. **horoscope** : étude astrologique.

Louise et Felipe : « *En me levant, je me suis mise à genoux devant Felipe.* » Gravure de 1855.

P. S. Chère imbécile, ta lettre montre bien que tu ne connais l'amour qu'en idée. Sache donc que l'amour est un principe dont tous les effets sont si dissemblables qu'aucune théorie ne saurait les embrasser ni les régenter. Ceci est pour mon petit docteur en corset.

XL
De la comtesse de l'Estorade à la baronne de Macumer

Janvier 1827.

Mon père est nommé, mon beau-père est mort, et je suis encore sur le point d'accoucher ; tels sont les événements marquants de la fin de cette année. Je te les dis sur-le-champ, pour que l'impression que te fera mon cachet noir se dissipe aussitôt.

Ma mignonne, ta lettre de Rome m'a fait frémir. Vous êtes deux enfants. Felipe est, ou un diplomate qui a dissimulé, ou un homme qui t'aime comme il aimerait une courtisane à laquelle il abandonnerait sa fortune, tout en sachant qu'elle le trahit. En voilà bien assez. Vous me prenez pour une radoteuse, je me tairai. Mais laisse-moi te dire qu'en étudiant nos deux destinées j'en tire un cruel principe : Voulez-vous être aimée ? n'aimez pas.

Louis, ma chère, a obtenu la croix de la Légion d'Honneur quand il a été nommé membre du conseil général. Or, comme voici bientôt trois ans qu'il est du conseil, et que mon père, que tu verras sans doute à Paris pendant la session, a demandé pour son gendre le grade d'officier, fais-moi le plaisir d'entreprendre le mamamouchi[1] quelconque que cette nomination

Note

1. **mamamouchi** : mot inventé par Molière (1622-1673) dans *Le Bourgeois gentilhomme* (1670) pour désigner un personnage oriental fictif prétendument haut placé mais, en fait, assez inutile et ridicule.

regarde, et de veiller à cette petite chose. Surtout, ne te mêle pas des affaires de mon très honoré père, le comte de Maucombe, qui veut obtenir le titre de marquis ; réserve tes faveurs pour moi. Quand Louis sera député, c'est-à-dire l'hiver prochain, nous viendrons à Paris, et nous y remuerons alors ciel et terre pour le placer à quelque direction générale, afin que nous puissions économiser tous nos revenus en vivant des appointements[1] d'une place. Mon père siège entre le centre et la droite, il ne demande qu'un titre ; notre famille était déjà célèbre sous le roi René[2], le roi Charles X ne refusera pas un Maucombe ; mais j'ai peur qu'il ne prenne à mon père fantaisie de postuler[3] quelque faveur pour mon frère cadet ; et en lui tenant la dragée du marquisat un peu haut, il ne pourra penser qu'à lui-même.

15 janvier.

Ah ! Louise, je sors de l'enfer ! Si j'ai le courage de te parler de mes souffrances, c'est que tu me sembles une autre moi-même. Encore ne sais-je pas si je laisserai jamais ma pensée revenir sur ces cinq fatales journées ! Le seul mot de convulsion[4] me cause un frisson dans l'âme même. Ce n'est pas cinq jours qui viennent de se passer, mais cinq siècles de douleurs. Tant qu'une mère n'a pas souffert ce martyre, elle ignorera ce que veut dire le mot souffrance. Je t'ai trouvée heureuse de ne pas avoir d'enfants, ainsi juge de ma déraison !

La veille du jour terrible, le temps, qui avait été lourd et presque chaud, me parut avoir incommodé mon petit Armand. Lui, si doux et si caressant, il était grimaud[5] ; il criait à propos de tout, il voulait jouer et brisait ses joujoux. Peut-être toutes les maladies s'annoncent-elles chez les enfants par des changements d'humeur. Attentive à cette singulière méchan-

Notes

1. **appointements** : salaires, revenus.
2. **roi René (1409-1480)** : roi d'Anjou, de la dynastie des Valois.
3. **postuler** : ici, demander.
4. **convulsion** : spasme violent et soudain.
5. **grimaud** : mal à l'aise, se comportant mal.

ceté, j'observais chez Armand des rougeurs et des pâleurs que j'attribuais à la pousse de quatre grosses dents qui percent à la fois. Aussi l'ai-je couché près de moi, m'éveillant de moment en moment. Pendant la nuit, il eut un peu de fièvre qui ne m'inquiétait point ; je l'attribuais toujours aux dents. Vers le matin il dit : Maman ! en demandant à boire par un geste, mais avec un éclat dans la voix, avec un mouvement convulsif dans le geste qui me glacèrent le sang. Je sautai hors du lit pour aller lui préparer de l'eau sucrée. Juge de mon effroi quand en lui présentant la tasse je ne lui vis faire aucun mouvement ; il répétait seulement : Maman, de cette voix qui n'était plus sa voix, qui n'était même plus une voix. Je lui pris la main, mais elle n'obéissait plus, elle se roidissait. Je lui mis alors la tasse aux lèvres ; le pauvre petit but d'une manière effrayante, par trois ou quatre gorgées convulsives, et l'eau fit un bruit singulier dans son gosier. Enfin, il s'accrocha désespérément à moi, et j'aperçus ses yeux, tirés par une force intérieure, devenir blancs, ses membres perdre leur souplesse. Je jetai des cris affreux. Louis vint. – Un médecin ! un médecin ! il meurt ! lui criai-je. Louis disparut, et mon pauvre Armand dit encore : – Maman ! maman ! en se cramponnant à moi. Ce fut le dernier moment où il sut qu'il avait une mère. Les jolis vaisseaux de son front se sont injectés, et la convulsion a commencé. Une heure avant l'arrivée des médecins, je tenais cet enfant si vivace, si blanc et rose, cette fleur qui faisait mon orgueil et ma joie, roide comme un morceau de bois, et quels yeux ! je frémis en me les rappelant. Noir, crispé, rabougri, muet, mon gentil Armand était une momie. Un médecin, deux médecins amenés de Marseille par Louis, restaient là plantés sur leurs jambes comme des oiseaux de mauvais augure, ils me faisaient frissonner. L'un parlait de fièvre cérébrale, l'autre voyait des convulsions comme en ont les enfants. Le médecin de notre canton me paraissait être le plus sage parce qu'il ne prescrivait rien. – C'est les dents, disait le second. – C'est une fièvre, disait le premier. Enfin, on convint de mettre des sangsues[1] au cou et de la glace sur la tête. Je me sentais mourir. Être là, voir un cadavre bleu ou noir, pas un cri, pas un mouvement, au lieu d'une créature si bruyante et si vive ! Il y eut un moment où ma tête s'est égarée, et où j'ai eu comme un rire nerveux en voyant ce joli cou, que j'avais tant baisé, mordu par des sangsues, et cette charmante tête sous une calotte de glace. Ma chère, il a fallu lui couper cette jolie chevelure que nous admirions tant, et que tu avais caressée, pour pouvoir mettre la glace. De dix en dix minutes, comme dans mes douleurs d'accouchement, la convulsion revenait, et le pauvre petit se tordait, tantôt pâle, tantôt violet. En se rencontrant, ses membres si flexibles rendaient un son comme si c'eût été du bois. Cette créature insensible m'avait souri, m'avait parlé, m'appelait naguère encore maman ! À ces idées, des masses de douleurs me traversaient l'âme, en l'agitant comme des ouragans agitent la mer, et je sentais tous les liens par lesquels un enfant tient à notre cœur ébranlés. Ma mère, qui peut-être m'aurait aidée, conseillée ou consolée, est à Paris. Les mères en savent plus sur les convulsions que les médecins, je crois. Après quatre jours et quatre nuits passés dans des alternatives et des craintes qui m'ont presque tuée, les médecins furent tous d'avis d'appliquer une affreuse pommade pour faire des plaies ! Oh ! des plaies à mon Armand qui jouait cinq jours auparavant, qui souriait, qui s'essayait à dire *marraine* ! Je m'y suis refusée en voulant me confier à la nature. Louis me grondait, il croyait aux médecins. Un homme est toujours homme. Mais il y a dans ces terribles maladies des instants où elles prennent la forme de la mort ; et pendant un de ces instants, ce remède, que j'abominais, me parut être le salut d'Armand. Ma Louise, la peau était si sèche, si rude, si aride, que l'onguent[2] ne prit pas. Je me mis alors à

Notes

1. Ancienne manière de soigner (la saignée) consistant à placer, sur le corps du malade, des sortes de vers afin qu'ils lui sucent le sang, car on attribuait la maladie à un excès de sang.
2. **onguent** : pommade.

fondre en larmes pendant si longtemps au-dessus du lit, que le chevet en fut mouillé. Les médecins dînaient, eux! Me voyant seule, j'ai débarrassé mon enfant de tous les topiques[1] de la médecine, je l'ai pris, quasi folle, entre mes bras, je l'ai serré contre ma poitrine, j'ai appuyé mon front à son front en priant Dieu de lui donner ma vie, tout en essayant de la lui communiquer. Je l'ai tenu pendant quelques instants ainsi, voulant mourir avec lui pour n'en être séparée ni dans la vie ni dans la mort. Ma chère, j'ai senti les membres fléchir; la convulsion a cédé, mon enfant a remué, les sinistres et horribles couleurs ont disparu! J'ai crié comme quand il était tombé malade, les médecins ont monté, je leur ai fait voir Armand.

– Il est sauvé! s'est écrié le plus âgé des médecins.

Oh! quelle parole! quelle musique! les cieux s'ouvraient. En effet, deux heures après, Armand renaissait; mais j'étais anéantie, il a fallu, pour m'empêcher de faire quelque maladie, le baume de la joie. Ô mon Dieu! par quelles douleurs attachez-vous l'enfant à sa mère? quels clous vous nous enfoncez au cœur pour qu'il y tienne! N'étais-je donc pas assez mère encore, moi que les bégaiements et les premiers pas de cet enfant ont fait pleurer de joie! moi qui l'étudie pendant des heures entières pour bien accomplir mes devoirs et m'instruire au doux métier de mère! Était-il besoin de causer ces terreurs, d'offrir ces épouvantables images à celle qui fait de son enfant une idole? Au moment où je t'écris, notre Armand joue, il crie, il rit. Je cherche alors les causes de cette horrible maladie des enfants, en songeant que je suis grosse[2]. Est-ce la pousse des dents? est-ce un travail particulier qui se fait dans le cerveau? Les enfants qui subissent des convulsions ont-ils une imperfection dans le système nerveux? Toutes ces idées m'inquiètent autant pour le présent que pour l'avenir. Notre

Notes

1. **topiques** : médicaments que l'on applique sur un endroit du corps.

2. **grosse** : ici, enceinte.

médecin de campagne tient pour[1] une excitation nerveuse causée par les dents. Je donnerais toutes les miennes pour que celles de notre petit Armand fussent faites. Quand je vois une de ces perles blanches poindre au milieu de sa gencive enflammée, il me prend maintenant des sueurs froides. L'héroïsme avec lequel ce cher ange souffre m'indique qu'il aura tout mon caractère ; il me jette des regards à fendre le cœur. La médecine ne sait pas grand-chose sur les causes de cette espèce de tétanos[2] qui finit aussi rapidement qu'il commence, qu'on ne peut ni prévenir ni guérir. Je te le répète, une seule chose est certaine : voir son enfant en convulsion, voilà l'enfer pour une mère. Avec quelle rage je l'embrasse ! Oh ! comme je le tiens longtemps sur mon bras en le promenant ! Avoir eu cette douleur quand je dois accoucher de nouveau dans six semaines, c'était une horrible aggravation du martyre, j'avais peur pour l'autre ! Adieu, ma chère et bien-aimée Louise, ne désire pas d'enfants, voilà mon dernier mot.

XLI
De la baronne de Macumer à la vicomtesse de l'Estorade

Paris.

Pauvre ange, Macumer et moi nous t'avons pardonné tes *mauvaisetés* en apprenant combien tu as été tourmentée. J'ai frissonné, j'ai souffert en lisant les détails de cette double torture, et me voilà moins chagrine de ne pas être mère. Je m'empresse de t'annoncer la nomination de Louis, qui peut porter la rosette d'officier. Tu désirais une petite fille ; probablement tu en auras une, heureuse Renée ! Le mariage de mon frère et de mademoiselle de Mortsauf a été célébré à notre

Notes

1. **tient pour** : pense qu'il s'agit de.

2. **tétanos** : maladie grave, souvent mortelle, causée par une blessure.

retour. Notre charmant roi, qui vraiment est d'une bonté admirable, a donné à mon frère la survivance de la charge de premier gentilhomme de la chambre dont est revêtu son beau-père. – La charge doit aller avec les titres, a-t-il dit au duc de Lenoncourt-Givry. Seulement il a voulu que l'écusson des Mortsauf fût adossé à celui des Lenoncourt.

Mon père avait cent fois raison. Sans ma fortune, rien de tout cela n'aurait eu lieu. Mon père et ma mère sont venus de Madrid pour ce mariage, et y retournent après la fête que je donne demain aux nouveaux mariés. Le carnaval sera très brillant. Le duc et la duchesse de Soria sont à Paris ; leur présence m'inquiète un peu. Marie Heredia est certes une des plus belles femmes de l'Europe, je n'aime pas la manière dont Felipe la regarde. Aussi redoublé-je d'amour et de tendresse. « *Elle* ne t'aurait jamais aimée ainsi ! » est une parole que je me garde bien de dire, mais qui est écrite dans tous mes regards, dans tous mes mouvements. Dieu sait si je suis élégante et coquette. Hier, madame de Maufrigneuse me disait : – Chère enfant, il faut vous rendre les armes[1]. Enfin, j'amuse tant Felipe, qu'il doit trouver sa belle-sœur bête comme une vache espagnole. J'ai d'autant moins de regret de ne pas faire un petit Abencerrage, que la duchesse accouchera sans doute à Paris, elle va devenir laide ; si elle a un garçon, il se nommera Felipe en l'honneur du banni[2]. Un malicieux hasard fera que je serai encore marraine. Adieu, chère. J'irai de bonne heure cette année à Chantepleurs, car notre voyage a coûté des sommes exorbitantes ; je partirai vers la fin de mars, afin d'aller vivre avec économie en Nivernais. Paris m'ennuie d'ailleurs. Felipe soupire autant que moi après la belle solitude de notre parc, nos fraîches prairies et notre Loire pailletée par ses sables, à laquelle aucune rivière ne ressemble. Chantepleurs me paraîtra délicieux après les pompes et les vanités de l'Italie ; car, après

Notes

1. il faut vous rendre les armes : il faut capituler devant vous, se rendre à vous.

2. banni : exilé, interdit dans son propre pays.

tout, la magnificence est ennuyeuse, et le regard d'un amant est plus beau qu'un *capo d'opéra*[1], qu'un *bel quadro*[2] ! Nous t'y attendrons, je ne serai plus jalouse de toi. Tu pourras sonder à ton aise le cœur de mon Macumer, y pêcher des interjections, en ramener des scrupules, je te le livre avec une superbe confiance. Depuis la scène de Rome, Felipe m'aime davantage ; il m'a dit hier (il regarde par-dessus mon épaule) que sa belle-sœur, la Marie de sa jeunesse, sa vieille fiancée, la princesse Heredia, son premier rêve, était stupide. Oh ! chère, je suis pire qu'une fille d'Opéra, cette injure m'a causé du plaisir. J'ai fait remarquer à Felipe qu'elle ne parlait pas correctement le français ; elle prononce *esemple, sain* pour *cinq, cheu* pour *je* ; enfin, elle est belle, mais elle n'a pas de grâce, elle n'a pas la moindre vivacité dans l'esprit. Quand on lui adresse un compliment, elle vous regarde comme une femme qui ne serait pas habituée à en recevoir. Du caractère dont il est, il aurait quitté Marie après deux mois de mariage. Le duc de Soria, Don Fernand, est très bien assorti avec elle ; il a de la générosité, mais c'est un enfant gâté, cela se voit. Je pourrais être méchante et te faire rire ; mais je m'en tiens au vrai. Mille tendresses, mon ange.

XLII
Renée à Louise

Ma petite fille a deux mois ; ma mère a été la marraine, et un vieux grand-oncle de Louis, le parrain de cette petite, qui se nomme Jeanne-Athénaïs.

Dès que je le pourrai, je partirai pour vous aller voir à Chantepleurs, puisqu'une nourrice[3] ne vous effraie pas. Ton filleul dit ton nom ; il le prononce *Matoumer* ! car il ne peut pas dire

Notes

1. *capo d'opéra* : air d'opéra.
2. *bel quadro* : beau tableau.
3. **nourrice** : ici, femme qui allaite au sein un enfant.

les *c* autrement; tu en raffoleras; il a toutes ses dents; il mange maintenant de la viande comme un grand garçon, il court et trotte comme un rat; mais je l'enveloppe toujours de regards inquiets, et je suis au désespoir de ne pouvoir le garder près de moi pendant mes couches[1], qui exigent plus de quarante jours de chambre, à cause de quelques précautions ordonnées par les médecins. Hélas! mon enfant, on ne prend pas l'habitude d'accoucher! Les mêmes douleurs et les mêmes appréhensions reviennent. Cependant (ne montre pas ma lettre à Felipe) je suis pour quelque chose dans la façon de cette petite fille, qui fera peut-être tort à ton Armand.

Mon père a trouvé Felipe maigri, et ma chère mignonne un peu maigrie aussi. Cependant le duc et la duchesse de Soria sont partis; il n'y a plus le moindre sujet de jalousie! Me cacherais-tu quelque chagrin? Ta lettre n'était ni aussi longue ni aussi affectueusement pensée que les autres. Est-ce seulement un caprice de ma chère capricieuse?

En voici trop, ma garde[2] me gronde de t'avoir écrit, et mademoiselle Athénaïs de l'Estorade veut dîner. Adieu donc, écris-moi de bonnes longues lettres.

XLIII
Madame de Macumer à la comtesse de l'Estorade

Pour la première fois de ma vie, ma chère Renée, j'ai pleuré seule sous un saule, sur un banc de bois, au bord de mon long étang de Chantepleurs, une délicieuse vue que tu vas venir embellir, car il n'y manque que de joyeux enfants. Ta fécondité m'a fait faire un retour sur moi-même, qui n'ai point d'enfants après bientôt trois ans de mariage. Oh! pensais-je,

Notes

1. **couches** : alitement de la femme qui vient d'accoucher.

2. **garde** : personne qui garde et soigne un malade.

quand je devrais souffrir cent fois plus que Renée n'a souffert en accouchant de mon filleul, quand je devrais voir mon enfant en convulsions, faites, mon Dieu, que j'aie une angélique créature comme cette petite Athénaïs que je vois d'ici aussi belle que le jour, car tu ne m'en as rien dit! J'ai reconnu là ma Renée. Il semble que tu devines mes souffrances. Chaque fois que mes espérances sont déçues, je suis pendant plusieurs jours la proie d'un chagrin noir. Je faisais alors de sombres élégies. Quand broderai-je de petits bonnets? quand choisirai-je la toile d'une layette? quand coudrai-je de jolies dentelles pour envelopper une petite tête? Ne dois-je donc jamais entendre une de ces charmantes créatures m'appeler maman, me tirer par ma robe, me tyranniser? Ne verrai-je donc pas sur le sable les traces d'une petite voiture? Ne ramasserai-je pas des joujoux cassés dans ma cour? N'irai-je pas, comme tant de mères que j'ai vues, chez les bimbelotiers[1] acheter des sabres, des poupées, de petits ménages[2]? Ne verrai-je point se développer cette vie et cet ange qui sera un autre Felipe plus aimé? Je voudrais un fils pour savoir comment on peut aimer son amant plus qu'il ne l'est dans un autre lui-même. Mon parc, le château me semblent déserts et froids. Une femme sans enfants est une monstruosité; nous ne sommes faites que pour être mères. Oh! docteur en corset que tu es, tu as bien vu la vie. La stérilité d'ailleurs est horrible en toute chose. Ma vie ressemble un peu trop aux bergeries de Gessner[3] et de Florian[4], desquelles Rivarol[5] disait qu'on y désirait des loups. Je veux être dévouée aussi, moi! Je sens en moi des forces que Felipe néglige; et, si je ne suis pas mère, il faudra que je me passe la

Notes

1. **bimbelotiers** : marchands de jouets.
2. **ménages** : petits meubles et ustensiles servant dans une maison.
3. Salomon Gessner était un poète suisse (1730-1788) dont l'œuvre met souvent en scène des bergers.
4. Jean-Pierre Claris de Florian était un écrivain français (1755-1794), auteur de romans pastoraux.
5. **Rivarol** : écrivain (1753-1801) disciple de Voltaire.

fantaisie de quelque malheur. Voilà ce que je viens de dire à mon restant de Maure, à qui ces mots ont fait venir des larmes aux yeux ; il en a été quitte pour être appelé une sublime bête, on ne peut pas le plaisanter sur son amour.

Par moments il me prend envie de faire des neuvaines[1], d'aller demander la fécondité à certaines madones[2] ou à certaines eaux[3]. L'hiver prochain je consulterai des médecins. Je suis trop furieuse contre moi-même pour t'en dire davantage. Adieu.

XLIV
De la même à la même

Paris, 1829.

Comment, ma chère, un an sans lettre ?... Je suis un peu piquée. Crois-tu que ton Louis, qui m'est venu voir presque tous les deux jours, te remplace ? Il ne me suffit pas de savoir que tu n'es pas malade et que vos affaires vont bien, je veux tes sentiments et tes idées comme je te livre les miennes, au risque d'être grondée, ou blâmée, ou méconnue, car je t'aime. Ton silence et ta retraite à la campagne, quand tu pourrais jouir ici des triomphes parlementaires du comte de l'Estorade, dont la *parlotterie* et le dévouement lui ont acquis une influence, et qui sera sans doute placé très haut après la session, me donnent de graves inquiétudes. Passes-tu donc ta vie à lui écrire des instructions ? Numa[4] n'était pas si loin de son Égérie[5]. Pourquoi n'as-tu pas saisi l'occasion de voir Paris ? Je jouirais de toi depuis quatre mois. Louis m'a dit hier que tu viendrais le

Notes

1. **neuvaines** : prières que l'on fait neuf jours d'affilée.
2. **madones** : représentations de la Vierge considérées comme protectrices et bienfaisantes.
3. **certaines eaux** : sources thermales considérées comme guérisseuses.
4. **Numa** : un des premiers rois de Rome (753-673 av. J.-C.).
5. **Égérie** : nymphe, déesse des Femmes, amante de Numa qu'elle conseillait.

chercher et faire tes troisièmes couches à Paris, affreuse mère Gigogne[1] que tu es ! Après bien des questions, et des hélas, et des plaintes, Louis, quoique diplomate, a fini par me dire que son grand-oncle, le parrain d'Athénaïs, était fort mal. Or, je te suppose, en bonne mère de famille, capable de tirer parti de la gloire et des discours du député pour obtenir un legs[2] avantageux du dernier parent maternel de ton mari. Sois tranquille, ma Renée, les Lenoncourt, les Chaulieu, le salon de madame de Macumer travaillent pour Louis. Martignac[3] le mettra sans doute à la Cour des comptes[4]. Mais, si tu ne me dis pas pourquoi tu restes en province, je me fâche. Est-ce pour ne pas avoir l'air d'être toute la politique de la maison de l'Estorade ? est-ce pour la succession de l'oncle ? as-tu craint d'être moins mère à Paris ? Oh ! comme je voudrais savoir si c'est pour ne pas t'y faire voir, pour la première fois, dans ton état de grossesse, coquette ! Adieu.

XLV
Renée à Louise

Tu te plains de mon silence, tu oublies donc ces deux petites têtes brunes que je gouverne et qui me gouvernent ? Tu as d'ailleurs trouvé quelques-unes des raisons que j'avais pour garder la maison. Outre l'état de notre précieux oncle, je n'ai pas voulu traîner à Paris un garçon d'environ quatre ans et une petite fille de trois ans bientôt quand je suis encore grosse. Je n'ai pas voulu embarrasser ta vie et ta maison d'un pareil

Notes

1. **mère Gigogne** : marionnette représentant une femme ayant beaucoup d'enfants.
2. **legs** : héritage.
3. Jean-Baptiste Sylvère Gaye de Martignac était un poète et homme d'État français (1778-1832) qui fut ministre et président du Conseil des ministres.
4. **Cour des comptes** : juridiction financière qui contrôle les comptes publics et ceux de l'État.

ménage[1], je n'ai pas voulu paraître à mon désavantage dans le brillant monde où tu règnes, et j'ai les appartements garnis, la vie des hôtels en horreur. Le grand-oncle de Louis, en apprenant la nomination de son petit-neveu, m'a fait présent de la moitié de ses économies, deux cent mille francs, pour acheter à Paris une maison, et Louis est chargé d'en trouver une dans ton quartier. Ma mère me donne une trentaine de mille francs pour les meubles. Quand je viendrai m'établir pour la session à Paris, j'y viendrai chez moi. Enfin, je tâcherai d'être digne de ma chère sœur d'élection, soit dit sans jeu de mots.

Je te remercie d'avoir mis Louis aussi bien en cour qu'il l'est ; mais malgré l'estime que font de lui messieurs de Bourmont[2] et de Polignac[3], qui veulent l'avoir dans leur ministère, je ne le souhaite point si fort en vue : on est alors trop compromis. Je préfère la Cour des comptes à cause de son inamovibilité[4]. Nos affaires seront ici dans de très bonnes mains ; et, une fois que notre régisseur sera bien au fait, je viendrai seconder Louis, sois tranquille.

Quant à écrire maintenant de longues lettres, le puis-je ? Celle-ci, dans laquelle je voudrais pouvoir te peindre le train ordinaire de mes journées, restera sur ma table pendant huit jours. Peut-être Armand en fera-t-il des cocottes pour ses régiments alignés sur mes tapis ou des vaisseaux pour les flottes qui voguent sur son bain. Un seul de mes jours te suffira d'ailleurs, ils se ressemblent tous et se réduisent à deux événements : les enfants souffrent ou les enfants ne souffrent pas. À la lettre, pour moi, dans cette bastide solitaire, les minutes sont des heures ou les heures sont des minutes, selon l'état des enfants. Si j'ai quelques heures délicieuses, je les rencontre

Notes

1. **ménage** : ici, ensemble des personnes d'une même maison.
2. Louis Auguste Victor de Bourmont (1773-1846) était ministre de la Guerre en 1829.
3. Jules de Polignac était un homme politique français (1780-1847), président du Conseil des ministres quand Renée écrit.
4. **inamovibilité** : privilège consistant à ne pas pouvoir perdre son poste.

pendant leur sommeil, quand je ne suis pas à bercer l'une et à conter des histoires à l'autre pour les endormir. Quand je les tiens endormis près de moi, je me dis : Je n'ai plus rien à craindre. En effet, mon ange, durant le jour, toutes les mères inventent des dangers. Dès que les enfants ne sont plus sous leurs yeux, c'est des rasoirs volés avec lesquels Armand a voulu jouer, le feu qui prend à sa jaquette[1], un orvet[2] qui peut le mordre, une chute en courant qui peut faire un dépôt à la tête, ou les bassins où il peut se noyer. Comme tu le vois, la maternité comporte une suite de poésies douces ou terribles. Pas une heure qui n'ait ses joies et ses craintes. Mais le soir, dans ma chambre, arrive l'heure de ces rêves éveillés pendant laquelle j'arrange leurs destinées. Leur vie est alors éclairée par le sourire des anges que je vois à leur chevet. Quelquefois Armand m'appelle dans son sommeil, je viens à son insu baiser son front et les pieds de sa sœur en les contemplant tous deux dans leur beauté. Voilà mes fêtes ! Hier notre ange gardien, je crois, m'a fait courir au milieu de la nuit, tout inquiète, au berceau d'Athénaïs, qui avait la tête trop bas, et j'ai trouvé notre Armand tout découvert, les pieds violets de froid. – Oh ! petite mère ! m'a-t-il dit en s'éveillant et en m'embrassant. Voilà, ma chère, une scène de nuit.

Combien il est utile à une mère d'avoir ses enfants à côté d'elle ! Est-ce une bonne, tant bonne soit-elle, qui peut les prendre, les rassurer et les rendormir quand quelque horrible cauchemar les a réveillés ? car ils ont leurs rêves ; et leur expliquer un de ces terribles rêves est une tâche d'autant plus difficile qu'un enfant écoute alors sa mère d'un œil à la fois endormi, effaré, intelligent et niais. C'est un point d'orgue[3] entre deux sommeils. Aussi mon sommeil est-il devenu si léger que je vois mes deux petits et les entends à travers la gaze[4] de mes paupières. Je m'éveille à un soupir, à un mouvement.

Notes

1. **jaquette** : veste.
2. **orvet** : serpent.
3. **point d'orgue** : moment important.
4. **gaze** : tissu léger et transparent.

Le monstre des convulsions est pour moi toujours accroupi au pied de leurs lits.

Au jour, le ramage[1] de mes deux enfants commence avec les premiers cris des oiseaux. À travers les voiles du dernier sommeil, leurs baragouinages ressemblent aux gazouillements du matin, aux disputes des hirondelles, petits cris joyeux ou plaintifs, que j'entends moins par les oreilles que par le cœur. Pendant que Naïs essaie d'arriver à moi en opérant le passage de son berceau à mon lit en se traînant sur ses mains et faisant des pas mal assurés, Armand grimpe avec l'adresse d'un singe et m'embrasse. Ces deux petits font alors de mon lit le théâtre de leurs jeux, où la mère est à leur discrétion[2]. La petite me tire les cheveux, veut toujours téter, et Armand défend ma poitrine comme si c'était son bien. Je ne résiste pas à certaines poses, à des rires qui partent comme des fusées et qui finissent par chasser le sommeil. On joue alors à l'ogresse, et mère ogresse mange alors de caresses cette jeune chair si blanche et si douce ; elle baise à outrance ces yeux si coquets dans leur malice, ces épaules de rose, et l'on excite de petites jalousies qui sont charmantes. Il y a des jours où j'essaie de mettre mes bas à huit heures, et où je n'en ai pas encore mis un à neuf heures.

Enfin, ma chère, on se lève. Les toilettes commencent. Je passe mon peignoir : on retrousse ses manches, on prend devant soi le tablier ciré ; je baigne et nettoie alors mes deux petites fleurs, assistée de Mary. Moi seule je suis juge du degré de chaleur ou de tiédeur de l'eau, car la température des eaux est pour la moitié dans les cris, dans les pleurs des enfants. Alors s'élèvent les flottes de papier, les petits canards de verre. Il faut amuser les enfants pour pouvoir bien les nettoyer. Si tu savais tout ce qu'il faut inventer de plaisirs à ces rois absolus pour pouvoir passer de douces éponges dans les moindres coins,

Notes

1. **ramage** : chant, conversation.

2. **à leur discrétion** : à leur disposition.

Renée avec ses enfants : *« Ces deux petits font alors de mon lit le théâtre de leurs jeux. »* Gravure de 1855.

tu serais effrayée de l'adresse et de l'esprit qu'exige le métier de mère accompli glorieusement. On supplie, on gronde, on promet, on devient d'une charlatanerie d'autant plus supérieure qu'elle doit être admirablement cachée. On ne saurait que devenir si à la finesse de l'enfant, Dieu n'avait opposé la finesse de la mère. Un enfant est un grand politique dont on se rend maître comme du grand politique… par ses passions. Heureusement ces anges rient de tout : une brosse qui tombe, une brique de savon qui glisse, voilà des éclats de joie ! Enfin, si les triomphes sont chèrement achetés, il y a du moins des triomphes. Mais Dieu seul, car le père lui-même ne sait rien de cela, Dieu, toi ou les anges, vous seuls donc pourriez comprendre les regards que j'échange avec Mary quand, après avoir fini d'habiller nos deux petites créatures, nous les voyons propres au milieu des savons, des éponges, des peignes, des cuvettes, des papiers brouillards, des flanelles, des mille détails d'une véritable *nursery*[1]. Je suis devenue Anglaise en ce point, je conviens que les femmes de ce pays ont le génie de la *nourriture*. Quoiqu'elles ne considèrent l'enfant qu'au point de vue du bien-être matériel et physique, elles ont raison dans leurs perfectionnements. Aussi mes enfants auront-ils toujours les pieds dans la flanelle[2] et les jambes nues. Ils ne seront ni serrés ni comprimés ; mais aussi jamais ne seront-ils seuls. L'asservissement de l'enfant français dans ses bandelettes est la liberté de la nourrice, voilà le grand mot. Une vraie mère n'est pas libre : voilà pourquoi je ne t'écris pas, ayant sur les bras l'administration du domaine et deux enfants à élever. La science de la mère comporte des mérites silencieux, ignorés de tous, sans parade, une vertu en détail, un dévouement de toutes les heures. Il faut surveiller les soupes qui se font devant le feu. Me crois-tu femme à me dérober à un soin ? Dans le moindre soin, il y a de l'affection à récolter. Oh ! c'est si joli le sourire d'un enfant

Notes

1. ***nursery*** : pièce réservée aux soins des bébés et petits enfants.

2. **flanelle** : tissu de laine peu serré et doux.

qui trouve son petit repas excellent. Armand a des hochements de tête qui valent toute une vie d'amour. Comment laisser à une autre femme le droit, le soin, le plaisir de souffler sur une cuillerée de soupe que Naïs trouvera trop chaude, elle que j'ai sevrée[1] il y a sept mois, et qui se souvient toujours du sein? Quand une *bonne* a brûlé la langue et les lèvres d'un enfant avec quelque chose de chaud, elle dit à la mère qui accourt que c'est la faim qui le fait crier. Mais comment une mère dort-elle en paix avec l'idée que des haleines impures peuvent passer sur les cuillerées avalées par son enfant, elle à qui la nature n'a pas permis d'avoir un intermédiaire entre son sein et les lèvres de son nourrisson! Découper la côtelette de Naïs qui fait ses dernières dents et mélanger cette viande cuite à point avec des pommes de terre est une œuvre de patience, et vraiment il n'y a qu'une mère qui puisse savoir dans certains cas faire manger en entier le repas à un enfant qui s'impatiente. Ni domestiques nombreux ni bonne anglaise ne peuvent donc dispenser une mère de donner en personne sur le champ de bataille où la douceur doit lutter contre les petits chagrins de l'enfance, contre ses douleurs. Tiens, Louise, il faut soigner ces chers innocents avec son âme; il faut ne croire qu'à ses yeux, qu'au témoignage de la main pour la toilette, pour la nourriture et pour le coucher. En principe, le cri d'un enfant est une raison absolue qui donne tort à sa mère ou à sa bonne quand le cri n'a pas pour cause une souffrance voulue par la nature. Depuis que j'en ai deux et bientôt trois à soigner, je n'ai rien dans l'âme que mes enfants; et toi-même, que j'aime tant, tu n'es qu'à l'état de souvenir. Je ne suis pas toujours habillée à deux heures. Aussi ne croyais-je pas aux mères qui ont des appartements rangés et des cols, des robes, des affaires en ordre. Hier, aux premiers jours d'avril, il faisait beau, j'ai voulu les promener avant mes couches dont l'heure tinte; eh!

Note

1. **sevrée** : arrêté d'allaiter.

bien, pour une mère, c'est tout un poème qu'une sortie, et l'on se le promet la veille pour le lendemain. Armand devait mettre pour la première fois une jaquette de velours noir, une nouvelle collerette[1] que j'avais brodée, une toque[2] écossaise aux couleurs des Stuarts et à plumes de coq ; Naïs allait être en blanc et rose avec les délicieux bonnets des *baby*, car elle est encore un *baby* ; elle va perdre ce joli nom quand viendra le petit qui me donne des coups de pied et que j'appelle *mon mendiant*, car il sera le cadet[3]. J'ai vu déjà mon enfant en rêve et sais que j'aurai un garçon. Bonnets, collerettes, jaquette, les petits bas, les souliers mignons, les bandelettes roses pour les jambes, la robe en mousseline brodée à dessins en soie, tout était sur mon lit. Quand ces deux oiseaux si gais, et qui s'entendent si bien, ont eu leurs chevelures brunes bouclée chez l'un, doucement amenée sur le front et bordant le bonnet blanc et rose chez l'autre ; quand les souliers ont été agrafés ; quand ces petits mollets nus, ces pieds si bien chaussés ont trotté dans la *nursery* ; quand ces deux faces *cleanes*[4], comme dit Mary, en français limpide ; quand ces yeux pétillants ont dit : Allons ! je palpitais. Oh ! voir des enfants parés par nos mains, voir cette peau si fraîche où brillent les veines bleues quand on les a baignés, étuvés, épongés soi-même, rehaussée par les vives couleurs du velours ou de la soie ; mais c'est mieux qu'un poème ! Avec quelle passion, satisfaite à peine, on les rappelle pour rebaiser ces cous qu'une simple collerette rend plus jolis que celui de la plus belle femme ! Ces tableaux, devant lesquels les plus stupides lithographies[5] coloriées arrêtent toutes les mères, moi je les fais tous les jours !

Notes

1. **collerette** : vêtement qui entoure le cou.
2. **toque** : sorte de chapeau.
3. Car le cadet était défavorisé en termes d'héritage.
4. *cleanes* : mot anglais signifiant « propres », « nettoyées ».
5. **lithographies** : gravures.

Une fois sortis, jouissant de mes travaux, admirant ce petit Armand qui avait l'air du fils d'un prince et qui faisait marcher le *baby* le long de ce petit chemin que tu connais, une voiture est venue, j'ai voulu les ranger, les deux enfants ont roulé dans une flaque de boue, et voilà mes chefs-d'œuvre perdus! il a fallu les rentrer et les habiller autrement. J'ai pris ma petite dans mes bras, sans voir que je perdais ma robe; Mary s'est emparée d'Armand et nous voilà rentrés. Quand un *baby* crie et qu'un enfant se mouille, tout est dit : une mère ne pense plus à elle, elle est absorbée.

Le dîner arrive, je n'ai la plupart du temps rien fait; et comment puis-je suffire à les servir tous deux, à mettre les serviettes, à relever les manches et à les faire manger? c'est un problème que je résous deux fois par jour. Au milieu de ces soins perpétuels, de ces fêtes ou de ces désastres, il n'y a d'oublié que moi dans la maison. Il m'arrive souvent de rester en papillotes[1] quand les enfants ont été méchants. Ma toilette dépend de leur humeur. Pour avoir un moment à moi, pour t'écrire ces six pages, il faut qu'ils découpent les images de mes romances[2], qu'ils fassent des châteaux avec des livres, avec des échecs ou des jetons de nacre, que Naïs dévide mes soies ou mes laines à sa manière qui, je t'assure, est si compliquée qu'elle y met toute sa petite intelligence et ne souffle mot.

Après tout, je n'ai pas à me plaindre : mes deux enfants sont robustes, libres, et ils s'amusent à moins de frais qu'on ne pense. Ils sont heureux de tout, il leur faut plutôt une liberté surveillée que des joujoux. Quelques cailloux roses, jaunes, violets ou noirs, de petits coquillages, les merveilles du sable font leur bonheur. Posséder beaucoup de petites choses, voilà leur richesse. J'examine Armand, il parle aux fleurs, aux mouches, aux poules, il les imite, il s'entend avec les insectes qui le remplissent d'admiration. Tout ce qui est petit les intéresse. Ar-

Notes

1. **en papillotes** : avec des bigoudis de papier dans les cheveux.

2. **romances** : livres de musique, partitions.

mand commence à demander le *pourquoi* de toute chose, il est venu voir ce que je disais à sa marraine; il te prend d'ailleurs pour une fée, et vois comme les enfants ont toujours raison!

Hélas! mon ange, je ne voulais pas t'attrister en te racontant ces félicités. Voici pour te peindre ton filleul. L'autre jour, un pauvre nous suit, car les pauvres savent qu'aucune mère accompagnée de son enfant ne leur refuse jamais une aumône. Armand ne sait pas encore qu'on peut manquer de pain, il ignore ce qu'est l'argent; mais comme il venait de désirer une trompette que je lui avais achetée, il la tend d'un air royal au vieillard en lui disant : – Tiens, prends!

– Me permettez-vous de la garder? me dit le pauvre.

Quoi sur la terre mettre en balance avec les joies d'un pareil moment?

– C'est que, madame, moi aussi j'ai eu des enfants, me dit le vieillard en prenant ce que je lui donnais sans y faire attention.

Quand je songe qu'il faudra mettre dans un collège un enfant comme Armand, que je n'ai plus que trois ans et demi à le garder, il me prend des frissons. L'Instruction Publique[1] fauchera les fleurs de cette enfance bénie à toute heure, *dénaturalisera* ces grâces et ces adorables franchises! On coupera cette chevelure frisée que j'ai tant soignée, nettoyée et baisée. Que fera-t-on de cette âme d'Armand?

Et toi, que deviens-tu? tu ne m'as rien dit de ta vie. Aimes-tu toujours Felipe? car je ne suis pas inquiète du Sarrasin. Adieu, Naïs vient de tomber, et si je voulais continuer, cette lettre ferait un volume.

Note

1. **Instruction Publique** : ancien nom du ministère de l'Éducation nationale.

XLVI
Madame de Macumer à la comtesse de l'Estorade

1829.

Les journaux t'auront appris, ma bonne et tendre Renée, l'horrible malheur qui a fondu sur moi ; je n'ai pu t'écrire un seul mot, je suis restée à son chevet pendant une vingtaine de jours et de nuits, j'ai reçu son dernier soupir, je lui ai fermé les yeux, je l'ai gardé pieusement avec les prêtres et j'ai dit les prières des morts. Je me suis infligé le châtiment de ces épouvantables douleurs, et cependant, en voyant sur ses lèvres sereines le sourire qu'il m'adressait avant de mourir, je n'ai pu croire que mon amour l'ait tué ! Enfin, *il n'est plus*, et moi *je suis* ! À toi qui nous as bien connus, que puis-je dire de plus ? tout est dans ces deux phrases. Oh ! si quelqu'un pouvait me dire qu'on peut le rappeler à la vie, je donnerais ma part du ciel pour entendre cette promesse, car ce serait le revoir !... Et le ressaisir, ne fût-ce que pendant deux secondes, ce serait respirer le poignard hors du cœur ! Ne viendras-tu pas bientôt me dire cela ? ne m'aimes-tu pas assez pour me tromper ?... Mais non ! tu m'as dit à l'avance que je lui faisais de profondes blessures... Est-ce vrai ? Non, je n'ai pas mérité son amour, tu as raison, je l'ai volé. Le bonheur, je l'ai étouffé dans mes étreintes[1] insensées ! Oh ! en t'écrivant, je ne suis plus folle, mais je sens que je suis seule ! Seigneur, qu'est-ce qu'il y aura de plus dans votre enfer que ce mot-là ?

Quand on me l'a enlevé, je me suis couchée dans le même lit, espérant mourir, car il n'y avait qu'une porte entre nous, je me croyais encore assez de force pour la pousser ! Mais, hélas ! j'étais trop jeune, et après une convalescence de quarante jours, pendant lesquels on m'a nourrie avec un art affreux par

Note

1. **étreintes** : actions de serrer très fort dans ses bras.

les inventions d'une triste science, je me vois à la campagne, assise à ma fenêtre au milieu des belles fleurs qu'il faisait soigner pour moi, jouissant de cette vue magnifique sur laquelle ses regards ont tant de fois erré, qu'il s'applaudissait tant d'avoir découverte, puisqu'elle me plaisait. Ah ! chère, la douleur de changer de place est inouïe quand le cœur est mort. La terre humide de mon jardin me fait frissonner, la terre est comme une grande tombe, et je crois marcher sur *lui* ! À ma première sortie, j'ai eu peur et suis restée immobile. C'est bien lugubre de voir *ses* fleurs sans *lui* !

Ma mère et mon père sont en Espagne, tu connais mes frères, et toi tu es obligée d'être à la campagne ; mais sois tranquille : deux anges avaient volé vers moi. Le duc et la duchesse de Soria, ces deux charmants êtres, sont accourus vers leur frère. Les dernières nuits ont vu nos trois douleurs calmes et silencieuses autour de ce lit où mourait l'un de ces hommes vraiment nobles et vraiment grands, qui sont si rares et qui nous sont alors supérieurs en toute chose. La patience de mon Felipe a été divine. La vue de son frère et de Marie a pour un moment rafraîchi son âme et apaisé ses douleurs.

– Chère, m'a-t-il dit avec la simplicité qu'il mettait en toute chose, j'allais mourir en oubliant de donner à Fernand la baronnie de Macumer, il faut refaire mon testament. Mon frère me pardonnera, lui qui sait ce qu'est d'aimer !

Je dois la vie aux soins de mon beau-frère et de sa femme, ils veulent m'emmener en Espagne !

Ah ! Renée, ce désastre, je ne puis en dire qu'à toi la portée. Le sentiment de mes fautes m'accable, et c'est une amère consolation que de te les confier, pauvre Cassandre[1] inécoutée. Je l'ai tué par mes exigences, par mes jalousies hors de propos, par mes continuelles tracasseries. Mon amour était d'autant

Note

1. **Cassandre** : dans la mythologie grecque, fille de Priam et d'Hécube qui était capable de prédire l'avenir et d'annoncer les malheurs à venir. Dans le langage courant, désigne une personne pessimiste annonçant toujours des catastrophes.

plus terrible que nous avions une exquise et même sensibilité, nous parlions le même langage, il comprenait admirablement tout, et souvent ma plaisanterie allait, sans que je m'en doutasse, au fond de son cœur. Tu ne saurais imaginer jusqu'où ce cher esclave poussait l'obéissance : je lui disais parfois de s'en aller et de me laisser seule, il sortait sans discuter une fantaisie de laquelle peut-être il souffrait. Jusqu'à son dernier soupir il m'a bénie, en me répétant qu'une seule matinée, seul à seule avec moi, valait plus pour lui qu'une longue vie avec une autre femme aimée, fût-ce Marie Heredia. Je pleure en t'écrivant ces paroles.

Maintenant, je me lève à midi, je me couche à sept heures du soir, je mets un temps ridicule à mes repas, je marche lentement, je reste une heure devant une plante, je regarde les feuillages, je m'occupe avec mesure et gravité de riens, j'adore l'ombre, le silence et la nuit ; enfin je combats les heures et je les ajoute avec un sombre plaisir au passé. La paix de mon parc est la seule compagnie que je veuille ; j'y trouve en toute chose les sublimes images de mon bonheur éteintes, invisibles pour tous, éloquentes et vives pour moi.

Ma belle-sœur s'est jetée dans mes bras quand un matin je leur ai dit : – Vous m'êtes insupportables ! Les Espagnols ont quelque chose de plus que nous de grand dans l'âme !

Ah ! Renée, si je ne suis pas morte, c'est que Dieu proportionne sans doute le sentiment du malheur à la force des affligés. Il n'y a que nous autres femmes qui sachions l'étendue de nos pertes quand nous perdons un amour sans aucune hypocrisie, un amour de choix, une passion durable dont les plaisirs satisfaisaient à la fois l'âme et la nature. Quand rencontrons-nous un homme si plein de qualités que nous puissions l'aimer sans avilissement ? Le rencontrer est le plus grand bonheur qui nous puisse advenir, et nous ne saurions le rencontrer deux fois. Hommes vraiment forts et grands, chez qui la vertu se cache sous la poésie, dont l'âme possède un charme élevé, faits pour être adorés, gardez-vous d'aimer, vous causeriez le malheur de la femme et le vôtre! Voilà ce que je crie dans les allées de mes bois! Et pas d'enfant de lui! Cet intarissable[1] amour qui me souriait toujours, qui n'avait que des fleurs et des joies à me verser, cet amour fut stérile. Je suis une créature maudite! L'amour pur et violent comme il est quand il est absolu serait-il donc aussi infécond que l'aversion, de même que l'extrême chaleur des sables du désert et l'extrême froid du pôle empêchent toute existence? Faut-il se marier avec un Louis de l'Estorade pour avoir une famille? Dieu serait-il jaloux de l'amour? Je déraisonne.

Je crois que tu es la seule personne que je puisse souffrir près de moi; viens donc, toi seule dois être avec une Louise en deuil. Quelle horrible journée que celle où j'ai mis le bonnet des veuves! Quand je me suis vue en noir, je suis tombée sur un siège et j'ai pleuré jusqu'à la nuit, et je pleure encore en te parlant de ce terrible moment. Adieu, t'écrire me fatigue; j'ai trop de mes idées, je ne veux plus les exprimer. Amène tes enfants, tu peux nourrir le dernier ici, je ne serai plus jalouse; *il* n'y est plus, et mon filleul me fera bien plaisir à voir; car Felipe souhaitait un enfant qui ressemblât à ce petit Armand. Enfin, viens prendre ta part de mes douleurs!...

XLVII
Renée à Louise

1829.

Ma chérie, quand tu tiendras cette lettre entre les mains, je ne serai pas loin, car je pars quelques instants après te l'avoir envoyée. Nous serons seules. Louis est obligé de rester en Provence à cause des élections qui vont s'y faire; il veut être réélu, et il y a déjà des intrigues de nouées contre lui par les libéraux.

Note
1. **intarissable** : inépuisable.

Je ne viens pas te consoler, je t'apporte seulement mon cœur pour tenir compagnie au tien et pour t'aider à vivre. Je viens t'ordonner de pleurer : il faut acheter ainsi le bonheur de le rejoindre un jour, car il n'est qu'en voyage vers Dieu ; tu ne feras plus un seul pas qui ne te conduise vers lui. Chaque devoir accompli rompra quelque anneau de la chaîne qui vous sépare. Allons, ma Louise, tu te relèveras dans mes bras et tu iras à lui pure, noble, pardonnée de tes fautes involontaires, et accompagnée des œuvres que tu feras ici-bas en son nom.

Je te trace ces lignes à la hâte au milieu de mes préparatifs, de mes enfants, et d'Armand qui me crie : – Marraine ! marraine ! allons la voir ! à me rendre jalouse : c'est presque ton fils !

Deuxième partie

XLVIII
De la baronne de Macumer à la comtesse de l'Estorade

15 octobre 1833.

Eh ! bien, oui, Renée, on a raison, on t'a dit vrai. J'ai vendu mon hôtel, j'ai vendu Chantepleurs et les fermes de Seine-et-Marne ; mais que je sois folle et ruinée, ceci est de trop. Comptons ! La cloche fondue, il m'est resté de la fortune de mon pauvre Macumer environ douze cent mille francs. Je vais te rendre un compte fidèle en sœur bien apprise. J'ai mis un million dans le trois pour cent quand il était à cinquante francs, et me suis fait ainsi soixante mille francs de rentes au lieu de trente que j'avais en terres. Aller six mois de l'année en province, y passer des baux[1], y écouter les doléances[2] des fermiers, qui paient quand ils veulent, s'y ennuyer comme un chasseur par un temps de pluie, avoir des denrées à vendre et les céder à perte ; habiter à Paris un hôtel qui représentait dix mille livres de rentes, placer des fonds chez des notaires, attendre les intérêts, être obligée de poursuivre les gens pour avoir ses

Notes

1. **baux** : contrats de location de terres ou de domaines.

2. **doléances** : plaintes, réclamations.

remboursements, étudier la législation hypothécaire[1]; enfin avoir des affaires en Nivernais, en Seine-et-Marne, à Paris, quel fardeau, quels ennuis, quels mécomptes et quelles pertes pour une veuve de vingt-sept ans! Maintenant ma fortune est hypothéquée sur[2] le budget. Au lieu de payer des contributions à l'État, je reçois de lui, moi-même, sans frais, trente mille francs tous les six mois au Trésor, d'un joli petit employé qui me donne trente billets de mille francs et qui sourit en me voyant. Si la France fait banqueroute? me diras-tu. D'abord,

Je ne sais pas prévoir les malheurs de si loin[3].

Mais la France me retrancherait alors tout au plus la moitié de mon revenu; je serais encore aussi riche que je l'étais avant mon placement; puis, d'ici la catastrophe, j'aurai touché le double de mon revenu antérieur. La catastrophe n'arrive que de siècle en siècle, on a donc le temps de se faire un capital en économisant. Enfin le comte de l'Estorade n'est-il pas pair de la France semi-républicaine de Juillet? n'est-il pas un des soutiens de la couronne offerte par le *peuple* au roi des Français? puis-je avoir des inquiétudes en ayant pour ami un président de chambre à la Cour des comptes, un grand financier? Ose dire que je suis folle! Je calcule presque aussi bien que ton roi-citoyen[4]. Sais-tu ce qui peut donner cette sagesse algébrique à une femme? l'amour! Hélas! le moment est venu de t'expliquer les mystères de ma conduite, dont les raisons fuyaient ta perspicacité, ta tendresse curieuse et ta finesse. Je me marie dans un village auprès de Paris, secrètement. J'aime, je suis aimée. J'aime autant qu'une

Notes

1. **hypothécaire** : liée à l'hypothèque, c'est-à-dire aux garanties prévues par les contrats et les baux.

2. **hypothéquée sur** : garantie par, indexée sur.

3. Louise reprend, ici, un vers de la tragédie de Racine (1639-1699), *Andromaque* (1667) : « *Je ne sais point prévoir les malheurs de si loin* », dit Pyrrhus dans la scène 2 de l'acte I.

4. Dans ces lignes, Louise fait allusion à la révolution de Juillet 1830 qui a chassé Charles X et installé sur le trône Louis-Philippe, « roi des Français » et non plus « roi de France », obligé d'accepter contractuellement la Charte constitutionnelle.

femme qui sait bien ce qu'est l'amour peut aimer. Je suis aimée autant qu'un homme doit aimer la femme par laquelle il est adoré. Pardonne-moi, Renée, de m'être cachée de toi, de tout le monde. Si ta Louise trompe tous les regards, déjoue toutes les curiosités, avoue que ma passion pour mon pauvre Macumer exigeait cette tromperie. L'Estorade et toi, vous m'eussiez assassinée de doutes, étourdie de remontrances[1]. Les circonstances auraient pu d'ailleurs vous venir en aide. Toi seule sais à quel point je suis jalouse, et tu m'aurais inutilement tourmentée. Ce que tu vas nommer ma folie, ma Renée, je l'ai voulu faire à moi seule, à ma tête, à mon cœur, en jeune fille qui trompe la surveillance de ses parents. Mon amant a pour toute fortune trente mille francs de dettes que j'ai payées. Quel sujet d'observations! Vous auriez voulu me prouver que Gaston est un intrigant[2], et ton mari eût espionné ce cher enfant. J'ai mieux aimé l'étudier moi-même. Voici vingt-deux mois qu'il me fait la cour; j'ai vingt-sept ans, il en a vingt-trois. D'une femme à un homme, cette différence d'âge est énorme. Autre source de malheurs! Enfin, il est poète, et vivait de son travail; c'est te dire assez qu'il vivait de fort peu de chose. Ce cher lézard de poète était plus souvent au soleil à bâtir des châteaux en Espagne[3] qu'à l'ombre de son taudis à travailler des poèmes. Or, les écrivains, les artistes, tous ceux qui n'existent que par la pensée, sont assez généralement taxés d'inconstance par les gens positifs. Ils épousent et conçoivent tant de caprices, qu'il est naturel de croire que la tête réagisse sur le cœur. Malgré les dettes payées, malgré la différence d'âge, malgré la poésie, après neuf mois d'une noble défense et sans lui avoir permis de baiser ma main, après les plus chastes et les plus délicieuses amours, dans quelques jours, je ne me livre pas, comme il y a huit ans, inexpériente[4], ignorante et

Notes

1. **remontrances** : reproches.
2. **intrigant** : manipulateur.
3. **bâtir des châteaux en Espagne** : élaborer des projets qui ne se réaliseront pas.
4. **inexpériente** : (mot inusité aujourd'hui) sans expérience, inexpérimentée.

curieuse ; je me donne, et suis attendue avec une si grande soumission, que je pourrais ajourner mon mariage à un an ; mais il n'y a pas la moindre servilité dans ceci : il y a servage et non soumission. Jamais il ne s'est rencontré de plus noble cœur, ni plus d'esprit dans la tendresse, ni plus d'âme dans l'amour que chez mon prétendu. Hélas ! mon ange, il a de qui tenir ! Tu vas savoir son histoire en deux mots.

Mon ami n'a pas d'autres noms que ceux de Marie[1] Gaston. Il est fils, non pas naturel[2], mais adultérin[3] de cette belle lady Brandon, de laquelle tu dois avoir entendu parler, et que par vengeance lady Dudley[4] a fait mourir de chagrin, une horrible histoire que ce cher enfant ignore. Marie Gaston a été mis par son frère Louis Gaston au collège de Tours, d'où il est sorti en 1827. Le frère s'est embarqué quelques jours après l'y avoir placé, allant chercher fortune, lui dit une vieille femme qui a été sa Providence, à lui. Ce frère, devenu marin, lui a écrit de loin en loin des lettres vraiment paternelles, et qui sont émanées d'une belle âme ; mais il se débat toujours au loin. Dans sa dernière lettre, il annonçait à Marie Gaston sa nomination au grade de capitaine de vaisseau dans je ne sais quelle république américaine, en lui disant d'espérer. Hélas ! depuis trois ans mon pauvre lézard n'a plus reçu de lettres, et il aime tant ce frère qu'il voulait s'embarquer à sa recherche. Notre grand écrivain Daniel d'Arthez[5] a empêché cette folie et s'est intéressé noblement à Marie Gaston, auquel il a souvent *donné*, comme me l'a dit le poète dans son langage énergique, *la pâtée et la niche*. En effet, juge de la détresse de cet enfant : il a cru que le génie était le plus rapide des moyens de

Notes

1. « Marie » était aussi un prénom masculin.
2. **fils naturel** : né hors mariage mais dont la filiation est établie.
3. **fils adultérin** : fils né d'un adultère, autrefois appelé « bâtard ».
4. **Lady Brandon, Lady Dudley** : deux personnages fictifs récurrents de *La Comédie humaine*.
5. **Daniel d'Arthez** : personnage fictif récurrent (écrivain et homme politique) de *La Comédie humaine*.

fortune, n'est-ce pas à en rire pendant vingt-quatre heures? Depuis 1828 jusqu'en 1833 il a donc tâché de se faire un nom dans les lettres, et naturellement il a mené la plus effroyable vie d'angoisses, d'espérances, de travail et de privations qui se puisse imaginer. Entraîné par une excessive ambition et malgré les bons conseils de d'Arthez, il n'a fait que grossir la boule de neige de ses dettes. Son nom commençait cependant à percer quand je l'ai rencontré chez la marquise d'Espard. Là, sans qu'il s'en doutât, je me suis sentie éprise de lui sympathiquement à la première vue. Comment n'a-t-il pas encore été aimé? comment me l'a-t-on laissé? Oh! il a du génie et de l'esprit, du cœur et de la fierté; les femmes s'effraient toujours de ces grandeurs complètes. N'a-t-il pas fallu cent victoires pour que Joséphine aperçût Napoléon dans le petit Bonaparte, son mari? L'innocente créature croit savoir combien je l'aime! Pauvre Gaston! il ne s'en doute pas; mais à toi je vais le dire, il faut que tu le saches, car il y a, Renée, un peu de testament dans cette lettre. Médite bien mes paroles.

En ce moment j'ai la certitude d'être aimée autant qu'une femme peut être aimée sur cette terre, et j'ai foi dans cette adorable vie conjugale où j'apporte un amour que je ne connaissais pas… Oui, j'éprouve enfin le plaisir de la passion ressentie. Ce que toutes les femmes demandent aujourd'hui à l'amour, le mariage me le donne. Je sens en moi pour Gaston l'adoration que j'inspirais à mon pauvre Felipe! je ne suis pas maîtresse de moi, je tremble devant cet enfant comme l'Abencerrage tremblait devant moi. Enfin, j'aime plus que je ne suis aimée; j'ai peur de toute chose, j'ai les frayeurs les plus ridicules, j'ai peur d'être quittée, je tremble d'être vieille et laide quand Gaston sera toujours jeune et beau, je tremble de ne pas lui plaire assez! Cependant je crois posséder les facultés, le dévouement, l'esprit nécessaires pour, non pas entretenir, mais faire croître cet amour loin du monde et dans la solitude. Si j'échouais, si le magnifique poème de cet amour secret devait avoir une fin, que dis-je une fin ! si Gaston m'aimait un jour moins que la veille, si je m'en aperçois, Renée, sache-le, ce n'est pas à lui, mais à moi que je m'en prendrai. Ce ne sera pas sa faute, ce sera la mienne. Je me connais, je suis plus amante que mère. Aussi te le dis-je d'avance, je mourrais quand même j'aurais des enfants. Avant de me lier avec moi-même, ma Renée, je te supplie donc, si ce malheur m'atteignait, de servir de mère à mes enfants, je te les aurai légués. Ton fanatisme[1] pour le devoir, tes précieuses qualités, ton amour pour les enfants, ta tendresse pour moi, tout ce que je sais de toi me rendra la mort moins amère, je n'ose dire douce. Ce parti pris avec moi-même ajoute je ne sais quoi de terrible à la solennité de ce mariage ; aussi n'y veux-je point de témoins qui me connaissent ; aussi mon mariage sera-t-il célébré secrètement. Je pourrai trembler à mon aise, je ne verrai pas dans tes chers yeux une inquiétude, et moi seule saurai qu'en signant un nouvel acte de mariage je puis avoir signé mon arrêt de mort.

Je ne reviendrai plus sur ce pacte fait entre moi-même et le moi que je vais devenir ; je te l'ai confié pour que tu connusses l'étendue de tes devoirs. Je me marie séparée de biens, et tout en sachant que je suis assez riche pour que nous puissions vivre à notre aise, Gaston ignore quelle est ma fortune. En vingt-quatre heures je distribuerai ma fortune à mon gré. Comme je ne veux rien d'humiliant, j'ai fait mettre douze mille francs de rente à son nom ; il les trouvera dans son secrétaire la veille de notre mariage ; et s'il ne les acceptait pas, je suspendrais tout. Il a fallu la menace de ne pas l'épouser pour obtenir le droit de payer ses dettes. Je suis lasse de t'avoir écrit ces aveux ; après-demain je t'en dirai davantage, car je suis obligée d'aller demain à la campagne pour toute la journée.

Note

1. **fanatisme** : ici, enthousiasme excessif.

20 octobre.

Voici quelles mesures j'ai prises pour cacher mon bonheur, car je souhaite éviter toute espèce d'occasion à ma jalousie. Je ressemble à cette belle princesse italienne qui courait comme une lionne ronger son amour dans quelque ville de Suisse, après avoir fondu sur sa proie comme une lionne. Aussi ne te parlé-je de mes dispositions que pour te demander une autre grâce, celle de ne jamais venir nous voir sans que je t'en aie priée moi-même, et de respecter la solitude dans laquelle je veux vivre.

J'ai fait acheter, il y a deux ans, au-dessus des étangs de Ville-d'Avray[1], sur la route de Versailles, une vingtaine d'arpents de prairies, une lisière de bois et un beau jardin fruitier. Au fond des prés, on a creusé le terrain de manière à obtenir un étang d'environ trois arpents de superficie, au milieu duquel on a laissé une île gracieusement découpée. Les deux jolies collines chargées de bois qui encaissent cette petite vallée filtrent des sources ravissantes qui courent dans mon parc, où elles sont savamment distribuées par mon architecte. Ces eaux tombent dans les étangs de la couronne, dont la vue s'aperçoit par échappées. Ce petit parc, admirablement bien dessiné par cet architecte, est, suivant la nature du terrain, entouré de haies, de murs, de sauts-de-loup[2], en sorte qu'aucun point de vue n'est perdu. À mi-côte, flanqué par les bois de la Ronce, dans une délicieuse exposition et devant une prairie inclinée vers l'étang, on m'a construit un chalet dont l'extérieur est en tout point semblable à celui que les voyageurs admirent sur la route de Sion à Brigg[3], et qui m'a tant séduite à mon retour d'Italie. À l'intérieur, son élégance défie celle des chalets les plus illustres. À cent pas de cette habitation rustique, une char-

Notes

1. **Ville-d'Avray** : ville de l'ouest parisien.
2. **sauts-de-loup** : larges fossés qu'un loup pourrait à peine franchir.
3. **route [...] Brigg** : lieux en Suisse. Brigg est, en général, écrit *Brigue*.

mante maison qui fait fabrique[1] communique au chalet par un souterrain et contient la cuisine, les communs, les écuries et les remises. De toutes ces constructions en briques, l'œil ne voit qu'une façade d'une simplicité gracieuse et entourée de massifs. Le logement des jardiniers forme une autre fabrique et masque l'entrée des vergers et des potagers.

La porte de cette propriété, cachée dans le mur qui sert d'enceinte du côté des bois, est presque introuvable. Les plantations, déjà grandes, dissimuleront complètement les maisons en deux ou trois ans. Le promeneur ne devinera nos habitations qu'en voyant la fumée des cheminées du haut des collines, ou dans l'hiver quand les feuilles seront tombées.

Mon chalet est construit au milieu d'un paysage copié sur ce qu'on appelle le jardin du roi à Versailles, mais il a vue sur mon étang et sur mon île. De toutes parts les collines montrent leurs masses de feuillage, leurs beaux arbres si bien soignés par ta nouvelle liste civile[2]. Mes jardiniers ont l'ordre de ne cultiver autour de moi que des fleurs odorantes et par milliers, en sorte que ce coin de terre est une émeraude[3] parfumée. Le Chalet, garni d'une vigne vierge qui court sur le toit, est exactement empaillé de plantes grimpantes, de houblon, de clématite, de jasmin, d'azaléa, de cobéa[4]. Qui distinguera nos fenêtres pourra se vanter d'avoir une bonne vue !

Ce chalet, ma chère, est une belle et bonne maison, avec son calorifère[5] et tous les emménagements qu'a su pratiquer l'architecture moderne, qui fait des palais dans cent pieds carrés. Elle contient un appartement pour Gaston et un appartement pour moi. Le rez-de-chaussée est pris par une antichambre[6], un

Notes

1. **fabrique** : ici, petite construction qui décore un jardin.
2. **liste civile** : part du budget de l'État.
3. **émeraude** : pierre précieuse de couleur verte.
4. **houblon [...] cobéa** : noms de plantes, pour certaines très colorées.
5. **calorifère** : appareil de chauffage.
6. **antichambre** : pièce d'attente placée à l'entrée d'une grande maison.

parloir[1] et une salle à manger. Au-dessus de nous se trouvent trois chambres destinées à la *nourricerie*. J'ai cinq beaux chevaux, un petit coupé léger et un mylord[2] à deux chevaux ; car nous sommes à quarante minutes de Paris ; quand il nous plaira d'aller entendre un opéra, de voir une pièce nouvelle, nous pourrons partir après le dîner et revenir le soir dans notre nid. La route est belle et passe sous les ombrages de notre haie de clôture. Mes gens, mon cuisinier, mon cocher, le palefrenier[3], les jardiniers, ma femme de chambre sont de fort honnêtes personnes que j'ai cherchées pendant ces six derniers mois, et qui seront commandées par mon vieux Philippe. Quoique certaine de leur attachement et de leur discrétion, je les ai prises par leur intérêt ; elles ont des gages peu considérables, mais qui s'accroissent chaque année de ce que nous leur donnerons au jour de l'An. Tous savent que la plus légère faute, un soupçon sur leur discrétion peut leur faire perdre d'immenses avantages. Jamais les amoureux ne tracassent leurs serviteurs, ils sont indulgents par caractère ; ainsi je puis compter sur nos gens.

Tout ce qu'il y avait de précieux, de joli, d'élégant dans ma maison de la rue du Bac, se trouve au Chalet. Le Rembrandt[4] est, ni plus ni moins qu'une croûte[5], dans l'escalier ; l'Hobbema[6] se trouve dans son cabinet en face de Rubens[7] ; le Titien[8], que ma belle-sœur Marie m'a envoyé de Madrid, orne le boudoir[9] ; les beaux meubles trouvés par Felipe sont bien placés

Notes

1. **parloir** : salon où l'on reçoit les invités pour bavarder.
2. **mylord** : (souvent orthographié *milord*) voiture à 4 roues avec un siège surélevé pour le conducteur.
3. **palefrenier** : personne chargée du soin des chevaux.
4. **Rembrandt** : un des plus grands peintres de la peinture hollandaise (1606 ou 1607-1669).
5. **croûte** : mauvais tableau.
6. Meindert Hobbema était un peintre hollandais, paysagiste (1638-1709).
7. Pierre Paul Rubens (1577-1640) était un des plus grands peintres de la peinture hollandaise.
8. **Titien** : peintre italien (v. 1488-1576), un des plus importants portraitistes de son époque.
9. **boudoir** : petit salon de dame.

dans le parloir, que l'architecte a délicieusement décoré. Tout au Chalet est d'une admirable simplicité, de cette simplicité qui coûte cent mille francs. Construit sur des caves en pierres meulières[1] assises sur du béton, notre rez-de-chaussée, à peine visible sous les fleurs et les arbustes, jouit d'une adorable fraîcheur sans la moindre humidité. Enfin une flotte de cygnes blancs vogue sur l'étang.

Ô Renée! il règne dans ce vallon un silence à réjouir les morts. On y est éveillé par le chant des oiseaux ou par le frémissement de la brise dans les peupliers. Il descend de la colline une petite source trouvée par l'architecte en creusant les fondations du mur du côté des bois, qui court sur du sable argenté vers l'étang entre deux rives de cresson[2] : je ne sais pas si quelque somme peut la payer. Gaston ne prendra-t-il pas ce bonheur trop complet en haine? Tout est si beau que je frémis; les vers se logent dans les bons fruits, les insectes attaquent les fleurs magnifiques. N'est-ce pas toujours l'orgueil de la forêt que ronge cette horrible larve brune dont la voracité ressemble à celle de la mort? Je sais déjà qu'une puissance invisible et jalouse attaque les félicités complètes. Depuis longtemps tu me l'as écrit, d'ailleurs, et tu t'es trouvée prophète.

Quand, avant-hier, je suis allée voir si mes dernières fantaisies avaient été comprises, j'ai senti des larmes me venir aux yeux, et j'ai mis sur le mémoire[3] de l'architecte, à sa très grande surprise : Bon à payer. – Votre homme d'affaires ne paiera pas, madame, m'a-t-il dit, il s'agit de trois cent mille francs. J'ai ajouté : Sans discussion! en vraie Chaulieu du dix-septième siècle. – Mais, monsieur, lui dis-je, je mets une condition à ma reconnaissance : ne parlez de ces bâtiments et du parc à qui que ce soit. Que personne ne puisse connaître le nom du propriétaire, promettez-moi sur l'honneur d'observer cette clause de mon paiement.

Notes

1. **pierres meulières** : pierres rugueuses.
2. **cresson** : plante.
3. **mémoire** : (nom masculin singulier) état des sommes dues à un fournisseur.

Comprends-tu maintenant la raison de mes courses subites, de ces allées et venues secrètes ? vois-tu où se trouvent ces belles choses qu'on croyait vendues ? Saisis-tu la haute raison du changement de ma fortune ? Ma chère, aimer est une grande affaire, et qui veut bien aimer ne doit pas en avoir d'autre. L'argent ne sera plus un souci pour moi ; j'ai rendu la vie facile, et j'ai fait une bonne fois la maîtresse de maison pour ne plus avoir à la faire, excepté pendant dix minutes tous les matins avec mon vieux majordome Philippe. J'ai bien observé la vie et ses tournants dangereux ; un jour, la mort m'a donné de cruels enseignements, et j'en veux profiter. Ma seule occupation sera de *lui* plaire et de l'aimer, de jeter la variété dans ce qui paraît si monotone aux êtres vulgaires.

Gaston ne sait rien encore. À ma demande, il s'est, comme moi, domicilié sur Ville-d'Avray ; nous partons demain pour le Chalet. Notre vie sera là peu coûteuse ; mais si je te disais pour quelle somme je compte ma toilette, tu dirais, et avec raison : Elle est folle ! Je veux me parer pour lui, tous les jours, comme les femmes ont l'habitude de se parer pour le monde. Ma toilette à la campagne, toute l'année, coûtera vingt-quatre mille francs, et celle du jour n'est pas la plus chère. Lui peut se mettre en blouse, s'il le veut ! Ne va pas croire que je veuille faire de cette vie un duel et m'épuiser en combinaisons pour entretenir l'amour : je ne veux pas avoir un reproche à me faire, voilà tout. J'ai treize ans à être jolie femme, je veux être aimée le dernier jour de la treizième année encore mieux que je ne le serai le lendemain de mes noces mystérieuses. Cette fois, je serai toujours humble, toujours reconnaissante, sans parole caustique[1] ; et je me fais servante, puisque le commandement m'a perdue une première fois. Ô Renée, si, comme moi, Gaston a compris l'infini de l'amour, je suis certaine de vivre toujours heureuse. La nature est bien belle autour du Chalet,

Note

1. **caustique :** moqueuse, blessante.

les bois sont ravissants. À chaque pas les plus frais paysages, des points de vue forestiers font plaisir à l'âme en réveillant de charmantes idées. Ces bois sont pleins d'amour. Pourvu que j'aie fait autre chose que de me préparer un magnifique bûcher ! Après-demain, je serai madame Gaston. Mon Dieu, je me demande s'il est bien chrétien d'aimer autant un homme. – Enfin, c'est légal, m'a dit notre homme d'affaires, qui est un de mes témoins, et qui, voyant enfin l'objet de la liquidation de ma fortune, s'est écrié : – J'y perds une cliente. Toi, ma belle biche, je n'ose plus dire aimée, tu peux dire : – J'y perds une sœur.

Mon ange, adresse désormais à madame Gaston, poste restante[1], à Versailles. On ira prendre nos lettres là tous les jours. Je ne veux pas que nous soyons connus dans le pays. Nous enverrons chercher toutes nos provisions à Paris. Ainsi, j'espère pouvoir vivre mystérieusement. Depuis un an que cette retraite est préparée, on n'y a vu personne, et l'acquisition a été faite pendant les mouvements qui ont suivi la révolution de Juillet. Le seul être qui se soit montré dans le pays est mon architecte : on ne connaît que lui qui ne reviendra plus. Adieu. En t'écrivant ce mot, j'ai dans le cœur autant de peine que de plaisir ; n'est-ce pas te regretter aussi puissamment que j'aime Gaston ?

XLIX
Marie Gaston à Daniel d'Arthez

Octobre 1833.

Mon cher Daniel, j'ai besoin de deux témoins pour mon mariage ; je vous prie de venir chez moi demain soir en vous faisant accompagner de notre ami, le bon et grand Joseph

Note

1. **poste restante** : fait de recevoir son courrier dans un bureau de poste et non pas directement chez soi.

Bridau[1]. L'intention de celle qui sera ma femme est de vivre loin du monde et parfaitement ignorée : elle a pressenti le plus cher de mes vœux. Vous n'avez rien su de mes amours, vous qui m'avez adouci les misères d'une vie pauvre ; mais, vous le devinez, ce secret absolu fut une nécessité. Voilà pourquoi, depuis un an, nous nous sommes si peu vus. Le lendemain de mon mariage, nous serons séparés pour longtemps. Daniel, vous avez l'âme faite à me comprendre : l'amitié subsistera sans l'ami. Peut-être aurai-je parfois besoin de vous ; mais je ne vous verrai point, chez moi du moins. *Elle* est encore allée au-devant de nos souhaits en ceci. Elle m'a fait le sacrifice de l'amitié qu'elle a pour une amie d'enfance qui pour elle est une véritable sœur ; j'ai dû lui immoler[2] mon ami. Ce que je vous dis ici vous fera sans doute deviner non pas une passion, mais un amour entier, complet, divin, fondé sur une intime connaissance entre les deux êtres qui se lient ainsi. Mon bonheur est pur, infini ; mais, comme il est une loi secrète qui nous défend d'avoir une félicité sans mélange, au fond de mon âme et ensevelie dans le dernier repli, je cache une pensée par laquelle je suis atteint tout seul, et qu'elle ignore. Vous avez trop souvent aidé ma constante misère pour ignorer l'horrible situation dans laquelle j'étais. Où puisai-je le courage de vivre lorsque l'espérance s'éteignait si souvent ? dans votre passé, mon ami, chez vous où je trouvais tant de consolations et de secours délicats. Enfin, mon cher, mes écrasantes dettes, elle les a payées. Elle est riche, et je n'ai rien. Combien de fois n'ai-je pas dit dans mes accès de paresse : – Ah ! si quelque femme riche voulait de moi. Eh ! bien, en présence du fait, les plaisanteries de la jeunesse insouciante, le parti pris des malheureux sans scrupule, tout s'est évanoui. Je suis humilié, malgré la tendresse la plus ingénieuse. Je suis humilié, malgré la certitude acquise de la noblesse de son âme. Je suis humilié,

Notes

1. **Joseph Bridau** : personnage fictif récurrent de *La Comédie humaine*.

2. **immoler** : tuer en sacrifice.

tout en sachant que mon humiliation est une preuve de mon amour. Enfin, elle a vu que je n'ai pas reculé devant cet abaissement. Il est un point où, loin d'être le protecteur, je suis le protégé. Cette douleur, je vous la confie. Hors ce point, mon cher Daniel, les moindres choses accomplissent mes rêves. J'ai trouvé le beau sans tache, le bien sans défaut. Enfin, comme on dit, la mariée est trop belle : elle a de l'esprit dans la tendresse, elle a ce charme et cette grâce qui mettent de la variété dans l'amour, elle est instruite et comprend tout ; elle est jolie, blonde, mince et légèrement grasse, à faire croire que Raphaël[1] et Rubens se sont entendus pour composer une femme ! Je ne sais pas s'il m'eût jamais été possible d'aimer une femme brune autant qu'une blonde : il m'a toujours semblé que la femme brune était un garçon manqué. Elle est veuve, elle n'a point eu d'enfants, elle a vingt-sept ans. Quoique vive, alerte, infatigable, elle sait néanmoins se plaire aux méditations de la mélancolie. Ces dons merveilleux n'excluent pas chez elle la dignité ni la noblesse : elle est imposante. Quoiqu'elle appartienne à l'une des vieilles familles les plus entichées de noblesse, elle m'aime assez pour passer par-dessus les malheurs de ma naissance. Nos amours secrets ont duré longtemps ; nous nous sommes éprouvés l'un l'autre ; nous sommes également jaloux ; nos pensées sont bien les deux éclats de la même foudre. Nous aimons tous deux pour la première fois, et ce délicieux printemps a renfermé dans ses joies toutes les scènes que l'imagination a décorées de ses plus riantes, de ses plus douces, de ses plus profondes conceptions. Le sentiment nous a prodigué ses fleurs. Chacune de ces journées a été pleine, et, quand nous nous quittions, nous nous écrivions des poèmes. Je n'ai jamais eu la pensée de ternir cette brillante saison par un désir, quoique mon âme en fût sans cesse troublée. Elle était veuve et libre, elle a merveilleusement compris toutes les

Note

1. **Raphaël** : peintre et architecte italien (1483-1520) très célèbre ayant représenté de nombreuses Vierges.

flatteries de cette constante retenue ; elle en a souvent été touchée aux larmes. Tu entreverras donc, mon cher Daniel, une créature vraiment supérieure. Il n'y a pas même eu de premier baiser de l'amour : nous nous sommes craints l'un l'autre.

– Nous avons, m'a-t-elle dit, chacun une misère à nous reprocher.

– Je ne vois pas la vôtre.

– Mon mariage, a-t-elle répondu.

Vous qui êtes un grand homme, et qui aimez une des femmes les plus extraordinaires de cette aristocratie où j'ai trouvé mon Armande, ce seul mot vous suffira pour deviner cette âme et quel sera le bonheur de

Votre ami,
MARIE GASTON.

L
Madame de l'Estorade à madame de Macumer

Comment, Louise, après tous les malheurs intimes que t'a donnés une passion partagée, au sein même du mariage, tu veux vivre avec un mari dans la solitude ? Après en avoir tué un en vivant dans le monde, tu veux te mettre à l'écart pour en dévorer un autre ? Quels chagrins tu te prépares ! Mais, à la manière dont tu t'y es prise, je vois que tout est irrévocable. Pour qu'un homme t'ait fait revenir de ton aversion pour un second mariage, il doit posséder un esprit angélique, un cœur divin ; il faut donc te laisser à tes illusions : mais as-tu donc oublié ce que tu disais de la jeunesse des hommes, qui tous ont passé par d'ignobles endroits, et dont la candeur s'est perdue aux carrefours les plus horribles du chemin ? Qui a changé, toi ou eux ? Tu es bien heureuse de croire au bonheur : je n'ai pas la force de te blâmer, quoique l'instinct de la tendresse me pousse à te détourner de ce mariage. Oui, cent fois oui, la

Nature et la Société s'entendent pour détruire l'existence des félicités entières, parce qu'elles sont à l'encontre de la nature et de la société, parce que le ciel est peut-être jaloux de ses droits. Enfin, mon amitié pressent quelque malheur qu'aucune prévision ne pourrait m'expliquer ; je ne sais ni d'où il viendra, ni qui l'engendrera ; mais, ma chère, un bonheur immense et sans bornes t'accablera sans doute. On porte encore moins facilement la joie excessive que la peine la plus lourde. Je ne dis rien contre lui : tu l'aimes, et je ne l'ai sans doute jamais vu ; mais tu m'écriras, j'espère, un jour où tu seras oisive, un portrait quelconque de ce bel et curieux animal.

Tu me vois prenant gaiement mon parti, car j'ai la certitude qu'après la lune de miel vous ferez tous deux et d'un commun accord comme tout le monde. Un jour, dans deux ans, en nous promenant, quand nous passerons sur cette route, tu me diras : – Voilà pourtant ce Chalet d'où je ne devais pas sortir ! Et tu riras de ton bon rire, en montrant tes jolies dents. Je n'ai rien dit encore à Louis, nous lui aurions trop apprêté à rire. Je lui apprendrai tout uniment[1] ton mariage et le désir que tu as de le tenir secret. Tu n'as malheureusement besoin ni de mère ni de sœur pour le coucher de la mariée. Nous sommes en octobre, tu commences par l'hiver, en femme courageuse. S'il ne s'agissait pas de mariage, je dirais que tu attaques le taureau par les cornes[2]. Enfin, tu auras en moi l'amie la plus discrète et la plus intelligente. Le centre mystérieux de l'Afrique a dévoré bien des voyageurs, et il me semble que tu te jettes, en fait de sentiment, dans un voyage semblable à ceux où tant d'explorateurs ont péri, soit par les nègres, soit dans les sables. Ton désert est à deux lieues de Paris, je puis donc te dire gaiement : Bon voyage ! tu nous reviendras.

Notes

1. **tout uniment** : simplement.

2. **tu attaques le taureau par les cornes** : tu commences courageusement par le plus difficile.

LI
De la comtesse de l'Estorade à madame Marie Gaston

1835.

Que deviens-tu, ma chère ? Après un silence de deux années, il est permis à Renée d'être inquiète de Louise. Voilà donc l'amour ! il emporte, il annule une amitié comme la nôtre. Avoue que si j'adore mes enfants plus encore que tu n'aimes ton Gaston, il y a dans le sentiment maternel je ne sais quelle immensité qui permet de ne rien enlever aux autres affections, et qui laisse une femme être encore amie sincère et dévouée. Tes lettres, ta douce et charmante figure me manquent. J'en suis réduite à des conjectures[1] sur toi, ô Louise !

Quant à nous, je vais t'expliquer les choses le plus succinctement[2] possible.

En relisant ton avant-dernière lettre, j'ai trouvé quelques mots aigres[3] sur notre situation politique. Tu nous as raillés d'avoir gardé la place de président de chambre à la Cour des comptes, que nous tenions, ainsi que le titre de comte, de la faveur de Charles X ; mais est-ce avec quarante mille livres de rentes, dont trente appartiennent à un majorat, que je pouvais convenablement établir Athénaïs et ce pauvre petit mendiant de René ? Ne devions-nous pas vivre de notre place, et accumuler sagement les revenus de nos terres ? En vingt ans nous aurons amassé environ six cent mille francs, qui serviront à doter et ma fille et René, que je destine à la marine. Mon petit pauvre aura dix mille livres de rentes, et peut-être pourrons-nous lui laisser en argent une somme qui rende sa part égale à celle de sa sœur. Quand il sera capitaine de vaisseau, mon mendiant se mariera richement, et tiendra dans le monde un rang égal à celui de son aîné.

Notes

1. **conjectures** : suppositions.
2. **succinctement** : brièvement.
3. **aigres** : ici, durs et critiques.

Ces sages calculs ont déterminé dans notre intérieur l'acceptation du nouvel ordre de choses. Naturellement, la nouvelle dynastie a nommé Louis pair de France et grand officier de la Légion d'Honneur. Du moment où l'Estorade prêtait serment, il ne devait rien faire à demi ; dès lors, il a rendu de grands services dans la Chambre. Le voici maintenant arrivé à une situation où il restera tranquillement jusqu'à la fin de ses jours. Il a de la dextérité[1] dans les affaires ; il est plus parleur agréable qu'orateur, mais cela suffit à ce que nous demandons à la politique. Sa finesse, ses connaissances soit en gouvernement soit en administration sont appréciées, et tous les partis le considèrent comme un homme indispensable. Je puis te dire qu'on lui a dernièrement offert une ambassade, mais je la lui ai fait refuser. L'éducation d'Armand, qui maintenant a treize ans ; celle d'Athénaïs, qui va sur onze ans, me retiennent à Paris, et j'y veux demeurer jusqu'à ce que mon petit René ait fini la sienne, qui commence.

Pour rester fidèle à la branche aînée et retourner dans ses terres, il ne fallait pas avoir à élever et à pourvoir[2] trois enfants. Une mère doit, mon ange, ne pas être Decius[3], surtout dans un temps où les Décius sont rares. Dans quinze ans d'ici, l'Estorade pourra se retirer à la Crampade avec une belle retraite, en installant Armand à la Cour des comptes, où il le laissera référendaire[4]. Quant à René, la marine en fera sans doute un diplomate. À sept ans ce petit garçon est déjà fin comme un vieux cardinal.

Ah ! Louise, je suis une bienheureuse mère ! Mes enfants continuent à me donner des joies sans ombre. (*Senza brama sicura richezza*[5].) Armand est au collège Henri IV. Je me suis décidée pour l'éducation publique sans pouvoir me décider

Notes

1. **dextérité** : habileté, savoir-faire.
2. **pourvoir** : procurer ce qui est nécessaire.
3. Publius Decius Mus était un consul romain (v. 377-340 av. J.-C.) ; il sacrifia sa vie à Rome et fut imité par ses fils et petit-fils.
4. **référendaire** : magistrat.
5. Voir notes 4, p. 127.

néanmoins à m'en séparer, et j'ai fait comme faisait le duc d'Orléans avant d'être et peut-être pour devenir Louis-Philippe. Tous les matins, Lucas, ce vieux domestique que tu connais, mène Armand au collège à l'heure de la première étude, et me le ramène à quatre heures et demie. Un vieux et savant répétiteur[1], qui loge chez moi, le fait travailler le soir et le réveille le matin à l'heure où les collégiens se lèvent. Lucas lui porte une collation[2] à midi pendant la récréation. Ainsi, je le vois pendant le dîner, le soir avant son coucher, et j'assiste le matin à son départ. Armand est toujours le charmant enfant plein de cœur et de dévouement que tu aimes; son répétiteur est content de lui. J'ai ma Naïs avec moi et le petit qui bourdonnent sans cesse, mais je suis aussi enfant qu'eux. Je n'ai pas pu me résoudre à perdre la douceur des caresses de mes chers enfants. Il y a pour moi dans la possibilité de courir, dès que je le désire, au lit d'Armand, pour le voir pendant son sommeil, ou pour aller prendre, demander, recevoir un baiser de cet ange, une nécessité de mon existence.

Néanmoins, le système de garder les enfants à la maison paternelle a des inconvénients, et je les ai bien reconnus. La Société, comme la Nature, est jalouse, et ne laisse jamais entreprendre sur ses lois, elle ne souffre pas qu'on lui en dérange l'économie. Ainsi dans les familles où l'on conserve les enfants, ils y sont trop tôt exposés au feu du monde, ils en voient les passions, ils en étudient les dissimulations. Incapables de deviner les distinctions qui régissent la conduite des gens faits, ils soumettent le monde à leurs sentiments, à leurs passions, au lieu de soumettre leurs désirs et leurs exigences au monde; ils adoptent le faux éclat, qui brille plus que les vertus solides, car c'est surtout les apparences que le monde met en dehors et habille de formes menteuses. Quand, dès quinze ans, un enfant a l'assurance d'un homme qui connaît le monde, il est une

Notes

1. **répétiteur** : professeur particulier.

2. **collation** : repas léger.

monstruosité, devient vieillard à vingt-cinq ans, et se rend par cette science précoce, inhabile aux véritables études sur lesquelles reposent les talents réels et sérieux. Le monde est un grand comédien ; et, comme le comédien, il reçoit et renvoie tout, il ne conserve rien. Une mère doit donc, en gardant ses enfants, prendre la ferme résolution de les empêcher de pénétrer dans le monde, avoir le courage de s'opposer à leurs désirs et aux siens, de ne pas les montrer. Cornélie[1] devait serrer ses bijoux. Ainsi ferai-je, car mes enfants sont toute ma vie.

J'ai trente ans, voici le plus fort de la chaleur du jour passé, le plus difficile du chemin fini. Dans quelques années, je serai vieille femme, aussi puisé-je[2] une force immense au sentiment des devoirs accomplis. On dirait que ces trois petits êtres connaissent ma pensée et s'y conforment. Il existe entre eux, qui ne m'ont jamais quittée, et moi, des rapports mystérieux. Enfin, ils m'accablent de jouissances, comme s'ils savaient tout ce qu'ils me doivent de dédommagements.

Armand, qui pendant les trois premières années de ses études a été lourd, méditatif, et qui m'inquiétait, est tout à coup parti. Sans doute il a compris le but de ces travaux préparatoires que les enfants n'aperçoivent pas toujours, et qui est de les accoutumer au travail, d'aiguiser leur intelligence et de les façonner à l'obéissance, le principe des sociétés. Ma chère, il y a quelques jours, j'ai eu l'enivrante sensation de voir au Concours général, en pleine Sorbonne, Armand couronné. Ton filleul a eu le premier prix de version. À la distribution des prix du collège Henri-IV, il a obtenu deux premiers prix,

Notes

1. Cornélie (189-110 av. J.-C.) : mère des deux frères Gracques, futurs hommes d'État romains, représentant le modèle de la mère entièrement dévouée à ses enfants. Devant une femme qui lui montrait ses bijoux, elle s'est écriée, en montrant ses enfants : « Les voici, mes bijoux à moi ! »

2. puisé-je : je puise.

celui de vers et celui de thème[1]. Je suis devenue blême en entendant proclamer son nom, et j'avais envie de crier : *Je suis la mère !* Naïs me serrait la main à me faire mal, si l'on pouvait sentir une douleur dans un pareil moment. Ah ! Louise, cette fête vaut bien des amours perdues.

Les triomphes du frère ont stimulé mon petit René, qui veut aller au collège comme son aîné. Quelquefois ces trois enfants crient, se remuent dans la maison, et font un tapage à fendre la tête. Je ne sais pas comment j'y résiste, car je suis toujours avec eux ; je ne me suis jamais fiée à personne, pas même à Mary, du soin de surveiller mes enfants. Mais il y a tant de joies à recueillir dans ce beau métier de mère ! Voir un enfant quittant le jeu pour venir m'embrasser comme poussé par un besoin… quelle joie ! Puis on les observe alors bien mieux. Un des devoirs d'une mère est de démêler dès le jeune âge les aptitudes, le caractère, la vocation de ses enfants, ce qu'aucun pédagogue ne saurait faire. Tous les enfants élevés par leurs mères ont de l'usage et du savoir-vivre, deux acquisitions qui suppléent à l'esprit naturel, tandis que l'esprit naturel ne supplée jamais à ce que les hommes apprennent de leurs mères. Je reconnais déjà ces nuances chez les hommes dans les salons, où je distingue aussitôt les traces de la femme dans les manières d'un jeune homme. Comment destituer[2] ses enfants d'un pareil avantage ? Tu le vois, mes devoirs accomplis sont fertiles en trésors, en jouissances.

Armand, j'en ai la certitude, sera le plus excellent magistrat, le plus probe administrateur, le député le plus consciencieux qui puisse jamais se trouver ; tandis que mon René sera le plus hardi, le plus aventureux et en même temps le plus rusé marin du monde. Ce petit drôle a une volonté de fer ; il a tout ce qu'il veut, il prend mille détours pour arriver à son but, et si

Notes

1. Version et thème sont des exercices de langue. La version est la traduction de l'autre langue vers le français, le thème la traduction du français vers l'autre langue.
2. **destituer** : priver.

les mille ne l'y mènent pas, il en trouve un mille et unième. Là où mon cher Armand se résigne avec calme en étudiant la raison des choses, mon René tempête, s'ingénie, combine en parlottant sans cesse, et finit par découvrir un joint; s'il y peut faire passer une lame de couteau, bientôt il y fait entrer sa petite voiture.

Quant à Naïs, c'est tellement moi, que je ne distingue pas sa chair de la mienne. Ah! la chérie, la petite fille aimée que je me plais à rendre coquette, de qui je tresse les cheveux et les boucles en y mettant mes pensées d'amour, je la veux heureuse : elle ne sera donnée qu'à celui qui l'aimera et qu'elle aimera. Mais, mon Dieu! quand je la laisse se pomponner ou quand je lui passe des rubans groseille entre les cheveux, quand je chausse ses petits pieds si mignons, il me saute au cœur et à la tête une idée qui me fait presque défaillir. Est-on maîtresse du sort de sa fille? Peut-être aimera-t-elle un homme indigne d'elle, peut-être ne sera-t-elle pas aimée de celui qu'elle aimera. Souvent, quand je la contemple, il me vient des pleurs dans les yeux. Quitter une charmante créature, une fleur, une rose qui a vécu dans notre sein comme un bouton sur le rosier, et la donner à un homme qui nous ravit tout! C'est toi qui, dans deux ans, ne m'as pas écrit ces trois mots : Je suis heureuse! c'est toi qui m'as rappelé le drame du mariage, horrible pour une mère aussi mère que je le suis. Adieu, car je ne sais pas comment je t'écris, tu ne mérites pas mon amitié. Oh! réponds-moi, ma Louise.

LII
Madame Gaston à madame de l'Estorade

Au Chalet.

Un silence de deux années a piqué ta curiosité, tu me demandes pourquoi je ne t'ai pas écrit; mais, ma chère Renée, il n'y a ni phrases, ni mots, ni langage pour exprimer mon bonheur : nos âmes ont la force de le soutenir, voilà tout en deux mots. Nous n'avons point le moindre effort à faire pour être heureux, nous nous entendons en toutes choses. En trois ans, il n'y a pas eu la moindre dissonance dans ce concert, le moindre désaccord d'expression dans nos sentiments, la moindre différence dans les moindres vouloirs. Enfin, ma chère, il n'est pas une de ces mille journées qui n'ait porté son fruit particulier, pas un moment que la fantaisie n'ait rendu délicieux. Non seulement notre vie, nous en avons la certitude, ne sera jamais monotone, mais encore elle ne sera peut-être jamais assez étendue pour contenir les poésies de notre amour, fécond comme la nature, varié comme elle. Non, pas un mécompte ! Nous nous plaisons encore bien mieux qu'au premier jour, et nous découvrons de moments en moments de nouvelles raisons de nous aimer. Nous nous promettons tous les soirs, en nous promenant après le dîner, d'aller à Paris par curiosité, comme on dit : J'irai voir la Suisse.

– Comment ! s'écrie Gaston, mais on arrange tel boulevard, la Madeleine[1] est finie. Il faut cependant aller examiner cela.

Bah ! le lendemain nous restons au lit, nous déjeunons dans notre chambre ; midi vient, il fait chaud, on se permet une petite sieste ; puis il me demande de me laisser regarder, et il me regarde absolument comme si j'étais un tableau ; il s'abîme en cette contemplation, qui, tu le devines, est réciproque. Il nous vient alors l'un à l'autre des larmes aux yeux, nous pensons à notre bonheur et nous tremblons. Je suis toujours sa maîtresse, c'est-à-dire que je parais aimer moins que je ne suis aimée. Cette tromperie est délicieuse. Il y a tant de charme pour nous autres femmes à voir le sentiment l'emporter sur le désir, à voir le maître encore timide s'arrêter là où nous souhaitons qu'il reste ! Tu m'as demandé de te dire comment il est ; mais, ma Renée, il est impossible de faire le portrait d'un homme

Note

1. Il s'agit de l'église de la Madeleine.

Louise et Marie Gaston : « *Quand nous marchons seuls dans les bois* » Gravure de 1855.

qu'on aime, on ne saurait être dans le vrai. Puis, entre nous, avouons-nous sans pruderie[1] un singulier et triste effet de nos mœurs : il n'y a rien de si différent que l'homme du monde et l'homme de l'amour; la différence est si grande que l'un peut ne ressembler en rien à l'autre. Celui qui prend les poses les plus gracieuses du plus gracieux danseur pour nous dire au coin d'une cheminée, le soir, une parole d'amour, peut n'avoir aucune des grâces secrètes que veut une femme. Au rebours[2], un homme qui paraît laid, sans manières, mal enveloppé de drap noir, cache un amant qui possède l'esprit de l'amour, et qui ne sera ridicule dans aucune de ces positions où nous-mêmes nous pouvons périr avec toutes nos grâces extérieures. Rencontrer chez un homme un accord mystérieux entre ce qu'il paraît être et ce qu'il est, en trouver un qui dans la vie secrète du mariage ait cette grâce innée qui ne se donne pas, qui ne s'acquiert point, que la statuaire antique a déployée dans les mariages voluptueux et chastes de ses statues, cette innocence du laissez-aller que les anciens ont mise dans leurs poèmes, et qui dans le déshabillé paraît avoir encore des vêtements pour les âmes, tout cet idéal qui ressort de nous-mêmes et qui tient au monde des harmonies, qui sans doute est le génie des choses; enfin cet immense problème cherché par l'imagination de toutes les femmes, eh! bien, Gaston en est la vivante solution. Ah! chère, je ne savais pas ce que c'était que l'amour, la jeunesse, l'esprit et la beauté réunis. Mon Gaston n'est jamais affecté[3], sa grâce est instinctive, elle se développe sans efforts. Quand nous marchons seuls dans les bois, sa main passée autour de ma taille, la mienne sur son épaule, son corps tenant au mien, nos têtes se touchant, nous allons d'un pas égal, par un mouvement uniforme et si doux, si bien le même, que pour des gens qui nous verraient passer, nous paraîtrions un même être glissant sur le sable des allées, à la façon des

Notes

1. **pruderie** : pudeur excessive et peu naturelle.

2. **Au rebours** : au contraire.

3. **affecté** : ici, qui manque de naturel.

immortels d'Homère. Cette harmonie est dans le désir, dans la pensée, dans la parole. Quelquefois, sous la feuillée encore humide d'une pluie passagère, alors qu'au soir les herbes sont d'un vert lustré[1] par l'eau, nous avons fait des promenades entières sans nous dire un seul mot, écoutant le bruit des gouttes qui tombaient, jouissant des couleurs rouges que le couchant étalait aux cimes ou broyait sur les écorces grises. Certes alors nos pensées étaient une prière secrète, confuse, qui montait au ciel comme une excuse de notre bonheur. Quelquefois nous nous écrions ensemble, au même moment, en voyant un bout d'allée qui tourne brusquement, et qui, de loin, nous offre de délicieuses images. Si tu savais ce qu'il y a de miel et de profondeur dans un baiser presque timide qui se donne au milieu de cette sainte nature… c'est à croire que Dieu ne nous a faits que pour le prier ainsi. Et nous rentrons toujours plus amoureux l'un de l'autre. Cet amour entre deux époux semblerait une insulte à la société dans Paris, il faut s'y livrer comme des amants, au fond des bois.

Gaston, ma chère, a cette taille moyenne qui a été celle de tous les hommes d'énergie ; il n'est ni gras ni maigre, et très bien fait ; ses proportions ont de la rondeur ; il a de l'adresse dans ses mouvements, il saute un fossé avec la légèreté d'une bête fauve. En quelque position qu'il soit, il y a chez lui comme un sens qui lui fait trouver son équilibre, et ceci est rare chez les hommes qui ont l'habitude de la méditation. Quoique brun, il est d'une grande blancheur. Ses cheveux sont d'un noir de jais[2] et produisent de vigoureux contrastes avec les tons mats de son cou et de son front. Il a la tête mélancolique de Louis XIII[3]. Il a laissé pousser ses moustaches et sa royale, mais je lui ai fait couper ses favoris[4] et sa barbe : c'est devenu commun.

Notes

1. **lustré** : lisse et brillant.
2. **jais** : pierre d'un noir luisant.
3. **Louis XIII** : roi de France de 1610 à 1643 ; il avait eu une enfance malheureuse, était de santé fragile et d'un caractère austère.
4. **favoris** : barbe portée sur les joues, de chaque côté du visage.

Sa sainte misère me l'a conservé pur de toutes ces souillures qui gâtent tant de jeunes gens. Il a des dents magnifiques, il est d'une santé de fer. Son regard bleu si vif, mais pour moi d'une douceur magnétique, s'allume et brille comme un éclair quand son âme est agitée. Semblable à tous les gens forts et d'une puissante intelligence, il est d'une égalité de caractère qui te surprendrait comme elle m'a surprise. J'ai entendu bien des femmes me confier les chagrins de leur intérieur ; mais ces variations de vouloir, ces inquiétudes des hommes mécontents d'eux-mêmes, qui ne veulent pas ou ne savent pas vieillir, qui ont je ne sais quels reproches éternels de leur folle jeunesse, et dont les veines charrient des poisons, dont le regard a toujours un fond de tristesse, qui se font taquins pour cacher leurs défiances, qui vous vendent une heure de tranquillité pour des matinées mauvaises, qui se vengent sur nous de ne pouvoir être aimables, et qui prennent nos beautés en une haine secrète, toutes ces douleurs la jeunesse ne les connaît point, elles sont l'attribut des mariages disproportionnés. Oh ! ma chère, ne marie Athénaïs qu'avec un jeune homme. Si tu savais combien je me repais[1] de ce sourire constant que varie sans cesse un esprit fin et délicat, de ce sourire qui parle, qui dans le coin des lèvres renferme des pensées d'amour, de muets remerciements, et qui relie toujours les joies passées aux présentes ! Il n'y a jamais rien d'oublié entre nous. Nous avons fait des moindres choses de la nature des complices de nos félicités : tout est vivant, tout nous parle de nous dans ces bois ravissants. Un vieux chêne moussu, près de la maison du garde sur la route, nous dit que nous nous sommes assis fatigués sous son ombre, et que Gaston m'a expliqué là les mousses qui étaient à nos pieds, m'a fait leur histoire, et que de ces mousses nous avons monté, de science en science, jusqu'aux fins du monde. Nos deux esprits ont quelque chose de si fraternel, que je crois

Note

1. **je me repais** : je me nourris.

que c'est deux éditions du même ouvrage. Tu le vois, je suis devenue littéraire. Nous avons tous deux l'habitude ou le don de voir chaque chose dans son étendue, d'y tout apercevoir, et la preuve que nous nous donnons constamment à nous-mêmes de cette pureté du sens intérieur, est un plaisir toujours nouveau. Nous en sommes arrivés à regarder cette entente de l'esprit comme un témoignage d'amour ; et si jamais elle nous manquait, ce serait pour nous ce qu'est une infidélité pour les autres ménages.

Ma vie, pleine de plaisirs, te paraîtrait d'ailleurs excessivement laborieuse. D'abord, ma chère, apprends que Louise-Armande-Marie de Chaulieu fait elle-même sa chambre. Je ne souffrirais jamais que des soins mercenaires[1], qu'une femme ou une fille étrangère s'initiassent (femme littéraire !) aux secrets de ma chambre. Ma religion embrasse les moindres choses nécessaires à son culte. Ce n'est pas jalousie, mais bien respect de soi-même. Aussi ma chambre est-elle faite avec le soin qu'une jeune amoureuse peut prendre de ses atours[2]. Je suis méticuleuse comme une vieille fille. Mon cabinet de toilette, au lieu d'être un tohu-bohu, est un délicieux boudoir. Mes recherches ont tout prévu. Le maître, le souverain peut y entrer en tout temps ; son regard ne sera point affligé, étonné ni désenchanté : fleurs, parfums, élégance, tout y charme la vue. Pendant qu'il dort encore, le matin, au jour, sans qu'il s'en soit encore douté, je me lève, je passe dans ce cabinet où, rendue savante par les expériences de ma mère, j'enlève les traces du sommeil avec des lotions d'eau froide. Pendant que nous dormons, la peau, moins excitée, fait mal ses fonctions ; elle devient chaude, elle a comme un brouillard visible à l'œil des cirons[3], une sorte d'atmosphère. Sous l'éponge qui ruisselle, une femme sort jeune

Notes

1. **mercenaires** : dont le seul but est le salaire.

2. **atours** : toilette et accessoires féminins.

3. **cirons** : animaux minuscules.

fille. Là peut-être est l'explication du mythe de Vénus[1] sortant des eaux. L'eau me donne alors les grâces piquantes de l'aurore ; je me peigne, me parfume les cheveux ; et, après cette toilette minutieuse, je me glisse comme une couleuvre, afin qu'à son réveil le maître me trouve pimpante comme une matinée de printemps. Il est charmé par cette fraîcheur de fleur nouvellement éclose, sans pouvoir s'expliquer le pourquoi. Plus tard, la toilette de la journée regarde alors ma femme de chambre, et a lieu dans un salon d'habillement. Il y a, comme tu le penses, la toilette du coucher. Ainsi, j'en fais trois pour monsieur mon époux, quelquefois quatre ; mais ceci, ma chère, tient à d'autres mythes de l'antiquité.

Nous avons aussi nos travaux. Nous nous intéressons beaucoup à nos fleurs, aux belles créatures de notre serre et à nos arbres. Nous sommes sérieusement botanistes, nous aimons passionnément les fleurs, le Chalet en est encombré. Nos gazons sont toujours verts, nos massifs sont soignés autant que ceux des jardins du plus riche banquier. Aussi rien n'est-il beau comme notre enclos. Nous sommes excessivement gourmands de fruits, nous surveillons nos montreuils[2], nos couches[3], nos espaliers[4], nos quenouilles[5]. Mais, dans le cas où ces occupations champêtres ne satisferaient pas l'esprit de mon adoré, je lui ai donné le conseil d'achever dans le silence et la solitude quelques-unes des pièces de théâtre qu'il a commencées pendant ses jours de misère, et qui sont vraiment belles. Ce genre de travail est le seul dans les Lettres qui se puisse quitter et reprendre, car il demande de longues réflexions, et n'exige pas la ciselure[6] que veut le style. On ne peut pas toujours faire

Notes

1. La déesse Vénus (Aphrodite chez les Grecs) serait née de l'écume de la mer.
2. **montreuils** : pêchers.
3. **couches** : planches avec de la terre et du fumier sur lesquelles on plante des fleurs, des fruits ou des légumes.
4. **espaliers** : murs le long desquels on plante des arbres fruitiers.
5. **quenouilles** : arbres fruitiers taillés en forme de quenouilles.
6. **ciselure** : finesse du travail de l'orfèvre.

du dialogue, il y faut du trait, des résumés, des saillies que l'esprit porte comme les plantes donnent leurs fleurs, et qu'on trouve plus en les attendant qu'en les cherchant. Cette chasse aux idées me va. Je suis le collaborateur de mon Gaston, et ne le quitte ainsi jamais, pas même quand il voyage dans les vastes champs de l'imagination. Devines-tu maintenant comment je me tire des soirées d'hiver? Notre service est si doux, que nous n'avons pas eu depuis notre mariage un mot de reproche, pas une observation à faire à nos gens. Quand ils ont été questionnés sur nous, ils ont eu l'esprit de fourber[1], ils nous ont fait passer pour la dame de compagnie et le secrétaire de leurs maîtres censés en voyage; certains de ne jamais éprouver le moindre refus, ils ne sortent point sans en demander la permission; d'ailleurs ils sont heureux, et voient bien que leur condition ne peut être changée que par leur faute. Nous laissons les jardiniers vendre le surplus de nos fruits et de nos légumes. La vachère qui gouverne la laiterie en fait autant pour le lait, la crème et le beurre frais. Seulement les plus beaux produits nous sont réservés. Ces gens sont très contents de leurs profits, et nous sommes enchantés de cette abondance qu'aucune fortune ne peut ou ne sait se procurer dans ce terrible Paris, où les belles pêches coûtent chacune le revenu de cent francs. Tout cela, ma chère, a un sens : je veux être le monde pour Gaston; le monde est amusant, mon mari ne doit donc pas s'ennuyer dans cette solitude. Je croyais être jalouse quand j'étais aimée et que je me laissais aimer; mais j'éprouve aujourd'hui la jalousie des femmes qui aiment, enfin la vraie jalousie. Aussi celui de ses regards qui me semble indifférent me fait-il trembler. De temps en temps je me dis : S'il allait ne plus m'aimer?... et je frémis. Oh! je suis bien devant lui comme l'âme chrétienne est devant Dieu.

Hélas! ma Renée, je n'ai toujours point d'enfants. Un moment viendra sans doute où il faudra les sentiments du père et

Note

1. **fourber** : (mot ancien) tromper en rusant.

de la mère pour animer cette retraite, où nous aurons besoin l'un et l'autre de voir des petites robes, des pèlerines, des têtes brunes ou blondes, sautant, courant à travers ces massifs et nos sentiers fleuris. Oh ! quelle monstruosité que des fleurs sans fruits. Le souvenir de ta belle famille est poignant pour moi. Ma vie, à moi, s'est restreinte, tandis que la tienne a grandi, a rayonné. L'amour est profondément égoïste, tandis que la maternité tend à multiplier nos sentiments. J'ai bien senti cette différence en lisant ta bonne, ta tendre lettre. Ton bonheur m'a fait envie en te voyant vivre dans trois cœurs ! Oui, tu es heureuse : tu as sagement accompli les lois de la vie sociale, tandis que je suis en dehors de tout. Il n'y a que des enfants aimants et aimés qui puissent consoler une femme de la perte de sa beauté. J'ai trente ans bientôt, et à cet âge une femme commence de terribles lamentations intérieures. Si je suis belle encore, j'aperçois les limites de la vie féminine ; après, que deviendrai-je ? Quand j'aurai quarante ans, *il* ne les aura pas, *il* sera jeune encore, et je serai vieille. Lorsque cette pensée pénètre dans mon cœur, je reste à ses pieds une heure, en lui faisant jurer, quand il sentira moins d'amour pour moi, de me le dire à l'instant. Mais c'est un enfant, il me le jure comme si son amour ne devait jamais diminuer, et il est si beau que… tu comprends ! je le crois. Adieu, cher ange, serons-nous encore pendant des années sans nous écrire ? Le bonheur est monotone dans ses expressions ; aussi peut-être est-ce à cause de cette difficulté que Dante paraît plus grand aux âmes aimantes dans son Paradis que dans son Enfer[1]. Je ne suis pas Dante, je ne suis que ton amie, et tiens à ne pas t'ennuyer. Toi, tu peux m'écrire, car tu as dans tes enfants un bonheur varié qui va croissant, tandis que le mien… Ne parlons plus de ceci, je t'envoie mille tendresses.

Note

1. Voir note 3, p. 127.

LIII
De madame de l'Estorade à madame Gaston

Ma chère Louise, j'ai lu, relu ta lettre, et plus je m'en suis pénétrée, plus j'ai vu en toi moins une femme qu'un enfant ; tu n'as pas changé, tu oublies ce que je t'ai dit mille fois : l'Amour est un vol fait par l'état social à l'état naturel ; il est si passager dans la nature, que les ressources de la société ne peuvent changer sa condition primitive ; aussi toutes les nobles âmes essaient-elles de faire un homme de cet enfant ; mais alors l'Amour devient, selon toi-même, une monstruosité. La société, ma chère, a voulu être féconde. En substituant des sentiments durables à la fugitive folie de la nature, elle a créé la plus grande chose humaine : la Famille, éternelle base des Sociétés. Elle a sacrifié l'homme aussi bien que la femme à son œuvre ; car, ne nous abusons pas, le père de famille donne son activité, ses forces, toutes ses fortunes à sa femme. N'est-ce pas la femme qui jouit de tous les sacrifices ? le luxe, la richesse, tout n'est-il pas à peu près pour elle ? pour elle la gloire et l'élégance, la douceur et la fleur de la maison. Oh ! mon ange, tu prends encore une fois très mal la vie. Être adorée est un thème de jeune fille bon pour quelques printemps, mais qui ne saurait être celui d'une femme épouse et mère. Peut-être suffit-il à la vanité d'une femme de savoir qu'elle peut se faire adorer. Si tu veux être épouse et mère, reviens à Paris. Laisse-moi te répéter que tu te perdras par le bonheur comme d'autres se perdent par le malheur. Les choses qui ne nous fatiguent point, le silence, le pain, l'air, sont sans reproche parce qu'elles sont sans goût ; tandis que les choses pleines de saveur, en irritant nos désirs, finissent par les lasser. Écoute-moi, mon enfant ! Maintenant, quand même je pourrais être aimée par un homme pour qui je sentirais naître en moi l'amour que tu portes à Gaston, je saurais rester fidèle à mes chers devoirs et à ma douce famille. La maternité, mon ange, est pour le cœur de la femme une de ces choses simples, naturelles, fertiles, inépuisables comme celles qui sont les éléments de la vie. Je me souviens d'avoir un jour, il y a bientôt quatorze ans, embrassé le dévouement comme un naufragé s'attache au mât de son vaisseau par désespoir ; mais aujourd'hui, quand j'évoque par le souvenir toute ma vie devant moi, je choisirais encore ce sentiment comme le principe de ma vie, car il est le plus sûr et le plus fécond de tous. L'exemple de ta vie, assise sur un égoïsme féroce, quoique caché par les poésies du cœur, a fortifié ma résolution. Je ne te dirai plus jamais ces choses, mais je devais te les dire encore une dernière fois en apprenant que ton bonheur résiste à la plus terrible des épreuves.

Ta vie à la campagne, objet de mes méditations, m'a suggéré cette autre observation que je dois te soumettre. Notre vie est composée, pour le corps comme pour le cœur, de certains mouvements réguliers. Tout excès apporté dans ce mécanisme est une cause de plaisir ou de douleur ; or, le plaisir ou la douleur est une fièvre d'âme essentiellement passagère, parce qu'elle n'est pas longtemps supportable. Faire de l'excès sa vie même, n'est-ce pas vivre malade ! Tu vis malade, en maintenant à l'état de passion un sentiment qui doit devenir dans le mariage une force égale et pure. Oui, mon ange, aujourd'hui je le reconnais : la gloire du ménage est précisément dans ce calme, dans cette profonde connaissance mutuelle, dans cet échange de biens et de maux que les plaisanteries vulgaires lui reprochent. Oh ! combien il est grand ce mot de la duchesse de Sully, la femme du grand Sully[1] enfin, à qui l'on disait que son mari, quelque grave qu'il parût, ne se faisait pas scrupule d'avoir une maîtresse : – C'est tout simple, a-t-elle répondu, je suis l'honneur de la maison, et serais fort chagrine d'y jouer le rôle d'une courtisane. Plus voluptueuse que tendre, tu

Note

1. Le duc de Sully (1559-1641) fut un des principaux conseillers du roi Henri IV.

veux être et la femme et la maîtresse. Avec l'âme d'Héloïse[1] et les sens de sainte Thérèse[2], tu te livres à des égarements sanctionnés par les lois ; en un mot, tu dépraves l'institution du mariage. Oui, toi qui me jugeais si sévèrement quand je paraissais immorale en acceptant, dès la veille de mon mariage, les moyens du bonheur ; en pliant tout à ton usage, tu mérites aujourd'hui les reproches que tu m'adressais. Eh ! quoi, tu veux asservir et la nature et la société à ton caprice ? Tu restes toi-même, tu ne te transformes point en ce que doit être une femme ; tu gardes les volontés, les exigences de la jeune fille, et tu portes dans ta passion les calculs les plus exacts, les plus mercantiles[3] ; ne vends-tu pas très cher tes parures ? Je te trouve bien défiante avec toutes tes précautions. Oh ! chère Louise, si tu pouvais connaître les douceurs du travail que les mères font sur elles-mêmes pour être bonnes et tendres à toute leur famille ! L'indépendance et la fierté de mon caractère se sont fondues dans une mélancolie douce, et que les plaisirs maternels ont dissipée en la récompensant. Si la matinée fut difficile, le soir sera pur et serein. J'ai peur que ce soit tout le contraire pour ta vie.

En finissant ta lettre j'ai supplié Dieu de te faire passer une journée au milieu de nous pour te convertir à la famille, à ces joies indicibles, constantes, éternelles, parce qu'elles sont vraies, simples et dans la nature. Mais, hélas ! que peut ma raison contre une faute qui te rend heureuse ? J'ai les larmes aux yeux en t'écrivant ces derniers mots. J'ai cru franchement que plusieurs mois accordés à cet amour conjugal te rendraient la raison par la satiété ; mais je te vois insatiable, et après avoir tué un amant, tu en arriveras à tuer l'amour. Adieu, chère égarée, je désespère, puisque la lettre où j'espérais te rendre à la vie

Notes

1. **Héloïse (1092-1164)** : une des rares femmes de lettres du Moyen Âge, épouse d'Abélard, symbole de la passion amoureuse.

2. **sainte Thérèse** : religieuse espagnole (1515-1582) profondément mystique, érigée en sainte en 1622.

3. **mercantiles** : axés sur le profit.

sociale par la peinture de mon bonheur n'a servi qu'à la glorification de ton égoïsme. Oui, il n'y a que toi dans ton amour, et tu aimes Gaston bien plus pour toi que pour lui-même.

LIV
De madame Gaston à la comtesse de l'Estorade

20 mai.

Renée, le malheur est venu ; non, il a fondu sur ta pauvre Louise avec la rapidité de la foudre, et tu me comprends : le malheur pour moi, c'est le doute. La conviction, ce serait la mort. Avant-hier, après ma première toilette, en cherchant partout Gaston pour faire une petite promenade avant le déjeuner, je ne l'ai point trouvé. Je suis entrée à l'écurie, j'y ai vu sa jument trempée de sueur, et à laquelle le groom[1] enlevait, à l'aide d'un couteau, des flocons d'écume avant de l'essuyer. – Qui donc a pu mettre Fedelta dans un pareil état ? ai-je dit. – Monsieur, a répondu l'enfant. J'ai reconnu sur les jarrets de la jument la boue de Paris, qui ne ressemble point à la boue de la campagne. – Il est allé à Paris, ai-je pensé. Cette pensée en a fait jaillir mille autres dans mon cœur, et y a attiré tout mon sang. Aller à Paris sans me le dire, prendre l'heure où je le laisse seul, y courir et en revenir avec tant de rapidité que Fedelta soit presque fourbue[2] !... Le soupçon m'a serrée de sa terrible ceinture à m'en faire perdre la respiration. Je suis allée à quelques pas de là, sur un banc, pour tâcher de reprendre mon sang-froid. Gaston m'a surprise ainsi, blême, effrayante à ce qu'il paraît, car il m'a dit : – Qu'as-tu ? si précipitamment et d'un son de voix si plein d'inquiétude, que je me suis levée et lui ai pris le bras ; mais j'avais les articulations sans force, et j'ai

Notes

1. **groom** : jeune valet chargé de l'écurie et des chevaux.

2. **fourbue** : épuisée de fatigue.

bien été contrainte de me rasseoir; il m'a prise alors dans ses bras et m'a emportée à deux pas de là dans le parloir, où tous nos gens effrayés nous ont suivis; mais Gaston les a renvoyés par un geste. Quand nous avons été seuls, j'ai pu, sans vouloir rien dire, gagner notre chambre, où je me suis enfermée pour pouvoir pleurer à mon aise. Gaston s'est tenu pendant deux heures environ écoutant mes sanglots, interrogeant avec une patience d'ange sa créature, qui ne lui répondait point. – Je vous reverrai quand mes yeux ne seront plus rouges et quand ma voix ne tremblera plus, lui ai-je dit enfin. Le *vous* l'a fait bondir hors de la maison. J'ai pris de l'eau glacée pour baigner mes yeux, j'ai rafraîchi ma figure, la porte de notre chambre s'est ouverte, je l'ai trouvé là, revenu sans que j'eusse entendu le bruit de ses pas. – Qu'as-tu? m'a-t-il demandé. – Rien, lui dis-je. J'ai reconnu la boue de Paris aux jarrets fatigués de Fedelta, je n'ai pas compris que tu y allasses sans m'en prévenir; mais tu es libre. – Ta punition pour tes doutes si criminels sera de n'apprendre mes motifs que demain, a-t-il répondu.

– Regarde-moi, lui ai-je dit. J'ai plongé mes yeux dans les siens : l'infini a pénétré l'infini. Non, je n'ai pas aperçu ce nuage que l'infidélité répand dans l'âme et qui doit altérer la pureté des prunelles. J'ai fait la rassurée, encore que je restasse inquiète. Les hommes savent, aussi bien que nous, tromper, mentir! Nous ne nous sommes plus quittés. Oh! chère, combien par moments, en le regardant, je me suis trouvée indissolublement attachée à lui. Quels tremblements intérieurs m'agitèrent quand il reparut après m'avoir laissée seule pendant un moment! Ma vie est en lui, et non en moi. J'ai donné de cruels démentis à ta cruelle lettre. Ai-je jamais senti cette dépendance avec ce divin Espagnol, pour qui j'étais ce que cet atroce bambin est pour moi? Combien je hais cette jument! Quelle niaiserie à moi d'avoir eu des chevaux. Mais il faudrait aussi couper les pieds à Gaston, ou le détenir dans le cottage[1]. Ces pensées stupides m'ont occupée, juge par là de ma déraison ? Si l'amour ne lui a pas construit une cage, aucun pouvoir ne saurait retenir un homme qui s'ennuie. – T'ennuyé-je[2] ? lui ai-je dit à brûle-pourpoint[3]. – Comme tu te tourmentes sans raison, m'a-t-il répondu les yeux pleins d'une douce pitié. Je ne t'ai jamais tant aimée. – Si c'est vrai, mon ange adoré, lui ai-je répliqué, laisse-moi faire vendre Fedelta. – Vends ! a-t-il dit. – Ce mot m'a comme écrasée, Gaston a eu l'air de me dire : Toi seule es riche ici, je ne suis rien, ma volonté n'existe pas. S'il ne l'a pas pensé, j'ai cru qu'il le pensait, et de nouveau je l'ai quitté pour m'aller coucher : la nuit était venue.

Oh ! Renée, dans la solitude, une pensée ravageuse vous conduit au suicide. Ces délicieux jardins, cette nuit étoilée, cette fraîcheur qui m'envoyait par bouffées l'encens de toutes nos fleurs, notre vallée, nos collines, tout me semblait sombre, noir et désert. J'étais comme au fond d'un précipice au milieu des serpents, des plantes vénéneuses[4] ; je ne voyais plus de Dieu dans le ciel. Après une nuit pareille une femme a vieilli.

– Prends Fedelta, cours à Paris, lui ai-je dit le lendemain matin : ne la vendons point ; je l'aime, elle te porte ! Il ne s'est pas trompé, néanmoins, à mon accent, où perçait la rage intérieure que j'essayais de cacher. – Confiance ! a-t-il répondu en me tendant la main par un mouvement si noble et en me lançant un si noble regard que je me suis sentie aplatie. – Nous sommes bien petites, me suis-je écriée. – Non, tu m'aimes, et voilà tout, a-t-il dit en me pressant sur lui. – Va à Paris sans moi, lui ai-je dit en lui faisant comprendre que je me désarmais de mes soupçons. Il est parti, je croyais qu'il allait rester. Je renonce à te peindre mes souffrances. Il y avait en moi-même une autre moi que je ne savais pas pouvoir exister. D'abord,

Notes

1. **cottage** : jolie petite maison de campagne.

2. **T'ennuyé-je ?** : Est-ce que je t'ennuie ?

3. **à brûle-pourpoint** : brusquement, sans préparation.

4. **vénéneuses** : qui contiennent un poison.

ces sortes de scènes, ma chère, ont une solennité tragique pour une femme qui aime, que rien ne saurait exprimer ; toute la vie vous apparaît dans le moment où elles se passent, et l'œil n'y aperçoit aucun horizon ; le rien est tout, le regard est un livre, la parole charrie des glaçons, et dans un mouvement de lèvres on lit un arrêt de mort. Je m'attendais à du retour, car m'étais-je montrée assez noble et grande ? J'ai monté jusqu'en haut du Chalet et l'ai suivi des yeux sur la route. Ah ! ma chère Renée, je l'ai vu disparaître avec une affreuse rapidité. – Comme il y court ! pensai-je involontairement. Puis, une fois seule, je suis retombée dans l'enfer des hypothèses, dans le tumulte des soupçons. Par moments, la certitude d'être trahie me semblait être un baume, comparée aux horreurs du doute ! Le doute est notre duel avec nous-mêmes, et nous nous y faisons de terribles blessures. J'allais, je tournais dans les allées, je revenais au Chalet, j'en sortais comme une folle. Parti sur les sept heures, Gaston ne revint qu'à onze heures ; et comme, par le parc de Saint-Cloud et le bois de Boulogne, une demi-heure suffit pour aller à Paris, il est clair qu'il avait passé trois heures dans Paris. Il entra triomphant en m'apportant une cravache[1] en caoutchouc dont la poignée est en or. Depuis quinze jours j'étais sans cravache ; la mienne, usée et vieille, s'était brisée. – Voilà pourquoi tu m'as torturée ? lui ai-je dit en admirant le travail de ce bijou qui contient une cassolette au bout. Puis je compris que ce présent cachait une nouvelle tromperie ; mais je lui sautai promptement au cou, non sans lui faire de doux reproches pour m'avoir imposé de si grands tourments pour une bagatelle[2]. Il se crut bien fin. Je vis alors dans son maintien, dans son regard, cette espèce de joie intérieure qu'on éprouve en faisant réussir une tromperie ; il s'échappe comme une lueur de notre âme, comme un rayon de notre esprit qui se reflète dans les traits, qui se dégage avec les mouvements

Notes

1. **cravache** : baguette souple dont se servent les cavaliers.

2. **bagatelle** : chose sans importance, sans valeur.

du corps. En admirant cette jolie chose, je lui demandai dans un moment où nous nous regardions bien : – Qui t'a fait cette œuvre d'art ? – Un artiste de mes amis. – Ah ! Verdier l'a montée, ajoutai-je en lisant le nom du marchand, imprimé sur la cravache. Gaston est resté très enfant, il a rougi. Je l'ai comblé de caresses pour le récompenser d'avoir eu honte de me tromper. Je fis l'innocente, et il a pu croire tout fini.

25 mai.

Le lendemain, vers six heures, je mis mon habit de cheval, et je tombai à sept heures chez Verdier, où je vis plusieurs cravaches de ce modèle. Un commis reconnut la mienne, que je lui montrai. – Nous l'avons vendue hier à un jeune homme, me dit-il. Et sur la description que je lui fis de mon fourbe de Gaston, il n'y eut plus de doute. Je te fais grâce des palpitations de cœur qui me brisaient la poitrine en allant à Paris, et pendant cette petite scène où se décidait ma vie. Revenue à sept heures et demie, Gaston me trouva pimpante, en toilette du matin, me promenant avec une trompeuse insouciance, et sûre que rien ne trahirait mon absence, dans le secret de laquelle je n'avais mis que mon vieux Philippe. – Gaston, lui dis-je en tournant autour de notre étang, je connais assez la différence qui existe entre une œuvre d'art unique, faite avec amour pour une seule personne, et celle qui sort d'un moule. Gaston devint pâle et me regarda lui présentant la terrible pièce à conviction. – Mon ami, lui dis-je, ce n'est pas une cravache, c'est un paravent derrière lequel vous abritez un secret. Là-dessus, ma chère, je me suis donné le plaisir de le voir s'entortillant dans les charmilles du mensonge et les labyrinthes de la tromperie sans en pouvoir sortir, déployant un art prodigieux pour essayer de trouver un mur à escalader, mais contraint de rester sur le terrain devant un adversaire qui consentit enfin à se laisser abuser. Cette complaisance est venue trop tard, comme toujours dans ces sortes de scènes. D'ailleurs, j'avais commis la faute contre laquelle ma mère avait essayé de me prémunir. En se montrant à nu, ma jalousie établissait la guerre et ses stratagèmes[1] entre Gaston et moi. Ma chère, la jalousie est essentiellement bête et brutale. Je me suis alors promis de souffrir en silence, de tout espionner, d'acquérir une certitude, et d'en finir alors avec Gaston, ou de consentir à mon malheur : il n'y a pas d'autre conduite à tenir pour les femmes bien élevées. Que me cache-t-il ? car il me cache un secret. Ce secret concerne une femme. Est-ce une aventure de jeunesse de laquelle il rougisse ? Quoi ? Ce *quoi* ? ma chère, est gravé en quatre lettres de feu sur toutes choses. Je lis ce fatal mot en regardant le miroir de mon étang, à travers mes massifs, aux nuages du ciel, aux plafonds, à table, dans les fleurs de mes tapis. Au milieu de mon sommeil, une voix m'écrie : – Quoi ? À compter de cette matinée, il y eut dans notre vie un cruel intérêt, et j'ai connu la plus âcre[2] des pensées qui puissent corroder[3] notre cœur : être à un homme que l'on croit infidèle. Oh ! ma chère, cette vie tient à la fois à l'enfer et au paradis. Je n'avais pas encore posé le pied dans cette fournaise[4], moi jusqu'alors si saintement adorée.

– Ah ! tu souhaitais un jour de pénétrer dans les sombres et ardents palais de la souffrance ? me disais-je. Eh ! bien, les démons ont entendu ton fatal souhait : marche, malheureuse !

30 mai.

Depuis ce jour, Gaston, au lieu de travailler mollement et avec le laisser-aller de l'artiste riche qui caresse son œuvre, se donne des tâches comme l'écrivain qui vit de sa plume. Il emploie quatre heures tous les jours à finir deux pièces de théâtre.

– Il lui faut de l'argent ! Cette pensée me fut soufflée par une voix intérieure. Il ne dépense presque rien ; nous vivons dans une absolue confiance, il n'est pas un coin de son cabinet où mes yeux et mes doigts ne puissent fouiller, sa dépense

Notes

1. **stratagèmes** : ruses habiles.
2. **âcre** : qui brûle le nez ou la gorge ; très douloureuse.
3. **corroder** : ronger, détruire lentement et progressivement.
4. **fournaise** : four où brûle un feu violent ; endroit où il fait extrêmement chaud.

par an ne se monte pas à deux mille francs, je lui sais trente mille francs moins amassés que mis dans un tiroir. Tu me devines. Au milieu de la nuit, je suis allée pendant son sommeil voir si la somme y était toujours. Quel frisson glacial m'a saisie en trouvant le tiroir vide ! Dans la même semaine, j'ai découvert qu'il va chercher des lettres à Sèvres[1], et il doit les déchirer aussitôt après les avoir lues, car malgré mes inventions de Figaro[2] je n'en ai point trouvé de vestige. Hélas ! mon ange, malgré mes promesses et tous les beaux serments que je m'étais faits à moi-même à propos de la cravache, un mouvement d'âme qu'il faut appeler folie m'a poussée, et je l'ai suivi dans une de ses courses rapides au bureau de la poste. Gaston fut terrifié d'être surpris à cheval, payant le port d'une lettre qu'il tenait à la main. Après m'avoir regardée fixement, il a mis Fedelta au galop par un mouvement si rapide que je me sentis brisée en arrivant à la porte du bois dans un moment où je croyais ne pouvoir sentir aucune fatigue corporelle, tant mon âme souffrait ! Là, Gaston ne me dit rien, il sonne et attend, sans me parler. J'étais plus morte que vive. Ou j'avais raison ou j'avais tort ; mais, dans les deux cas, mon espionnage était indigne d'Armande-Louise-Marie de Chaulieu. Je roulais dans la fange sociale au-dessous de la grisette, de la fille mal élevée, côte à côte avec les courtisanes, les actrices, les créatures sans éducation. Quelles souffrances ! Enfin la porte s'ouvre, il remet son cheval à son groom, et je descends alors aussi, mais dans ses bras, il me les tend ; je relève mon amazone[3] sur mon bras gauche, je lui donne le bras droit, et nous allons… toujours silencieux. Les cent pas que nous avons faits ainsi peuvent me compter pour cent ans de purgatoire[4]. À chaque pas des milliers de pensées, presque visibles, voltigeant

Notes

1. **Sèvres** : ville située à l'ouest de Paris.
2. Voir note 2, p. 134.
3. **amazone** : jupe longue et ample de cavalière.
4. **purgatoire** : dans la religion catholique, lieu où les âmes des morts expient leurs péchés.

en langues de feu sous mes yeux, me sautaient à l'âme, ayant chacune un dard, un venin différent ! Quand le groom et les chevaux furent loin, j'arrête Gaston, je le regarde, et, avec un mouvement que tu dois voir, je lui dis, en lui montrant la fatale lettre qu'il tenait toujours dans sa main droite : – Laisse-la-moi lire ? Il me la donne, je la décachète, et lis une lettre par laquelle Nathan[1], l'auteur dramatique, lui disait que l'une de nos pièces, reçue, apprise et mise en répétition, allait être jouée samedi prochain. La lettre contenait un coupon de loge. Quoique pour moi ce fût aller du martyre au ciel, le démon me criait toujours, pour troubler ma joie : – Où sont les trente mille francs ? Et la dignité, l'honneur, tout mon ancien *moi* m'empêchaient de faire une question ; je l'avais sur les lèvres ; je savais que si ma pensée devenait une parole, il fallait me jeter dans mon étang, et je résistais à peine au désir de parler. Chère, ne souffrais-je pas alors au-dessus des forces de la femme ? – Tu t'ennuies, mon pauvre Gaston, lui dis-je en lui rendant la lettre. Si tu veux, nous reviendrons à Paris. – À Paris, pourquoi ? dit-il. J'ai voulu savoir si j'avais du talent, et goûter au punch du succès !

Au moment où il travaillera, je pourrais bien faire l'étonnée en fouillant dans le tiroir et n'y trouvant pas ses trente mille francs ; mais n'est-ce pas aller chercher cette réponse : « J'ai obligé tel ou tel ami » qu'un homme d'esprit comme Gaston ne manquerait pas de faire ?

Ma chère, la morale de ceci est que le beau succès de la pièce à laquelle tout Paris court en ce moment nous est dû, quoique Nathan en ait toute la gloire. Je suis une des deux étoiles de ce mot : ET MM★★. J'ai vu la première représentation, cachée au fond d'une loge d'avant-scène au rez-de-chaussée.

Note

1. **(Raoul) Nathan** : personnage fictif récurrent, écrivain et journaliste, de *La Comédie humaine*.

1er juillet.

Gaston travaille toujours et va toujours à Paris ; il travaille à de nouvelles pièces pour avoir le prétexte d'aller à Paris et pour se faire de l'argent. Nous avons trois pièces reçues et deux de demandées. Oh ! ma chère, je suis perdue, je marche dans les ténèbres. Je brûlerai ma maison pour y voir clair. Que signifie une pareille conduite ? A-t-il honte d'avoir reçu de moi la fortune ? Il a l'âme trop grande pour se préoccuper d'une pareille niaiserie. D'ailleurs, quand un homme commence à concevoir de ces scrupules, ils lui sont inspirés par un intérêt de cœur. On accepte tout de sa femme, mais l'on ne veut rien avoir de la femme que l'on pense quitter ou qu'on n'aime plus. S'il veut tant d'argent, il a sans doute à le dépenser pour une femme. S'il s'agissait de lui, ne prendrait-il pas dans ma bourse sans façon ? nous avons cent mille francs d'économies ! Enfin, ma belle biche, j'ai parcouru le monde entier des suppositions, et, tout bien calculé, je suis certaine d'avoir une rivale. Il me laisse, pour qui ? je veux *la* voir…

10 juillet.

J'ai vu clair : je suis perdue. Oui, Renée, à trente ans, dans toute la gloire de la beauté, riche des ressources de mon esprit, parée des séductions de la toilette, toujours fraîche, élégante, je suis trahie, et pour qui ? pour une Anglaise qui a de gros pieds, de gros os, une grosse poitrine, quelque vache britannique. Je n'en puis plus douter. Voici ce qui m'est arrivé dans ces derniers jours.

Fatiguée de douter, pensant que s'il avait secouru l'un de ses amis, Gaston pouvait me le dire, le voyant accusé par son silence, et le trouvant convié par une continuelle soif d'argent au travail ; jalouse de son travail, inquiète de ses perpétuelles courses à Paris, j'ai pris mes mesures, et ces mesures m'ont fait descendre alors si bas que je ne puis t'en rien dire. Il y a trois jours, j'ai su que Gaston se rend, quand il va à Paris, rue de la Ville-Lévêque, dans une maison où ses amours sont gardés par une discrétion sans exemple à Paris. Le portier, peu causeur, a dit peu de chose, mais assez pour me désespérer. J'ai fait alors le sacrifice de ma vie, et j'ai seulement voulu tout savoir. Je suis allée à Paris, j'ai pris un appartement dans la maison qui se trouve en face de celle où se rend Gaston, et je l'ai pu voir de mes yeux entrant à cheval dans la cour. Oh! j'ai eu trop tôt une horrible et affreuse révélation. Cette Anglaise, qui me paraît avoir trente-six ans, se fait appeler madame Gaston. Cette découverte a été pour moi le coup de la mort. Enfin, je l'ai vue se rendant aux Tuileries avec deux enfants... oh! ma chère, deux enfants qui sont les vivantes miniatures de Gaston. Il est impossible de ne pas être frappée d'une si scandaleuse ressemblance... Et quels jolis enfants! ils sont habillés fastueusement[1], comme les Anglaises savent les arranger. Elle lui a donné des enfants! tout s'explique. Cette Anglaise est une espèce de statue grecque descendue de quelque monument; elle a la blancheur et la froideur du marbre, elle marche solennellement en mère heureuse. Elle est belle, il faut en convenir, mais c'est lourd comme un vaisseau de guerre. Elle n'a rien de fin ni de distingué : certes, elle n'est pas *lady*[2], c'est la fille de quelque fermier d'un méchant village dans un lointain comté[3], ou la onzième fille de quelque pauvre ministre. Je suis revenue de Paris mourante. En route, mille pensées m'ont assaillie comme autant de démons. Serait-elle mariée? la connaissait-il avant de m'épouser? A-t-elle été la maîtresse de quelque homme riche qui l'aurait laissée, et n'est-elle pas soudain retombée à la charge de Gaston? J'ai fait des suppositions à l'infini, comme s'il y avait besoin d'hypothèses en présence des enfants. Le lendemain, je suis retournée à Paris, et j'ai donné assez d'argent au portier de la maison pour qu'à

Notes

1. **fastueusement** : avec luxe.
2. ***lady*** : titre anglais donné aux femmes nobles.
3. **comté** : division territoriale en Grande-Bretagne.

cette question : – Madame Gaston est-elle mariée légalement ? il me répondît : – Oui, *mademoiselle.*

15 juillet.

Ma chère, depuis cette matinée, j'ai redoublé d'amour pour Gaston, et je l'ai trouvé plus amoureux que jamais ; il est si jeune ! Vingt fois, à notre lever, je suis près de lui dire : – Tu m'aimes donc plus que celle de la rue de la Ville-Lévêque ? Mais je n'ose m'expliquer le mystère de mon abnégation. – Tu aimes bien les enfants ? lui ai-je demandé. – Oh ! oui, m'a-t-il répondu ; mais nous en aurons ! – Et comment ? – J'ai consulté les médecins les plus savants, et tous m'ont conseillé de faire un voyage de deux mois. – Gaston, lui ai-je dit, si j'avais pu aimer un absent, je serais restée au couvent pour le reste de mes jours. Il s'est mis à rire, et moi, ma chère, le mot voyage m'a tuée. Oh ! certes, j'aime mieux sauter par la fenêtre que de me laisser rouler dans les escaliers en me retenant de marche en marche. Adieu, mon ange, j'ai rendu ma mort douce, élégante, mais infaillible. Mon testament est écrit d'hier ; tu peux maintenant me venir voir, la consigne est levée. Accours recevoir mes adieux. Ma mort sera, comme ma vie, empreinte de distinction et de grâce : je mourrai tout entière.

Adieu, cher esprit de sœur, toi dont l'affection n'a eu ni dégoûts, ni hauts, ni bas, et qui, semblable à l'égale clarté de la lune, as toujours caressé mon cœur ; nous n'avons point connu les vivacités, mais nous n'avons pas goûté non plus à la vénéneuse amertume de l'amour. Tu as vu sagement la vie. Adieu !

LV
La comtesse de l'Estorade à madame Gaston

16 juillet.

Ma chère Louise, je t'envoie cette lettre par un exprès[1] avant de courir au Chalet moi-même. Calme-toi. Ton dernier mot m'a paru si insensé que j'ai cru pouvoir, en de pareilles circonstances, tout confier à Louis : il s'agissait de te sauver de toi-même. Si, comme toi, nous avons employé d'horribles moyens, le résultat est si heureux que je suis certaine de ton approbation. Je suis descendue jusqu'à faire marcher la police ; mais c'est un secret entre le préfet, nous et toi. Gaston est un ange ! Voici les faits : son frère Louis Gaston est mort à Calcutta, au service d'une compagnie marchande, au moment où il allait revenir en France riche, heureux et marié. La veuve d'un négociant anglais lui avait donné la plus brillante fortune. Après dix ans de travaux entrepris pour envoyer de quoi vivre à son frère, qu'il adorait et à qui jamais il ne parlait de ses mécomptes dans ses lettres pour ne pas l'affliger, il a été surpris par la faillite du fameux Halmer. La veuve a été ruinée. Le coup fut si violent que Louis Gaston en a eu la tête perdue. Le moral, en faiblissant, a laissé la maladie maîtresse du corps, et il a succombé dans le Bengale[2], où il était allé réaliser les restes de la fortune de sa pauvre femme. Ce cher capitaine avait remis chez un banquier une première somme de trois cent mille francs pour l'envoyer à son frère ; mais ce banquier, entraîné par la maison Halmer, leur a enlevé cette dernière ressource. La veuve de Louis Gaston, cette belle femme que tu prends pour ta rivale, est arrivée à Paris avec deux enfants qui sont tes neveux, et sans un sou. Les bijoux de la mère ont à peine suffi à payer le passage de sa famille. Les renseignements que Louis

Notes

1. **exprès** : messager.

2. **Bengale** : région de l'Est de l'Inde dans laquelle se trouve la ville de Calcutta.

Gaston avait donnés au banquier pour envoyer l'argent à Marie Gaston ont servi à la veuve pour trouver l'ancien domicile de ton mari. Comme ton Gaston a disparu sans dire où il allait, on a envoyé madame Louis Gaston chez d'Arthez, la seule personne qui pût donner des renseignements sur Marie Gaston. D'Arthez a d'autant plus généreusement pourvu aux premiers besoins de cette jeune femme que Louis Gaston s'était, il y a quatre ans, au moment de son mariage, enquis de son frère[1] auprès de notre célèbre écrivain, en le sachant l'ami de Marie. Le capitaine avait demandé à d'Arthez le moyen de faire parvenir sûrement cette somme à Marie Gaston. D'Arthez avait répondu que Marie Gaston était devenu riche par son mariage avec la baronne de Macumer. La beauté, ce magnifique présent de leur mère, avait sauvé, dans les Indes comme à Paris, les deux frères de tout malheur. N'est-ce pas une touchante histoire ? D'Arthez a naturellement fini par écrire à ton mari l'état où se trouvaient sa belle-sœur et ses neveux, en l'instruisant des généreuses intentions que le hasard avait fait avorter, mais que le Gaston des Indes avait eues pour le Gaston de Paris. Ton cher Gaston, comme tu dois l'imaginer, est accouru précipitamment à Paris. Voilà l'histoire de sa première course. Depuis cinq ans, il a mis de côté cinquante mille francs sur le revenu que tu l'as forcé de prendre, et il les a employés à deux inscriptions de chacune douze cents francs de rente au nom de ses neveux ; puis il a fait meubler cet appartement où demeure ta belle-sœur, en lui promettant trois mille francs tous les trois mois. Voilà l'histoire de ses travaux au théâtre et du plaisir que lui a causé le succès de sa première pièce. Ainsi madame Gaston n'est point ta rivale, et porte ton nom très légitimement. Un homme noble et délicat comme Gaston a dû te cacher cette aventure en redoutant ta générosité. Ton mari ne regarde point comme à lui ce que tu lui as donné. D'Arthez m'a lu la

Note

1. **s'était [...] enquis de son frère** : avait demandé des nouvelles de son frère.

lettre qu'il lui a écrite pour le prier d'être un des témoins de votre mariage : Marie Gaston y dit que son bonheur serait entier s'il n'avait pas eu de dettes à te laisser payer et s'il eût été riche. Une âme vierge n'est pas maîtresse de ne pas avoir de tels sentiments : ils sont ou ne sont pas ; et quand ils sont, leur délicatesse, leurs exigences se conçoivent. Il est tout simple que Gaston ait voulu lui-même en secret donner une existence convenable à la veuve de son frère, quand cette femme lui envoyait cent mille écus de sa propre fortune. Elle est belle, elle a du cœur, des manières distinguées, mais pas d'esprit. Cette femme est mère : n'est-ce pas dire que je m'y suis attachée aussitôt que je l'ai vue, en la trouvant un enfant au bras et l'autre habillé comme le *baby* d'un lord. Tout pour les enfants ! est écrit chez elle dans les moindres choses. Ainsi, loin d'en vouloir à ton adoré Gaston, tu n'as que de nouvelles raisons de l'aimer ! Je l'ai entrevu, il est le plus charmant jeune homme de Paris. Oh ! oui, chère enfant, j'ai bien compris en l'apercevant qu'une femme pouvait en être folle : il a la physionomie de son âme. À ta place, je prendrais au Chalet la veuve et les deux enfants, en leur faisant construire quelque délicieux cottage, et j'en ferais mes enfants ! Calme-toi donc, et prépare à ton tour cette surprise à Gaston.

LVI
De madame Gaston à la comtesse de l'Estorade

Ah ! ma bien-aimée, entends le terrible, le fatal, l'insolent mot de l'imbécile La Fayette à son maître, à son roi : *Il est trop tard !*[1] Ô ! ma vie, ma belle vie ! quel médecin me la rendra ? Je

Note

1. Allusion aux émeutes parisiennes du 30 juillet 1830 au cours desquelles l'officier La Fayette (1757-1834) aurait repris l'exclamation populaire « Il est trop tard ! » pour signifier que les Bourbons, en la personne de Charles X, ne pouvaient plus régner.

me suis frappée à mort. Hélas! n'étais-je pas un feu follet de femme destiné à s'éteindre après avoir brillé? Mes yeux sont deux torrents de larmes, et... je ne peux pleurer que loin de lui... Je le fuis et il me cherche. Mon désespoir est tout intérieur. Dante[1] a oublié mon supplice dans son Enfer. Viens me voir mourir?

LVII
De la comtesse de l'Estorade au comte de l'Estorade

Au Chalet, 7 août.

Mon ami, emmène les enfants et fais le voyage de Provence sans moi; je reste auprès de Louise qui n'a plus que quelques jours à vivre : je me dois à elle et à son mari, qui deviendra fou, je crois.

Depuis le petit mot que tu connais et qui m'a fait voler, accompagnée de médecins, à Ville-d'Avray, je n'ai pas quitté cette charmante femme et n'ai pu t'écrire, car voici la quinzième nuit que je passe.

En arrivant, je l'ai trouvée avec Gaston, belle et parée, le visage riant, heureuse. Quel sublime mensonge! Ces deux beaux enfants s'étaient expliqués. Pendant un moment j'ai, comme Gaston, été la dupe de cette audace; mais Louise m'a serré la main et m'a dit à l'oreille : – Il faut le tromper, je suis mourante. Un froid glacial m'a enveloppée en lui trouvant la main brûlante et du rouge aux joues. Je me suis applaudie de ma prudence. J'avais eu l'idée, pour n'effrayer personne, de dire aux médecins de se promener dans le bois en attendant que je les fisse demander.

Note

1. Voir note 3, p. 127.

– Laisse-nous, dit-elle à Gaston. Deux femmes qui se revoient après cinq ans de séparation ont bien des secrets à se confier, et Renée a sans doute quelque confidence à me faire.

Une fois seule, elle s'est jetée dans mes bras sans pouvoir contenir ses larmes. – « Qu'y a-t-il donc ? lui ai-je dit. Je t'amène, en tout cas, le premier chirurgien et le premier médecin de l'Hôtel-Dieu, avec Bianchon[1] ; enfin ils sont quatre. – Oh ! s'ils peuvent me sauver, s'il est temps, qu'ils viennent ! s'est-elle écriée. Le même sentiment qui me portait à mourir me porte à vivre. – Mais qu'as-tu fait ? – Je me suis rendue poitrinaire[2] au plus haut degré en quelques jours. – Et comment ? – Je me mettais en sueur la nuit et courais me placer au bord de l'étang, dans la rosée. Gaston me croit enrhumée, et je meurs. – Envoie-le donc à Paris, je vais chercher moi-même les médecins, ai-je dit en courant comme une insensée à l'endroit où je les avais laissés. »

Hélas ! mon ami, la consultation faite, aucun de ces savants ne m'a donné le moindre espoir, ils pensent tous qu'à la chute des feuilles, Louise mourra. La constitution de cette chère créature a singulièrement servi son dessein ; elle avait des dispositions à la maladie qu'elle a développée ; elle aurait pu vivre longtemps ; mais en quelques jours elle a rendu tout irréparable. Je ne te dirai pas mes impressions en entendant cet arrêt parfaitement motivé. Tu sais que j'ai tout autant vécu par Louise que par moi. Je suis restée anéantie, et n'ai point reconduit ces cruels docteurs. Le visage baigné de larmes, j'ai passé je ne sais combien de temps dans une douloureuse méditation. Une céleste voix m'a tirée de mon engourdissement par ces mots : – Eh ! bien, je suis condamnée, que Louise m'a dit en posant sa main sur mon épaule. Elle m'a fait lever et m'a emmenée dans son petit salon. – Ne me quitte plus, m'a-

Notes

1. Horace Bianchon est un personnage fictif récurrent (médecin) de *La Comédie humaine*.

2. **poitrinaire** : malade de la tuberculose, maladie souvent mortelle à l'époque de Balzac.

t-elle demandé par un regard suppliant, je ne veux pas voir de désespoir autour de moi; je veux surtout *le* tromper, j'en aurai la force. Je suis pleine d'énergie, de jeunesse, et je saurai mourir debout. Quant à moi, je ne me plains pas, je meurs comme je l'ai souhaité souvent : à trente ans, jeune, belle, tout entière. Quant à lui, je l'aurais rendu malheureux, je le vois. Je me suis prise dans les lacs[1] de mes amours, comme une biche qui s'étrangle en s'impatientant[2] d'être prise; de nous deux, je suis la biche… et bien sauvage. Mes jalousies à faux[3] frappaient déjà sur son cœur de manière à le faire souffrir. Le jour où mes soupçons auraient rencontré l'indifférence, le loyer qui attend la jalousie, eh! bien… je serais morte. J'ai mon compte de la vie. Il y a des êtres qui ont soixante ans de service sur les contrôles du monde et qui, en effet, n'ont pas vécu deux ans; au rebours, je parais n'avoir que trente ans, mais, en réalité, j'ai eu soixante années d'amours. Ainsi, pour moi, pour lui, ce dénouement est heureux. Quant à nous deux, c'est autre chose : tu perds une sœur qui t'aime, et cette perte est irréparable. Toi seule, ici, tu dois pleurer ma mort. Ma mort, reprit-elle après une longue pause pendant laquelle je ne l'ai vue qu'à travers le voile de mes larmes, porte avec elle un cruel enseignement. Mon cher docteur en corset a raison : le mariage ne saurait avoir pour base la passion, ni même l'amour. Ta vie est une belle et noble vie, tu as marché dans ta voie, aimant toujours de plus en plus ton Louis; tandis qu'en commençant la vie conjugale par une ardeur extrême, elle ne peut que décroître. J'ai eu deux fois tort, et deux fois la Mort sera venue souffleter mon bonheur de sa main décharnée. Elle m'a enlevé le plus noble et le plus dévoué des hommes; aujourd'hui, la camarde[4] m'enlève au plus beau, au plus charmant, au plus poétique époux du monde. Mais j'aurai tour à tour connu le beau idéal de l'âme et celui de la forme. Chez Felipe, l'âme domptait

Notes

1. **lacs** : lacets, pièges.
2. **en s'impatientant** : en s'agaçant.
3. **à faux** : injustement, à tort.
4. **la camarde** : la mort.

le corps et le transformait; chez Gaston, le cœur, l'esprit et la beauté rivalisent. Je meurs adorée, que puis-je vouloir de plus?... me réconcilier avec Dieu que j'ai négligé peut-être, et vers qui je m'élancerai pleine d'amour en lui demandant de me rendre un jour ces deux anges dans le ciel. Sans eux, le paradis serait désert pour moi. Mon exemple serait fatal : je suis une exception. Comme il est impossible de rencontrer des Felipe ou des Gaston, la loi sociale est en ceci d'accord avec la loi naturelle. Oui, la femme est un être faible qui doit, en se mariant, faire un entier sacrifice de sa volonté à l'homme, qui lui doit en retour le sacrifice de son égoïsme. Les révoltes et les pleurs que notre sexe a élevés et jetés dans ces derniers temps avec tant d'éclat sont des niaiseries qui nous méritent le nom d'enfants que tant de philosophes nous ont donné.

Elle a continué de parler ainsi de sa voix douce que tu connais, en disant les choses les plus sensées de la manière la plus élégante, jusqu'à ce que Gaston entrât, amenant de Paris sa belle-sœur, les deux enfants et la bonne anglaise que Louise l'avait prié d'aller chercher. – Voilà mes jolis bourreaux, a-t-elle dit en voyant ses deux neveux. Ne pouvais-je pas m'y tromper? Comme ils ressemblent à leur oncle! Elle a été charmante pour madame Gaston l'aînée, qu'elle a priée de se regarder au Chalet comme chez elle[1], et elle lui en a fait les honneurs avec ces façons à la Chaulieu qu'elle possède au plus haut degré. J'ai sur-le-champ écrit à la duchesse et au duc de Chaulieu, au duc de Rhétoré et au duc de Lenoncourt-Chaulieu, ainsi qu'à Madeleine. J'ai bien fait. Le lendemain, fatiguée de tant d'efforts, Louise n'a pu se promener; elle ne s'est même levée que pour assister au dîner. Madeleine de Lenoncourt, ses deux frères et sa mère sont venus dans la soirée. Le froid que le mariage de Louise avait mis entre elle et sa famille s'est dissipé. Depuis cette soirée, les deux frères et le père de Louise sont venus à cheval tous les matins, et

Note

1. **de se regarder au Chalet comme chez elle** : de se sentir au Chalet comme chez elle.

les deux duchesses passent au Chalet toutes leurs soirées. La mort rapproche autant qu'elle sépare, elle fait taire les passions mesquines. Louise est sublime de grâce, de raison, de charme, d'esprit et de sensibilité. Jusqu'au dernier moment elle montre ce goût qui l'a rendue si célèbre, et nous dispense les trésors de cet esprit qui faisait d'elle une des reines de Paris.

– Je veux être jolie jusque dans mon cercueil, m'a-t-elle dit avec ce sourire qui n'est qu'à elle, en se mettant au lit pour y languir[1] ces quinze jours-ci.

Dans sa chambre il n'y a pas trace de maladie : les boissons, les gommes[2], tout l'appareil médical est caché.

– N'est-ce pas que je fais une belle mort? disait-elle hier au curé de Sèvres à qui elle a donné sa confiance.

Nous jouissons tous d'elle en avares. Gaston, que tant d'inquiétudes, tant de clartés affreuses ont préparé, ne manque pas de courage, mais il est atteint : je ne m'étonnerais pas de le voir suivre naturellement sa femme. Hier il m'a dit en tournant autour de la pièce d'eau : – Je dois être le père de ces deux enfants… Et il me montrait sa belle-sœur qui promenait ses neveux. – Mais, quoique je ne veuille rien faire pour m'en aller de ce monde, promettez-moi d'être une seconde mère pour eux et de laisser votre mari accepter la tutelle[3] officieuse que je lui confierai conjointement avec ma belle-sœur. Il a dit cela sans la moindre emphase[4] et comme un homme qui se sent perdu. Sa figure répond par des sourires aux sourires de Louise, et il n'y a que moi qui ne m'y trompe pas. Il déploie un courage égal au sien. Louise a désiré voir son filleul; mais je ne suis pas fâchée qu'il soit en Provence, elle aurait pu lui faire quelques libéralités qui m'auraient fort embarrassée.

Adieu, mon ami.

Notes

1. **languir** : dépérir, perdre lentement ses forces.
2. **gommes** : pastilles à sucer.
3. **tutelle** : pouvoir de prendre soin et de protéger quelqu'un et ses biens.
4. **emphase** : exagération.

25 août (le jour de sa fête).

Hier au soir Louise a eu pendant quelques moments le délire ; mais ce fut un délire vraiment élégant, qui prouve que les gens d'esprit ne deviennent pas fous comme les bourgeois ou comme les sots. Elle a chanté d'une voix éteinte quelques airs italiens des *Puritani*, de la *Sonnambula*[1] et de *Mosé*[2]. Nous étions tous silencieux autour du lit, et nous avons tous eu, même son frère Rhétoré, des larmes dans les yeux, tant il était clair que son âme s'échappait ainsi. Elle ne nous voyait plus ! Il y avait encore toute sa grâce dans les agréments de ce chant faible et d'une douceur divine. L'agonie a commencé dans la nuit. Je viens, à sept heures du matin, de la lever moi-même ; elle a retrouvé quelque force, elle a voulu s'asseoir à sa croisée[3], elle a demandé la main de Gaston… Puis, mon ami, l'ange le plus charmant que nous pourrons voir jamais sur cette Terre ne nous a plus laissé que sa dépouille. Administrée la veille à l'insu de Gaston, qui, pendant la terrible cérémonie, a pris un peu de sommeil, elle avait exigé de moi que je lui lusse en français le *De profundis*[4], pendant qu'elle serait ainsi face à face avec la belle nature qu'elle s'était créée. Elle répétait mentalement les paroles et serrait les mains de son mari, agenouillé de l'autre côté de la bergère.

26 août.

J'ai le cœur brisé. Je viens d'aller la voir dans son linceul[5], elle y est devenue pâle avec des teintes violettes. Oh ! je veux voir mes enfants ! mes enfants ! Amène mes enfants au-devant de moi !

Paris, 1841.

Notes

1. ***Puritani* […] *la Sonnambula*** : *Les Puritains* et *La Somnambule*, opéras du compositeur Vincenzo Bellini (1801-1835) composés en 1835 et 1831.
2. ***Mosè in Egitto*** : *Moïse en Égypte*, opéra du compositeur Gioachino Rossini (1792-1868) représenté à Paris en 1827 après sa création italienne en 1818.
3. **croisée** : fenêtre.
4. ***De profundis*** : psaume de la Bible récité comme prière pour les morts.
5. **linceul** : tissu dans lequel on ensevelit un mort.

Louise sur son lit de mort, entourée de Renée et Marie Gaston
« *Elle avait exigé de moi que je lui lusse en français le* De profundis. »
Gravure de 1855.

Voir Méthode, p. 315

Se préparer à l'oral du Bac

Analyse de l'extrait (p. 269, l. 1459 à 1483)

Conseils pour la lecture à voix haute

› Changez d'intonation lors de la lecture de la proposition incise (l. 1474 à 1476) quand Renée reprend la parole.

› Veillez à rendre le ton désillusionné de Louise, sa tendresse et le pathétique sobre de cette scène.

Explication linéaire

Introduction rédigée

Ce texte est extrait de la lettre LVII, la dernière du roman. Renée écrit à son mari alors qu'elle se trouve au chevet de son amie de jeunesse mourante : soupçonnant à tort son second mari de la tromper, Louise s'est rendue elle-même gravement malade. Dans ce passage, Renée raconte les derniers propos que Louise lui a tenus. Le mouvement du texte s'articule autour du bilan que Louise fait de sa vie et de la leçon qu'elle en tire.

I. Le constat d'un inévitable échec (l. 1459 à 1467)

1) Quelle est la situation de Louise au moment où elle parle ? Montrez que, dans les deux premières phrases (l. 1459 à 1461), elle évoque à la fois le présent, le passé et un avenir qui n'aura pas lieu.

2) À quelle comparaison Louise procède-t-elle ensuite (l. 1461 à 1464) ? À quoi, dans son amitié avec Renée, cette comparaison renvoie-t-elle ?

3) Comment explique-t-elle, ensuite, son échec (l. 1464 à 1465) ? Montrez que Louise apparaît, ici (l. 1465 à 1467), comme un personnage tragique. Relevez, dans ses propos, le champ lexical du malheur et de la mort.

II. L'évocation d'une vie intense (l. 1467 à 1478)

4) Louise procède, ensuite, au bilan de sa vie (l. 1467 à 1472) : sur quelle opposition le construit-elle ? Relisez les lettres VII et XV et montrez que Louise a placé l'amour et la passion amoureuse au cœur de sa vie.

5) Aux lignes 1472-1474, quelle conception de l'amitié Louise exprime-t-elle ? En quoi l'amitié s'oppose-t-elle à l'amour ?

6) Quel sentiment Renée éprouve-t-elle ? De quel registre ce passage (l. 1474 à 1476) relève-t-il ? Quelle autre tonalité l'expression *« cher docteur en corset »* introduit-elle (l. 1477 à 1478) ?

III. Une leçon de vie (l. 1478 à 1483)

7 Quelle conclusion Louise tire-t-elle de sa vie (l. 1478 à 1483) ? Qui jusque-là défendait cette thèse ? De quoi, selon Louise, Renée a-t-elle finalement été la preuve (l. 1478 à 1480) ?

8 À quoi la dernière phrase de Louise (l. 1482-1483) fait-elle allusion ? Quelle figure de style trouve-t-on ici et quel en est l'effet ? Quelle image de Louise ce passage donne-t-il ?

Conclusion rédigée

Dans ce passage extrait de la dernière lettre du roman, les deux personnages féminins, séparés presque tout au long du récit, se retrouvent ensemble pour la mort de Louise. Louise jette un regard rétrospectif sur sa vie et conclut que Renée a fait le bon choix, celui de la raison et de la durée, tandis qu'elle s'est trompée tragiquement en ne voulant vivre qu'une vie dominée par la passion. Si Balzac semble ainsi, à la fin de son œuvre, choisir entre ces deux modèles de vie, n'oublions pas qu'il écrivait à George Sand en 1842 : *« J'aimerais mieux être tué par Louise que de vivre longtemps avec Renée. »*

Grammaire

Les propositions subordonnées circonstancielles

Parmi les propositions subordonnées circonstancielles, on distingue :

– Les subordonnées **conjonctives circonstancielles** : introduites par une conjonction de subordination (*quand*, *si*, *comme*, *parce que*, *dès que*, *pour que*, etc.), elles occupent la fonction de compléments circonstanciels (de cause, de temps, de manière, de but, de conséquence, de comparaison, etc.). Certaines sont à l'indicatif, d'autres au subjonctif.

Ex. : *Je me tais pour que tu puisses te concentrer*. (sub. circ. de but ; subjonctif)

Je me tais parce que tu as besoin de te concentrer. (sub. circ. de cause ; indicatif)

– Les **subordonnées participiales** : organisées autour d'un verbe au participe (présent ou passé) et d'un sujet autre que celui de la proposition principale, elles occupent aussi la fonction de compléments circonstanciels.

Ex. : *Son cartable rangé, l'élève sortit de la classe*. (compl. circ. de temps)

Les oiseaux chantant à tue-tête, il se réveilla. (compl. circ. de cause)

9 Analysez les propositions de la première phrase de l'extrait (l. 1459 à 1460 de *« Quant à moi »* à *« souvent »*).

COMEDIE HUMAINE
OEUVRES ILLUSTRÉES
DE
BALZAC
MÉMOIRES
DE

L'essentiel sur l'œuvre

Fiche 1
Structure et résumé de l'œuvre

Les lettres	Leurs auteurs	Résumé
Première partie		
Lettres I à IV	Louise (à Renée)	**Automne 1823** Louise raconte son arrivée dans sa famille à Paris. Elle décrit ses parents et sa préparation pour entrer dans le monde.
Lettres V à IX	Renée, Don Felipe, Louise	**Fin 1823-janv. 1824** • Renée annonce à Louise son mariage avec Louis de l'Estorade, un homme âgé dont elle n'est pas amoureuse. • Don Felipe, un réfugié espagnol, raconte à son frère sa vie à Paris et renonce à la femme qu'il aime, Marie. Il est le professeur d'espagnol de Louise. • Louise critique le mariage de Renée.
Lettres X à XXVI	Louise, Renée, le duc de Soria, Felipe	**Janv. 1824-mars 1825** • Louise raconte son évolution dans la haute société et la cour chevaleresque que lui fait Felipe. • Renée fait part de ses inquiétudes à Louise quant à sa relation avec Felipe; elle raconte comment elle rend son mari heureux et défend son mariage. • Louise annonce son mariage avec Felipe.
Lettres XXVII à XXXIV	Louise, Renée, Louis de l'Estorade	**Oct. 1825-avr. 1826** • Louise et Renée échangent leurs avis sur leur bonheur respectif dans le mariage. Louise aide le beau-père et le mari de Renée pour leur promotion politique et nobiliaire. • Renée a un premier enfant, Armand. Avec Louise, elles échangent sur l'amour et sur la maternité. • Louise et son mari partent pour la Provence afin de passer quelques jours chez Renée.

Lettres XXXV à XLV	Renée, Louise	**Juillet 1826 à 1829** • On apprend que Louise et son mari ont quitté brusquement la propriété de Renée à cause de la jalousie de Louise. Renée explique à Louise qu'elle n'aime pas vraiment Macumer et évoque les joies du dévouement. • Renée accouche d'une fille, Athénaïs, et est enceinte de son troisième enfant. Son mari est promu. Lors de la grave maladie de son fils, Renée éprouve l'amour absolu. • Louise parle de l'amour qui l'unit à son mari mais regrette de ne pas avoir d'enfant.
Lettres XLVI et XLVII	Louise, Renée	**1829** Louise annonce à Renée la mort de son mari, Macumer, et elle s'en rend responsable. Renée la rejoint.
Deuxième partie		
Lettres XLVIII à LV	Louise, Marie Gaston (à d'Arthez), Renée	**Oct. 1833-juill. 1835** • Louise annonce son mariage avec Marie Gaston, un homme plus jeune qu'elle et qu'elle aime passionnément. Elle a organisé, pour eux, une vie en retrait, à Ville-d'Avray (le *Chalet*). Renée s'inquiète pour son amie. • Renée s'épanche sur sa vie et son âge; Louise parle de son bonheur conjugal, même si elle a peur de vieillir. Elle souffre de ne pas avoir d'enfant. • Louise soupçonne son mari de la tromper, mais Renée fait mener une enquête et explique à Louise qu'il n'en est rien.
Lettres LVI et LVII	Louise, Renée	**1835** Louise s'est rendue volontairement malade. Renée se rend au chevet de son amie qui meurt près d'elle. Renée demande à son mari de lui amener ses enfants.

Fiche 2

Biographie de l'auteur

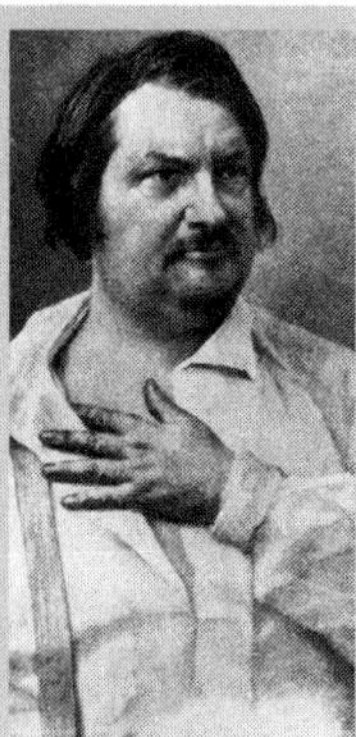

Identité :
Honoré Balzac (deviendra Honoré de Balzac en 1832)

Naissance :
20 mai 1799, à Tours

Décès :
18 août 1850 (51 ans), à Paris

Genres pratiqués :
roman, théâtre, journalisme

I – Une jeunesse bourgeoise entre province et Paris

➡ Une origine provinciale et modeste

Balzac naît dans une famille de la petite bourgeoisie enrichie, issue de la Révolution française. Son père, Bernard-François Balssa, fils de paysans du Tarn, est d'abord clerc de notaire puis il réussit dans l'administration militaire, tandis que sa mère – de 33 ans plus jeune – est fille de commerçants. Ils viennent s'installer dans la région de Tours en 1797. Balzac, aîné de deux sœurs qu'il aime beaucoup et d'un frère qu'il jalouse, souffre cruellement du manque d'affection de sa mère à son égard.

➡ Collège et lycée

Balzac n'a que 8 ans lorsqu'il est envoyé au collège des Oratoriens de Vendôme où la discipline est dure et où il est malheureux. Il en sort en 1813, car sa famille s'installe à Paris, et poursuit sa scolarité au lycée Charlemagne. Au collège comme au lycée, Balzac est un élève renfermé, malheureux et peu brillant.

➡ Une jeunesse à Paris

En 1816, Balzac entreprend des études de droit; il devient clerc de notaire. Parallèlement, il suit des cours de philosophie et de sciences naturelles. D'une manière générale, Balzac, très jeune, s'intéresse aux sciences de son temps. En 1819, il se retrouve seul à Paris, dans une chambre modeste, car la retraite de son père amène la famille à s'installer un peu plus loin. Mais, entre 25 et 30 ans, Balzac traverse une grave crise au cours de laquelle, comme le héros de *La Peau de chagrin*, il songe à se suicider.

II – Le lancement dans la vie

➡ Le choix de la littérature

En 1819, à 20 ans, ayant obtenu de sa famille un délai de deux ans pour faire la preuve qu'il peut vivre de sa plume,

Particule

En 1832, après la mort de son père, Balzac fait ajouter la particule nobiliaire *de* devant son nom.

Balzac abandonne le droit et choisit la littérature. Il commence par écrire une tragédie qui est un échec et, sous pseudonyme, quelques récits.

La relation avec Mme de Berny

En 1821-1822, Balzac – qui n'a pas connu de vie amoureuse jusque-là – rencontre Laure de Berny, une femme mariée de 22 ans son aînée. Une immense passion les lie : Mme de Berny est, pour Balzac, à la fois une amante, une mère et une amie. Sa mort en 1836 lui cause un grand chagrin.

Un homme d'affaires

Grâce à la richesse de Mme de Berny, Balzac crée une maison d'édition en 1825 et se lance dans l'imprimerie en 1826. Mais il échoue dans ces entreprises qui l'endettent considérablement.

III – Une vie foisonnante

La mondanité

À partir des années 1830, Balzac fréquente les salons à la mode et rencontre le grand patron de presse Émile de Girardin. Balzac écrit pour des journaux et des revues : rien qu'en 1830, il livre plus d'une centaine d'articles. Il voyage aussi beaucoup. Politiquement, d'abord de tendance libérale et républicaine, il est déçu par la révolution de 1830, dont il espérait qu'elle porterait au pouvoir les nouvelles générations, et se range, ensuite, du côté des légitimistes[1].

Une vie consacrée au travail

En 1829, Balzac publie, pour la première fois sous sa propre signature, un roman, *Les Chouans*, et *Physiologie du mariage*, traité à la fois moraliste et humoristique, qui obtient du succès et le lance. Enfermé chez lui, Balzac travaille nuit et jour et ne cesse plus de produire. En 1831, il publie *La Peau de chagrin*, en 1833, *Eugénie Grandet*.

La création d'un monde romanesque

En 1835, avec *Le Père Goriot*, Balzac invente le principe du retour des personnages d'un roman à l'autre. Dès 1840, il songe à créer *La Comédie humaine*, système d'organisation qui englobe tous ses romans en les classant en différentes catégories. Il construit progressivement son vaste projet qui voit le jour en 1842. Pour son nom, Balzac s'inspire du titre de l'œuvre du poète italien Dante (1265-1321) : la *Divine Comédie*.

BALZAC ET LA POLITIQUE

« J'écris à la lueur de deux Vérités éternelles : la Religion, la Monarchie, deux nécessités que les événements contemporains proclament, et vers lesquelles tout écrivain de bon sens doit essayer de ramener notre pays », explique Balzac dans l'« Avant-propos » à *La Comédie humaine* en 1842.

NOTE

1. légitimistes : opposés aux orléanistes (favorables à Louis-Philippe), ce sont les partisans de la branche aînée des Bourbons (représentée par Charles X) qui perd le pouvoir après la Révolution de Juillet..

Les femmes

Les femmes ont joué un rôle essentiel dans l'existence de Balzac. Dès 1825, alors que Mme de Berny est sa maîtresse, il rencontre la duchesse d'Abrantès, de 15 ans son aînée. En 1830, il commence à correspondre avec Mme Hanska, une comtesse russe, mariée, qui admire son œuvre et deviendra sa maîtresse en 1834. Ce qui ne l'empêche pas de tomber amoureux de Zulma Carraud, de la marquise de Castries, ni de faire un enfant à Maria du Fresnay et un autre à la comtesse Guidoboni-Visconti.

IV – L'accumulation des difficultés

Échecs et dettes

En 1836, Balzac subit un nouveau revers avec l'échec commercial du journal *La Chronique de Paris* qu'il avait racheté. Il doit user de subterfuges pour fuir ses créanciers. En 1837, après un voyage en Italie, il revend, pour rembourser ses dettes, le domaine dans lequel il s'était installé. En 1844, le directeur de journal Émile de Girardin lui préfère Alexandre Dumas pour sa rubrique de roman-feuilleton. En 1849, il se présente à l'Académie française mais échoue, malgré les voix de Lamartine et de Hugo en sa faveur.

SOCIÉTÉ DES GENS DE LETTRES
En 1839, Balzac devient président de la Société des gens de lettres, créée en 1838 et dont il avait demandé la constitution dès 1836 afin de protéger les droits des romanciers. La Société des gens de lettres existe encore de nos jours.

Une santé chancelante

Ses problèmes de santé apparaissent dès 1836 (il n'a alors que 37 ans) et s'accentuent dès 1842. Sa santé se dégrade, et son médecin parle d'une méningite chronique. Balzac est de plus en plus épuisé.

La poursuite de son œuvre

Cependant, Balzac continue son travail de romancier et produit œuvre après œuvre. En 1837, il publie *César Birotteau*; en 1839, *Le Curé de village*; en 1841, *Mémoires de deux jeunes mariées*; en 1842, *La Rabouilleuse*; entre 1837 et 1843, les trois parties des *Illusions perdues*; et, en 1847, *Le Cousin Pons*.

UN AUTEUR PROLIFIQUE
L'œuvre de Balzac – *La Comédie humaine* – compte environ 90 titres. Balzac a créé plus de 2 200 personnages ! À sa mort, il a laissé la liste d'une cinquantaine de romans qu'il envisageait d'écrire et on a retrouvé plus de 2 000 lettres.

Une fin de vie auprès de Mme Hanska

La mort du mari de Mme Hanska, en 1842, l'incite à rejoindre celle avec qui il correspond quotidiennement depuis des années mais qu'il ne rencontre que rarement. Il séjourne une année en Ukraine où il épouse Mme Hanska en mars 1850. Ils reviennent ensemble à Paris où Balzac, devenu aveugle, meurt en août.

Fiche 3

Contexte historique et culturel

Le début du XIXe siècle est marqué par l'héritage de la Révolution française et l'instabilité politique. L'avènement du capitalisme industriel transforme la France, tandis que le romantisme introduit un nouveau rapport à l'individu.

I – Une période politique troublée

Une succession de régimes politiques

Balzac n'a pas encore 6 mois quand Napoléon Bonaparte renverse le Directoire[1] par le coup d'État du 18 Brumaire (9 novembre 1799) et établit le Consulat, sorte de dictature. Le 18 mai 1804, il devient empereur des Français et instaure le Premier Empire, régime très autoritaire. De 1814 à 1830, la Restauration rétablit la monarchie, Louis XVIII règne jusqu'en 1824, Charles X ensuite. La révolution de Juillet 1830 installe la monarchie de Juillet, et Louis-Philippe règne jusqu'à la révolution de 1848 qui établit la IIe République. Quand Balzac meurt en août 1850, Louis-Napoléon Bonaparte, le futur Napoléon III, est président de la République.

À l'extérieur

En guerre contre les monarchies européennes sous Napoléon, la France cherche l'apaisement sous la Restauration et la monarchie de Juillet.

L'enracinement progressif des pratiques démocratiques

La période napoléonienne consolide les grands acquis révolutionnaires et confirme le pouvoir de fait de la bourgeoisie : centralisation de l'État, adoption du Code civil, mise en place de l'autorité préfectorale, création des lycées, organisation indépendante de la justice et de l'administration. Avec la Restauration, la monarchie devient constitutionnelle[2] et censitaire[3]. En décembre 1848, l'élection du président de la République se fait au suffrage universel masculin.

II – La naissance d'un nouveau capitalisme

L'avènement de la bourgeoisie

À l'époque de Balzac, la France est encore rurale à 80 %. Tandis que la noblesse poursuit son déclin, la bourgeoisie prend le

NOTE

1. Directoire : régime politique en place lors de la Ire République (1795-1799) dans lequel le gouvernement était assuré par cinq Directeurs.

2. monarchie constitutionnelle : régime dans lequel une constitution limite les pouvoirs du roi. Elle est appelée *Charte* de 1814 à 1848.

3. censitaire : qui donne le droit de vote aux citoyens payant un certain niveau d'impôts.

contrôle de l'économie, de l'administration et du monde politique. La classe ouvrière ne se développe qu'à partir du milieu du XIXe siècle.

« MELANCHOLIA »
Dans son poème « Melancholia » (*Les Contemplations*, 1856), Victor Hugo dénonce le travail des enfants qui va de pair avec le développement économique de l'époque.

La première révolution industrielle

Depuis la fin du XVIIIe siècle, l'exploitation du charbon et la mise au point de la machine à vapeur par James Watt accélèrent la mécanisation[1] et amplifient les échanges commerciaux.

Le libéralisme économique

Associé au capitalisme, il est fondé sur la libre-concurrence, la loi de l'offre et de la demande, et la limitation des interventions de l'État. Industriels, banquiers et commerçants en sont les principaux acteurs. Il permet un développement économique considérable mais engendre aussi une grande misère sociale.

III – La transformation de la culture

PRESSE
En 1836, Émile de Girardin lance *La Presse*, quotidien à bon marché (grâce à la publicité), qui fidélise son public avec le roman-feuilleton. Balzac y publie *La Vieille Fille*. Son concurrent est *Le Siècle* d'Armand Dutacq, dans lequel Balzac fait paraître en feuilletons plusieurs de ses romans.

L'essor de l'écrit

Tout au long du XIXe siècle, l'analphabétisme recule. Le nombre de titres publiés explose, et la presse connaît un essor remarquable. De nouveaux publics de lecteurs se forment, notamment le public jeune, le public féminin et le public bourgeois.

Un rôle nouveau pour l'écrivain

Cet essor de l'écrit confère aux écrivains un rôle de plus en plus important. Peu à peu, leur activité est reconnue comme un métier. De nombreux hommes de lettres (Hugo, Chateaubriand, Lamartine, etc.) mènent aussi une carrière politique.

Un thème nouveau : la nation

La période napoléonienne a ancré la conscience nationale. Le développement des moyens de communication et celui de la cartographie permettent de mieux connaître le pays et participent, avec l'essor de l'histoire de France, à l'édification de l'identité française.

IV – Le romantisme

Un mouvement européen

Le romantisme apparaît à la fin du XVIIIe siècle en Allemagne et en Angleterre et se diffuse en Europe au début du XIXe. Puisant sa source chez les écrivains de la sensibilité de la fin du XVIIIe siècle (J.-J. Rousseau ou Goethe, par exemple), il est la

NOTE
1. mécanisation : emploi généralisé des machines.

traduction culturelle et intellectuelle de la rupture radicale qu'a constituée la Révolution française.

Un mouvement contre le classicisme

Le romantisme se construit en opposition au classicisme mais aussi au rationalisme des Lumières. Il réhabilite l'individu et sa singularité, les sentiments, le rêve, le mysticisme, le fantastique et l'imagination. Il préfère le Moyen Âge à l'Antiquité. Il confère à la nature un rôle privilégié : elle est le miroir des états d'âme de l'individu, une muse pour l'imagination et un refuge contre la société.

Le règne de la sensibilité individuelle

Les artistes romantiques affirment l'originalité fondamentale de l'individu et placent la subjectivité et la sensibilité individuelles (le « Moi ») au cœur de leur création. Stendhal définit, en 1832, l'*« égotisme »* comme l'étude précise et minutieuse faite par un écrivain de sa propre personnalité.

Le « mal du siècle »

Le héros romantique n'est pas toujours un héros positif. Il est complexe, plein de doutes et difficile à saisir. Il a du mal à trouver sa place dans la société matérialiste du début du XIXe siècle et se sent exclu. Benjamin Constant, dans *Adolphe* (1816), et Alfred de Musset, dans *La Confession d'un enfant du siècle* (1836), ont exprimé le « mal du siècle » des jeunes générations.

Un mouvement qui touche tous les arts

La musique romantique (Beethoven en Allemagne, Berlioz en France, Chopin en Pologne, Liszt en Hongrie) suscite une véritable passion. En peinture, Delacroix (1798-1863) et Géricault (1791-1824) marquent leur génération. Le romantisme concerne aussi la sculpture (Auguste Préault, François Rude, Antonin Moine) et l'architecture, qui met à l'honneur le style néogothique[1].

V – La littérature à l'époque de Balzac

L'âge d'or du roman

Avec Balzac et Stendhal, le roman se constitue en genre littéraire et devient la forme dominante. Profitant du développement de la presse qui en assure la diffusion grâce au roman-feuilleton, il touche de plus larges publics. S'ouvrant à une société en pleine mutation, il se fait le miroir de réalités et de classes sociales jusque-là non représentées. Il devient,

LA BATAILLE D'*HERNANI*

En 1830, cette querelle fédère, autour de la pièce *Hernani* de V. Hugo, la toute jeune génération romantique contre l'ordre ancien et classique.

LE ROMANTISME CHEZ BALZAC

On retrouve, chez Balzac, de nombreuses caractéristiques romantiques (exaltation du Moi, sens de la poésie et du mystère, goût pour l'histoire). Mais son œuvre, comme celle de Stendhal, représente et explique la réalité historique et sociale de son temps.

NOTE

1. **style néo-gothique** : style architectural qui renoue avec celui du Moyen Âge.

ROMAN
À l'époque de Balzac, on voit encore, dans le roman, un genre littéraire inférieur. Balzac et Stendhal lui confèrent un statut supérieur.

ainsi, le moyen d'expression privilégié du réalisme[1], courant dont le nom apparaît dès les années 1830 et qui se développe au milieu du siècle.

La renaissance de la poésie

Négligée pendant les Lumières, la poésie, à partir des *Méditations poétiques* de Lamartine (1820), s'impose comme le genre littéraire le plus propice aux épanchements lyriques romantiques.

L'invention du drame romantique

Dans la suite du drame bourgeois (représenté au XVIIIe siècle par Diderot et Beaumarchais), le drame romantique, qui s'oppose aux règles classiques, réhabilite le Moyen Âge et le début des Temps modernes, met en scène l'Europe du Sud et réunit les contraires, qu'ils soient sociaux, moraux ou physiques. V. Hugo, A. de Vigny, A. de Musset et A. Dumas en sont les grands représentants.

La première représentation de la pièce de Victor Hugo, *Hernani*, montrant la bataille dans la salle (illustration de 1846).

NOTE

1. réalisme : mouvement artistique et littéraire qui vise à représenter la réalité sociale de manière fidèle.

Fiche 4

Genèse et réception de l'œuvre

I – Influences, sources et genèse

➡ Deux projets de roman à l'origine

Balzac souhaite d'abord écrire deux romans, *Sœur-Marie-des-Anges* et *Mémoires d'une jeune mariée* (que son auteur pense aussi intituler *Mémoires d'une jeune femme* ou *d'une jeune fille*), auxquels il travaille dès 1834-1835. Le premier met en scène l'amour pour Dieu d'une jeune femme exaltée ; le second est un roman par lettres dans lequel Balzac veut montrer les « *linéaments*[1] *du cœur humain* » d'une « *jeune personne* ».

➡ La fusion en un seul livre

Mais, peu à peu, les deux projets se rejoignent dans l'esprit de Balzac et, en 1840, ils ne forment plus qu'un : *Mémoires de deux jeunes mariées*. Le second l'a emporté, par sa forme et par son thème, sur le premier.

II – Les différentes éditions

➡ Publications dans les journaux

En novembre-décembre 1841, la première partie du roman paraît dans *La Presse*, le journal d'Émile de Girardin qui attire un large public. La seconde partie paraît, toujours dans *La Presse*, de fin décembre 1841 à mi-janvier 1842.

➡ La première édition

En février-mars 1842, les *Mémoires de deux jeunes mariées* paraissent chez l'éditeur Hippolyte Souverain, avec une préface de Balzac et une dédicace à George Sand.

➡ La deuxième édition

Dès septembre 1842, le roman est inséré dans la première édition de *La Comédie humaine*, sans la préface initiale mais toujours avec la dédicace à George Sand.

III – *Mémoires de deux jeunes mariées* dans *La Comédie humaine*

➡ La création d'un monde romanesque

Très tôt, Balzac a l'idée de faire revenir ses personnages d'un roman à l'autre et de regrouper ses différentes œuvres dans un système. En 1834, il conçoit les trois grandes parties de son

NOTE

1. linéaments : traits élémentaires.

système : *Études analytiques, Études philosophiques, Études de mœurs*. En 1842, il trouve le nom de cet ensemble – *La Comédie humaine* – et en définit les principes dans un « Avant-propos ». En 1845, Balzac établit le catalogue complet des œuvres devant constituer sa *Comédie humaine* et publie celle-ci chez l'éditeur Furne.

SCÈNES
La partie *« Études de mœurs »* de *La Comédie humaine* est subdivisée en six « Scènes », dont « Scènes de la vie de province », « Scènes de la vie parisienne » ou encore « Scènes de la vie privée » qui comprend les *Mémoires de deux jeunes mariées* et *Le Père Goriot*.

L'insertion de *Mémoires de deux jeunes mariées* dans l'ensemble

Mémoires de deux jeunes mariées fait partie des « Scènes de la vie privée », qui appartient aux *« Études de mœurs »*. Les ouvrages appartenant aux « Scènes de la vie privée » présentent de nombreux portraits de jeunes femmes mal aimées.

IV – La réception de l'œuvre de Balzac

Éloge et critique

Les contemporains de Balzac reconnaissent en lui un génie. Lors de l'éloge funèbre qu'il prononça en son honneur, Victor Hugo le décrit comme *« un des premiers parmi les plus grands* […] *de la forte race des écrivains révolutionnaires »*. Baudelaire parle de lui comme d'un *« visionnaire passionné »*, Théophile Gautier comme d'un *« voyant »*.

Cependant, dès le XIXe siècle, on critique le style de Balzac. Sainte-Beuve l'ignore, et Proust, fasciné par l'auteur des *Mémoires de deux jeunes mariées*, estime cependant qu'il manque de style. On l'oppose à Flaubert, maître du style, qui disait de Balzac qu'il ne savait pas écrire.

UN TABLEAU VRAI
Balzac écrit, dans la préface de la 1re édition de 1830, que les « Scènes de la vie privée » présentent un *« tableau vrai de mœurs que les familles ensevelissent aujourd'hui dans l'ombre »*.

Le père du roman réaliste

Balzac est considéré, avec Stendhal, comme l'auteur français qui a fait du roman un genre supérieur. Pour la postérité, il est aussi celui qui fonde le roman réaliste, c'est-à-dire le roman qui offre une peinture fidèle et minutieuse de la société. C'est, d'ailleurs, à ce titre que certains auteurs du Nouveau Roman[1], comme Alain Robbe-Grillet, rejettent le modèle balzacien et remettent en cause la conception du réalisme que Balzac avait imposée.

NOTE
1. Nouveau Roman : mouvement littéraire qui apparaît dans les années 1950 et qui rejette les conceptions traditionnelles du roman héritées du XIXe siècle.

Fiche 5

Genre de l'œuvre

I – Un roman épistolaire

Définition et histoire du genre

Un roman épistolaire se compose uniquement des lettres fictives que s'échangent les personnages du roman. L'échange peut être unilatéral : une personne écrit toutes les lettres à une seule personne ou à plusieurs, comme dans les *Lettres portugaises* de Guilleragues. L'échange peut s'organiser principalement autour d'un duo, comme dans les *Mémoires de deux jeunes mariées*. Il peut aussi multiplier les correspondants comme dans *La Nouvelle Héloïse* de Rousseau ou *Les Liaisons dangereuses* de Laclos en 1782.

Le roman épistolaire se développe surtout à partir du XVIIe siècle et devient une mode au XVIIIe.

Les *Mémoires de deux jeunes mariées* constituent l'unique roman épistolaire dans l'œuvre de Balzac. Certes, *Modeste Mignon* (1844) comprend de nombreuses lettres, mais celles-ci s'insèrent dans une narration à la 3e personne; par ailleurs, *Le Lys dans la vallée*, s'il est entièrement constitué de la lettre de Félix de Vandenesse à sa maîtresse Natalie de Manerville, est, en fait, un récit autobiographique fictif à la 1re personne et au passé.

UN GENRE EN VOGUE
En 1669, Guilleragues publie *Lettres portugaises*.
En 1721, Montesquieu relance la mode avec les *Lettres persanes* ; et, tout au long du XVIIIe siècle, paraîtront des romans épistolaires à succès dont *La Nouvelle Héloïse* de Rousseau en 1761 et *Les Liaisons dangereuses* de Laclos en 1782.

Les avantages du roman épistolaire

- Un roman qui parle en vrai

Comme les personnages disent « je » et qu'il n'y a pas de narrateur extérieur, ce qui est raconté paraît plus vrai. Le lecteur a l'impression d'entendre la voix de chacun d'eux : c'est ce que l'on appelle « la polyphonie ». Pour appuyer cet effet, Balzac, comme souvent les auteurs de romans épistolaires, prétend, dans la préface de la première édition des *Mémoires de deux jeunes mariées*, qu'on lui a donné cette correspondance et que lui n'a fait que sélectionner et ordonner les lettres. Il se désigne comme simple « metteur en œuvre ».

POLYPHONIE
Terme du lexique musical qui traduit la combinaison de mélodies dans un morceau. Le mot est formé de l'élément grec *poly* qui signifie « nombreux » et de l'élément grec *phono*, *phone* qui signifie « voix, son ».

- Des sentiments et des émotions exacerbés

Les personnages exposent directement leurs sentiments et leurs émotions et suivent précisément leur évolution : ce qui rapproche le roman épistolaire du journal. Ainsi, dans une même lettre (XVIII), Renée commence par justifier son mariage puis finit en exprimant un regret. De plus, la rédaction à la

L'ÂME EN IMAGES
« Une lettre est le portrait de l'âme », écrit l'un des personnages des *Liaisons dangereuses* de Laclos (lettre 150).

1re personne intensifie le lyrisme[1], comme le montre l'importance de la ponctuation expressive (phrases exclamatives, questions rhétoriques) dans de nombreuses lettres (par exemple, la XLVI).

CONFIDENCES
« Sans le pis-aller des confidences écrites, substituées à nos chères causeries, j'étoufferais », avoue Louise à Renée dans sa première lettre.

- **La proximité avec les personnages**

Le lecteur accède davantage à l'intimité des personnages. Dans sa première lettre, Louise explique à Renée que, depuis qu'elles sont séparées, elle a dû retenir en elle plein de choses à raconter et qu'elle a besoin de leur correspondance. Le lecteur se trouve plus proche des passions exprimées par les correspondants. Par exemple, par ses lettres XXVIII et XXXI, Renée communique au lecteur son exaltation quant à sa grossesse et son accouchement.

- **La richesse des points de vue**

Louise et Renée développent deux conceptions opposées de la vie d'une femme et du mariage ; chacune défend avec conviction son opinion. Chacune présentant directement son argumentation, sans l'intermédiaire d'un narrateur, le lecteur n'a pas l'impression que l'auteur exprime son avis.

II – Une réflexion philosophique sur la vie

Amour et mariage

La question du mariage intéresse Balzac depuis son traité *Physiologie du mariage* (1829), dans lequel il dénonçait l'éducation donnée dans les couvents. *Mémoires de deux jeunes mariées* contient, dès son titre, le thème du mariage qui constitue effectivement le cœur de la correspondance entre Renée et Louise. Elles rapportent leurs expériences respectives de femme mariée, les comparent mais développent aussi de longs passages plus généraux sur le sujet. Pour Balzac, la société repose sur la famille et donc sur le mariage, mais il estime également que ce dernier est incompatible avec l'amour.
La position de Renée incarne la conviction de Balzac sur le mariage : elle épouse Louis sans amour (lettre IX) mais en éprouvant de l'amitié pour lui et avec la volonté de fonder une famille. L'absence d'amour de Renée pour Louis n'empêche pas celui-ci de l'aimer, et Renée évoque même, discrètement, la réussite de leur union charnelle (lettre XIII). Le bonheur familial que Renée construit progressivement, en contraste avec le double échec de Louise, confirme la thèse balzacienne. Même Louise, au moment de mourir, avoue à son amie qu'elle avait raison et que le mariage ne peut pas reposer sur l'amour (lettre LVII).

NOTE
1. lyrisme : registre qui laisse cours à l'expression des sentiments personnels.

Passion, création et destruction

Un autre thème traverse l'œuvre de Balzac, c'est celui de la passion destructrice : le désir excessif, qui ne s'impose pas de limites, conduit au déséquilibre, à l'usure et à la mort. Louise incarne ce thème balzacien : elle ne sait envisager sa vie que dans la passion et le revendique. Assimilant l'amour à un esclavage, elle exige de Macumer une passion totale et exclusive, puis, quand elle s'unit à Marie Gaston, éprouve elle-même cette passion dévorante. Mais cette dernière est, à chaque fois, associée à la mort, d'abord celle de Macumer, puis celle de Louise.

En revanche, selon Balzac, la passion peut être créatrice si elle sait à la fois se limiter et déployer son énergie vers l'extérieur : c'est ce que réalise Renée, d'une part en rendant son mari heureux grâce à son dévouement, d'autre part en donnant naissance à plusieurs enfants.

PASSION
« Nous avons fait des moindres choses de la nature des complices de nos félicités : tout est vivant, tout nous parle de nous dans ces bois ravissants », écrit Louise à Renée quand elle lui décrit la passion qui l'unit à Marie Gaston (lettre LII).

III – Une œuvre inscrite dans son temps

Le cadre historique

L'intrigue se situe entre la fin de 1823 et 1835, c'est-à-dire pendant la Restauration et la monarchie de Juillet (voir p. 283). Les lettres font de nombreuses allusions à l'actualité politique. Ainsi, dans la lettre XII, Louise retranscrit les paroles de son père qui mentionne la mort à venir du roi Louis XVIII, malade, et la future montée sur le trône de Charles X. Dans la lettre XLVIII, Louise évoque la monarchie de Juillet, qu'elle n'aime pas, ainsi que la nouvelle appellation du roi, « roi des Français » et non plus « roi de France ». Dans sa lettre LI, Renée justifie le ralliement de sa famille à Louis-Philippe. Avec le personnage de Macumer, c'est l'histoire contemporaine de l'Espagne qui est présente dans le roman.

Le cadre social

La vie de Louise se passe dans la très haute société parisienne : ses lettres décrivent souvent ce milieu aristocrate, diplomate et politique. Elle y fait allusion, notamment dans sa première lettre, quand elle raconte à Renée son retour dans sa famille ; puis dans les lettres qui narrent son entrée dans le monde. Les lettres de Renée évoquent le mode de vie de la noblesse provinciale ainsi que les modes d'obtention de certaines fonctions. Louise comme Renée racontent aussi comment, dans les familles, les fils aînés sont privilégiés pour ce qui est de l'héritage, au détriment de leurs frères et sœurs (c'est pourquoi, par exemple, elle appelle son dernier fils *« mendiant »*).

RÉFÉRENCES ROMANESQUES
Louise aime *Corinne* de Mme de Staël (1807) et *Adolphe* de Benjamin Constant (1816), deux romans autobiographiques typiques du romantisme.

Une œuvre romantique

Mémoires de deux jeunes mariées se rattache au romantisme par plusieurs aspects. Tout d'abord, par l'attention apportée à la sensibilité individuelle et aux mouvements du Moi[1]. Les deux jeunes héroïnes pratiquent souvent l'introspection[2] et décrivent leurs pensées et leurs sentiments. De plus, elles le font souvent de manière très lyrique et exaltée : d'où une ponctuation expressive et l'emploi d'images fortes et marquantes. Ensuite, le roman confère à la nature une place importante, en particulier dans la seconde partie quand Louise décrit ses promenades avec Marie Gaston et le *Chalet* de Ville-d'Avray où ils vont vivre : la nature remplit le rôle qu'elle a souvent dans le romantisme, c'est-à-dire accueillir leur passion et les protéger de la société. Enfin, le caractère tragique du personnage de Louise relève aussi du romantisme : elle meurt d'être restée fidèle à ses aspirations, et sa mort se déroule presque sous les yeux du lecteur.

NOTES

1. Moi : notion désignant la conscience qu'un individu a de lui-même et de sa singularité unique.

2. introspection : du latin *introspicere*, « regarder à l'intérieur », ce terme désigne l'activité individuelle qui consiste à observer et analyser ses états d'âme.

Fiche 6
Personnages de l'œuvre

I – Renée de Maucombe

Une famille noble et provinciale

Au début du roman, Renée est une jeune fille de 17 ans. Elle en aura 30 à la fin. Issue d'une famille noble de Provence, elle a deux frères. Elle a été élevée au couvent, à Blois. Dès sa première lettre, Renée de Maucombe raconte avoir accepté le mariage arrangé par ses parents : elle devient très vite Mme de l'Estorade. Grâce à la promotion de son beau-père, elle accède au titre de vicomtesse. Ils vivent en Provence, à *La Crampade*. Renée aura trois enfants : Armand-Louis, Jeanne-Athénaïs puis René.

Portrait physique et moral

Renée est une belle jeune fille brune aux yeux noirs, et Louise la compare à une *« biche »*.

Du point de vue moral, Renée se caractérise par son côté raisonnable : tout en elle est réfléchi. Ainsi en est-il de son rapport à l'amour : alors qu'au couvent, elle rêvait, avec son amie Louise, du grand amour passionnel, elle accepte par raison de se marier avec un homme de 20 ans de plus qu'elle et dont elle n'est pas amoureuse. Quand Louise lui raconte ses sentiments exaltés, Renée s'inquiète et lui conseille de ne pas mettre autant de passion dans la vie conjugale. Cependant, cette dernière exprime, à plusieurs reprises, ses appréhensions quant à son propre choix et ne cache pas à Louise qu'elle envie, parfois, son mariage passionnel. Par ailleurs, c'est une femme ambitieuse qui sait solliciter son amie, bien placée dans la haute société, pour la promotion de sa propre famille.

Mais Renée, même si elle est, d'abord et avant tout, une personne raisonnable, n'est pas dénuée de toute passion. D'une part, la maternité est, pour elle, une passion, qui se révèle au moment où son fils tombe gravement malade. D'autre part, Renée met de la passion aussi dans son dévouement à son mari : elle entreprend, en effet, de le rendre heureux, y réussit, le transforme et finit par l'aimer sincèrement et solidement. Enfin, même s'il ne s'agit pas à proprement parler de passion, Renée a le sens de l'amitié : au-delà de leurs divergences, elle est fidèle à Louise et accourt auprès d'elle dès que son amie en a besoin.

RENÉE
« Résignée, je me suis mise à examiner ma situation afin d'en tirer le meilleur parti possible », explique Renée quand elle écrit préférer épouser un homme qu'elle n'aime pas plutôt que de retourner au couvent (lettre XIII).

L'INCARNATION DE LA RAISON
« De nous deux, je suis un peu la Raison comme tu es l'Imagination ; je suis le grave Devoir comme tu es le fol Amour », écrit Renée à Louise (lettre XXXVI).

➡ Un personnage qui pense comme l'auteur

Renée représente certaines convictions de Balzac : le mariage repose sur la maternité et non sur la passion; la famille repose elle-même sur le mariage et la société sur la famille. Balzac fait lire à son héroïne les écrits de Louis de Bonald, écrivain antirévolutionnaire, catholique et monarchiste légitimiste, dont il partage les points de vue comme il l'explique, dans l'« Avant-propos » de *La Comédie humaine*. De plus, des deux personnages féminins, Renée est celle qui semble avoir fait le meilleur choix puisqu'à la fin du roman, elle connaît le bonheur dans sa vie familiale tandis que Louise meurt tragiquement sur un malentendu.

II – Louise de Chaulieu

➡ Une famille de grande noblesse

Louise – son prénom complet est Armande-Louise-Marie – rentre chez ses parents à 18 ans, après 9 ans passés au couvent de Blois où elle a rencontré Renée. Sa famille est une des plus illustres de France. Son père est duc et diplomate; il habite à Paris, près des Invalides. La famille de Louise, comme d'ailleurs celle de Renée, a retrouvé ses biens, ses titres et ses avantages avec la restauration de la monarchie. Louise a deux frères, qui portent le nom de Rhétoré : l'un est comte; l'autre marquis. Ils bénéficieront de la fortune familiale au détriment de Louise. Elle épouse, en premières noces, le baron de Macumer et devient donc la baronne de Macumer. Elle épouse, ensuite, Marie Gaston, qui n'a pas de titre de noblesse, et devient Mme Gaston. Louise n'aura pas d'enfant.

L'AMOUR
« Mon Espagnol est d'une admirable mélancolie ; il y a chez lui je ne sais quoi de calme, d'austère, de digne, de profond qui m'intéresse au dernier point », écrit Louise à propos de Macumer (lettre X).
« Il a du génie et de l'esprit, du cœur et de la fierté », écrit Louise à propos de Marie Gaston (lettre XLVIII).

➡ Portrait physique et moral

Louise est une très belle jeune fille. Blonde aux yeux bleus, elle respire la santé, l'énergie et la fermeté.
Du point de vue moral, Louise se résume en un mot : *l'amour*. L'amour est, pour elle, non seulement ce qu'il y a de plus important dans la vie, mais encore la seule chose qui existe vraiment. Elle veut y consacrer toute sa vie. Elle cherche un homme qui, comme elle, se consacre à l'amour. C'est ainsi qu'elle choisit ses deux maris, sans considération ni pour les convenances sociales ni pour les questions d'argent, et qu'elle critique sévèrement le choix de Renée : elle apparaît comme beaucoup plus libre que son amie de couvent. Elle épouse son professeur d'espagnol, Macumer, alors qu'il est franchement

laid, exilé et banni, mais parce qu'il a des yeux qui sont comme des éclairs de feu et qu'il lui fait une cour digne des chevaliers. Puis elle tombe éperdument amoureuse de Marie Gaston, qu'elle épouse, alors qu'il est plus jeune qu'elle, pauvre et n'appartient pas du tout à sa classe sociale. Louise est éprise d'absolu, et, pour elle, l'amour ne peut être qu'une passion qui s'apparente à un esclavage qu'on désire et auquel on consent.

Un personnage tragique

Une telle conception de l'amour ne laisse pas de place à autre chose : avec Macumer mais surtout avec Marie Gaston, Louise organise une vie conjugale très en retrait du monde et entièrement consacrée à leur passion réciproque. Il n'y a pas de place non plus pour d'éventuels enfants, et longtemps Louise se désintéresse de la maternité. Surtout, sa conception de l'amour va de pair avec une intense jalousie : elle et Macumer partent sans prévenir de chez Renée car Louise souffre du début d'amitié qui s'instaure entre son mari et son amie. Quand Macumer meurt, Louise s'accuse elle-même de l'avoir étouffé par sa passion; enfin, quand elle croit, par erreur, que Marie Gaston la trompe, elle fait en sorte d'attraper une maladie incurable. Conformément à son propre vœu, Louise meurt à 30 ans, avant de vieillir, encore belle, aimée et aimant passionnément.

L'incarnation d'une conviction de Balzac : la passion est destructrice

Pour Balzac, le désir et la passion sont destructeurs. Or, Louise incarne la passion et l'aime. Elle a beaucoup de mal à comprendre le choix de Renée : longtemps, elle ne parvient pas à penser que son amie puisse être véritablement heureuse, même si celle-ci lui affirme le contraire. Cependant, progressivement, quand elle regrette de ne pas avoir d'enfants, et surtout à la fin du roman, elle reconnaît que Renée avait raison. Balzac fait mourir l'héroïne qui avait pourtant sa préférence.

III – Les autres auteurs des lettres

Louis de l'Estorade

Il est issu d'une famille noble provençale : son père est un baron très riche, propriétaire du domaine de *La Crampade*, et sa mère est morte en 1814. Louis a été obligé de partir à l'armée en 1813 et sur le front russe en 1814, où l'on a longtemps perdu sa trace. Quand Renée l'épouse, il a 37 ans mais en paraît 50 tellement il est abîmé par la vie : maigre, pâle, il a des yeux

LA PASSION
« J'aimerais mieux être tué par Louise que de vivre longtemps avec Renée », écrit Balzac à George Sand en 1842.

LOUIS
« Louis a repris sa jeunesse, sa force, sa gaieté. Ce n'est plus le même homme. J'ai, comme une fée, effacé jusqu'au souvenir des malheurs. J'ai métamorphosé Louis, il est devenu charmant », constate Renée après son mariage (lettre XIII).

bleus tristes et il est un peu sourd. Souffrant d'un complexe d'infériorité, il accepte les conditions de Renée, qu'il aime, tout en révélant beaucoup de grandeur d'âme et de douceur. Son union avec Renée le rend heureux et beau. Par ailleurs, au cours du roman, il devient vicomte et député.

➠ Macumer

Macumer est Don Felipe Henarez, un duc espagnol qui prend ensuite le titre de baron de Macumer, du nom d'une propriété qu'il possède en Sardaigne. Il fait partie des nobles qui se sont opposés à l'absolutisme du roi Ferdinand VII : après l'échec de leur soulèvement, Macumer se réfugie à Paris, où il donne des cours d'espagnol à Louise. Il renonce à Marie, la jeune fille qu'il devait épouser mais qui est amoureuse de son frère Don Fernand. Macumer est laid mais Louise le trouve beau et aime ses cheveux noirs et ses yeux pleins de flamme. Il fait à Louise, qu'il aime passionnément, une cour très chevaleresque. Il meurt en 1829 sans que le lecteur en connaisse la raison.

➠ Marie Gaston

Le second mari de Louise a 4 ans de moins qu'elle. Il est le fils adultérin d'une certaine Lady Brandon, morte quand il était encore enfant, et a un frère aîné marin, parti en Amérique puis mort à Calcutta. Poète, il est pauvre quand il se marie avec Louise. Généreux, il vient au secours de sa belle-sœur veuve et de ses neveux orphelins.

➠ Le duc de Soria, le frère de Macumer

Il n'écrit qu'une lettre pour remercier chaleureusement son frère de sa générosité. Sa femme Marie et lui sont très présents auprès de Louise lors du décès de Macumer.

MARIE GASTON

« Son regard bleu si vif, mais pour moi d'une douceur magnétique, s'allume et brille comme un éclair quand son âme est agitée. Semblable à tous les gens forts et d'une puissante intelligence, il est d'une égalité de caractère qui te surprendrait comme elle m'a surprise », dit Louise de Marie Gaston à Renée (lettre LII).

Fiche 7
L'œuvre et son contexte en images

Doc. 1 Horace Vernet, *Portrait en pied de Louis-Philippe Ier* (1832)

En bref !
On retrouve, dans ce portrait, les symboles de la monarchie constitutionnelle constituant le cadre historique du roman.

Horace Vernet (1789-1863) est un peintre français issu d'une famille d'artistes. Spécialiste de la peinture historique et militaire, il est célèbre et reçoit de nombreuses distinctions. Partisan de Napoléon Bonaparte, hostile aux Bourbons, il a le soutien de Louis-Philippe. Le tableau représente le nouveau roi, désormais « roi des Français » et non plus « roi de France », changement auquel Renée et Louise font plusieurs allusions dans leurs lettres. Il a prêté serment devant les deux Chambres parlementaires le 9 août 1830 : il respectera la *Charte*, sur laquelle il pose sa main. Le tableau présente à la fois les insignes royaux traditionnels (la couronne bien visible, l'épée, le sceptre royal, la main de justice, un fauteuil qui fait penser au trône) et les emblèmes révolutionnaires (le drapeau tricolore avec le mot *« Liberté »* et non plus le drapeau royal blanc, le bicorne orné de la cocarde, l'uniforme de général de la Garde nationale, et non plus le manteau du sacre avec les fleurs de lys, les croix de la Légion d'honneur, l'écharpe rouge).

1. En quoi retrouve-t-on, dans ce portrait, ce qui précisément déplaît fortement à Louise et à René chez le nouveau roi?

Doc. 2 Ingres, *Portrait de Louise de Broglie, Comtesse d'Haussonville* (1845)

En bref !
Avec ce portrait d'une aristocrate, passionnée comme Louise de musique et de littérature, Ingres peint une de ses œuvres majeures.

Jean-Auguste-Dominique Ingres (1780-1867) est un peintre français représentatif du courant néoclassique. Ce mouvement, opposé au romantisme, souhaitait renouer avec la simplicité et la clarté du dessin. Ce tableau représente une grande aristocrate, femme du monde, qu'Ingres a rencontrée avec son mari en Italie où il dirigeait l'Académie de France à Rome. La comtesse est représentée dans un intérieur élégant, appuyée sur un meuble décoré de bibelots luxueux, devant un miroir dans lequel se reflète son image de dos – ce qui confère au tableau un effet de perspective intéressant. Richement vêtue, elle se distingue par la finesse de ses traits, la blancheur de sa peau et ses yeux clairs. De sa pose, de son sourire juste esquissé et de son regard fixé sur le spectateur se dégage une impression à la fois de détermination et de douceur. Le ruban qu'elle porte dans les cheveux, dont la couleur rouge et le tortillon éclatent dans ce tableau aux dominantes bleu-gris et aux lignes géométriques, suggère une femme moins sage qu'il n'y paraît.

1. Ce portrait vous fait-il penser à Louise de Chaulieu? Justifiez votre réponse.

Doc. 3 Élisabeth Vigée-Lebrun, *Madame Vigée-Lebrun et sa Fille* (1786)

En bref !

Cette scène intime de câlin entre une mère et sa fille offre une image protectrice de la maternité qui évoque la relation très tendre entre Renée et ses enfants.

Élisabeth Vigée-Lebrun (1755-1842), artiste peintre officielle de Marie-Antoinette, doit s'exiler pendant la Révolution française et ne rentre que sous l'Empire. Influencée par le philosophe du XVIIIe siècle Jean-Jacques Rousseau, elle porte un regard neuf sur l'enfance et l'amour maternel, désormais revalorisés, qu'on retrouve dans l'attention de Renée envers ses enfants, notamment sa fille Naïs. Avec cet autoportrait, le spectateur pénètre dans un moment d'intimité mère fille. Le tableau suggère que l'enfant avait le visage lové dans le corps maternel et qu'elle a retourné la tête pour voir le spectateur. Assise sur un sofa, la mère tient tendrement sa fille dans ses bras. Mère et fille se ressemblent par la douceur et la fraîcheur de leur visage. L'une et l'autre portent une chemise blanche. Les mains de la mère, mises en valeur, tiennent l'enfant sur laquelle elles se referment en formant un nid. De ce tableau se dégage une impression de grande tendresse et de protection.

1. Peut-on comparer l'amour que porte Renée à ses enfants à celui que manifeste Mme Vigée-Lebrun pour sa fille dans ce tableau?

Doc. 4 Le Titien, *L'Amour sacré et l'Amour profane* (1514)

En bref !

Ce tableau symbolise les deux formes d'amours qu'incarnent Renée et Louise dans le roman de Balzac.

Le Titien (v. 1488-1576) est un peintre italien majeur de l'école de Venise. Son tableau représente deux femmes assises au premier plan sur le rebord d'un bassin, sur fond d'un décor campagnard plutôt paisible. Ces deux femmes se ressemblent physiquement mais s'opposent par leur attitude. Celle de gauche est richement habillée tandis que l'autre, posée sur un drapé rouge, est nue. Avec la couronne de myrte, la femme habillée symbolise l'amour terrestre et social qui se concrétise dans le mariage, les deux lapins derrière elle témoignant de la fertilité de l'union charnelle. On peut la comparer à Renée dans le roman de Balzac. La nudité de l'autre femme n'est pas impudique : elle symbolise l'amour spirituel, celui qui est éternel (les chiens derrière elle sont l'image de la fidélité), comme celui de Louise chez Balzac. Au milieu des deux femmes, un Cupidon mélange l'eau comme pour faire le lien entre elles.

1. Dans les lettres IX (analyse de l'extrait 1, p. 65), XIII et XVIII de Renée, quelle conception de l'amour social cette dernière développe-t-elle?
2. Dans sa lettre XXVII (analyse de l'extrait 2, p. 154), quels propos de Louise renvoient aux deux formes d'amours représentés par le tableau de Titien?

Doc. 5 Jean-Baptiste Camille Corot, *L'Étang de Ville-d'Avray* (1865-1870)

En bref !

L'étang de Ville-d'Avray est le lieu où Louise fait construire son « Chalet » destiné à accueillir sa relation passionnelle avec son second mari.

Jean-Baptiste Camille Corot (1796-1875) est un peintre français, fondateur de l'école de Barbizon (près de Fontainebleau), groupe de paysagistes travaillant en plein air et d'après nature. Il consacre plusieurs toiles à Ville-d'Avray, où il séjourna. Ce tableau offre un paysage de campagne simple et paisible. L'étang est calme et entouré de bois denses mais rassurants. Une mouette le survole, apportant ainsi une touche blanche et animée. Arbres et étang se fondent dans une douce harmonie de vert et de gris éclairée par un ciel dans les mêmes tons. Cette nature est habitée d'une présence humaine : sur l'étang, au premier plan à droite, un homme manœuvre une barque tandis qu'une femme, cachée dans les branchages à gauche, semble l'interpeller. À l'arrière-plan du tableau, nichée au milieu des bois, on aperçoit une demeure qu'on devine cossue. Comme le roman de Balzac, ce tableau est réaliste; il représente un paysage qui a l'air agréable, à l'image du « Chalet » de Louise. Mais il suggère aussi une mélancolie inquiétante qui peut annoncer la catastrophe finale telle que l'anticipe Renée (lettre L).

1. Quelles sont les ressemblances entre ce paysage de Corot et l'endroit où Louise installe son « Chalet » (lettre XLVIII) ?
2. En quoi le paysage peint par Corot peut-il paraître propice au sentiment amoureux ?

Doc. 6 Jean Raoux, *Jeune femme lisant une lettre* (1718-1719)

En bref !

Le motif de la jeune femme lisant une lettre est un thème pictural fréquent à une époque où écrire est un moyen de communication et d'échange de confidences, comme le montre la correspondance de Louise et de Renée.

Jean Raoux (1677-1734) est un peintre français dont la carrière se déroula en Italie et en France. Le tableau représente une jeune femme élégamment vêtue et peignée, portant de jolis bijoux, dans un intérieur dont on devine, au tissu du rideau, qu'il est cossu, comme ceux des deux héroïnes du roman. Accoudée sur la table, la jeune femme lit une lettre et ne regarde pas le spectateur qui a l'impression de la surprendre dans un moment intime. Le tableau joue sur le contraste entre le fond sombre et la lumière qui provient de la peau laiteuse de la jeune liseuse et de la lettre elle-même, ainsi mise en valeur. Le sourire délicat de la jeune femme et la petite boîte ouverte qui a peut-être servi à faire passer secrètement la lettre suggèrent qu'il s'agit d'une lettre d'amour, ou d'une lettre riche en confidences sentimentales.

1. Cette jeune femme vous fait-elle penser plutôt à Renée ou à Louise ? Pourquoi ?
2. Dans la lettre XIII, Renée retranscrit une lettre de son mari et la lettre XXIII est une lettre de Felipe à Louise : comparez ces deux lettres d'amour.

Portrait d'Honoré de Balzac.

Parcours

Raison et sentiments

Analyse du parcours

Groupement de textes

Conseil d'utilisation

Nos explications, les citations-clés et les textes complémentaires que nous vous donnons ici vous aideront pour l'oral si vous êtes interrogé(e) sur les *Mémoires de deux jeunes mariées*.

Raison et sentiments : un thème littéraire

Parcours de lecture

Voici les textes que nous vous conseillons de relire pour bien comprendre ce thème :

– dans ***Mémoires de deux jeunes mariées*** : lettre IX (pages 63-64) ; lettre XII (pages 79-81, lignes 1864-1912) ; lettre XIII (pages 84-87, lignes 1980-2079) ; lettre XV (pages 94-103) lettre XVIII (pages 106-110) ; lettre XX (pages 116-118, lignes 2930-3000) ; lettre XXVII (pages 149-151, lignes 3906-3979) ; lettre XXVIII (pages 158-159, lignes 4070-4100) ; lettre XXXVI (pages 183-186, lignes 4777-4880) ; lettre XLVI (pages 215-217, lignes 5669-5718) ; lettre L (pages 233-234) ; lettre LIII (pages 250-251, lignes 888-944) ; lettre LVII (pages 269-270, lignes 1459-1501) ;

– dans le **groupement de textes** : les textes proposés (p. 304-308).

Comprendre ce thème

› L'opposition traditionnelle entre la raison et les sentiments

La raison est la faculté humaine de penser selon les règles de la logique. Elle est la voie d'accès privilégiée à la connaissance, contrairement au sentiment, qui est un état affectif lié aux sensations du plaisir ou de la douleur. La raison est souvent représentée par la tête, tandis que le cœur est le siège des sentiments. Dans le roman, la raison est représentée par Renée, qui domine ses affects, tandis que Louise symbolise l'emprise des sentiments sur la raison.

La valeur accordée à la raison est liée au fait qu'elle peut être commandée : Renée accepte un mariage avec un homme dont elle n'est pas amoureuse. Le sentiment, au contraire, n'est pas volontaire et s'impose à celui ou celle qui l'éprouve : c'est le cas de Louise qui ne parvient pas à se raisonner quand elle croit, à tort, que son second mari la trompe.

› La littérature : l'art par excellence des sentiments

La littérature est l'art par excellence des sentiments, qu'il s'agisse de ceux exprimés par les personnages ou de ceux ressentis par le lecteur. C'est pourquoi l'on distingue la plupart des registres littéraires selon les sentiments mis en jeu :

– le lyrisme, comme celui de Louise lorsqu'elle évoque le bonheur de l'amour ou celui de Renée quand elle parle des joies et des angoisses de la maternité, cherche à faire partager au lecteur les sentiments personnels et intimes du personnage ;

– l'épique, comme celui des romans de chevalerie ou d'aventures, cherche à provoquer l'admiration du lecteur pour le héros ;

– le pathétique, tel qu'il s'exprime, par exemple, dans le regret de Louise de ne pas avoir d'enfant, cherche à susciter la pitié du lecteur ;

– le polémique cherche à provoquer la colère ou l'indignation du lecteur ;

– le tragique, par exemple quand Louise tombe malade et meurt, cherche à susciter la pitié du lecteur pour le personnage écrasé par des forces qui le dépassent.

› Le déchirement entre raison et sentiments

La littérature met régulièrement en scène des personnages déchirés entre la raison et les sentiments. Ce conflit – dominant dans le théâtre et le roman d'analyse* du XVIIe siècle – prend souvent le visage d'une opposition raison/passion. La passion est un sentiment – amour, ambition, jalousie – tellement poussé à son extrême qu'il se retourne contre lui-même et en vient à se détruire : ainsi, Phèdre (dans la pièce éponyme de Racine) adore tellement son beau-fils Hippolyte qu'elle en vient à lui nuire. La passion est tragique car, dépossédant le personnage de sa raison et le réduisant à un esclavage, elle le conduit à la catastrophe, comme le montrent la mort de Macumer et celle de Louise dans *Mémoires de deux jeunes mariées*.

****roman d'analyse** : roman dans lequel l'analyse et la description par les personnages de leurs propres sentiments et états d'âme prennent une place importante.*

« *Citations-clés*

❶ ***« Que celui que je daignerai aimer s'avise de faire autre chose que de m'aimer ! » (Lettre VII, p. 53)***

Louise exprime ainsi sa conception de l'amour : elle exigera de son amant qu'il se consacre entièrement à son amour pour elle. Elle met en œuvre cette conception avec ses deux maris successifs. Par exemple, elle organise sa vie conjugale avec Marie Gaston complètement en retrait du monde pour qu'ils n'existent que l'un pour l'autre.

❷ ***« La vie ordinaire ne saurait être quelque chose de grand ni d'excessif. » (Lettre IX, p. 63)***

Renée formule, dans cette lettre, la conviction balzacienne selon laquelle le désir trop intense est destructeur. On retrouve là l'idée que seule la modération des affects (désirs, sentiments, passions) peut assurer la durée de la vie.

❸ ***« L'amour, comme tous les principes, ne se calcule pas, il est l'infini de notre âme. » (Lettre XV, p. 96)***

Louise justifie ainsi son choix de vie. C'est au nom de ce principe qu'elle critique celui de son amie Renée. Louise fait de l'amour la plus haute des vertus et considère qu'il rapproche l'être humain de la divinité. Placer l'amour sous la loi de la raison est, pour elle, comme un sacrilège et un calcul dégradant.

❹ ***« De nous deux, je suis un peu la Raison comme tu es l'Imagination ; je suis le grave Devoir comme tu es le fol Amour. » (Lettre XXXVI, p. 183)***

Renée résume ainsi l'opposition entre elle et son amie Louise. Les notions citées sont personnifiées par les majuscules et par les épithètes qui les qualifient. »

Groupement de textes

Texte 1 Gabriel de Guilleragues, *Lettres portugaises*

Publiées anonymement en 1669 et d'abord présentées comme authentiques, les *Lettres portugaises* sont, ensuite, attribuées à Gabriel de Guilleragues (1628-1685), magistrat et ambassadeur. Il s'agit d'un roman épistolaire composé de cinq lettres, toutes écrites par une religieuse portugaise à son amant français qui l'a abandonnée et dans lesquelles elle expose sa passion amoureuse dévorante. Dans la deuxième lettre, écrite six mois après le départ de son amant, la jeune religieuse commence à douter de la sincérité de ce dernier mais refuse de renoncer à la passion, même aux dépens de la raison.

Quoi ! tous mes désirs seront donc inutiles ! et je ne vous verrai jamais en ma chambre avec toute l'ardeur et tout l'emportement que vous me faisiez voir ! Mais, hélas ! je m'abuse[1], et je ne connais que trop que tous les mouvements[2] qui occupaient ma tête et mon cœur n'étaient excités en vous que par quelques plaisirs, et qu'ils finissaient aussitôt qu'eux[3]. Il fallait que[4], dans ces moments trop heureux, j'appelasse ma raison à mon secours pour modérer l'excès funeste de mes délices, et pour m'annoncer tout ce que je souffre présentement[5] ; mais je me donnais toute à vous, et je n'étais pas en état de penser à ce qui eût pu empoisonner ma joie, et m'empêcher de jouir pleinement des témoignages ardents de votre passion. Je m'apercevais trop agréablement que j'étais avec vous, pour penser que vous seriez un jour éloigné de moi. Je me souviens pourtant de vous avoir dit quelquefois que vous me rendriez malheureuse ; mais ces frayeurs étaient bientôt dissipées, et je prenais plaisir à vous les sacrifier, et à m'abandonner à l'enchantement et à la mauvaise foi de vos protestations. Je vois bien le remède à tous mes maux, et j'en serais bientôt délivrée si je ne vous aimais plus. Mais, hélas ! quel remède ! Non, j'aime mieux souffrir encore davantage que vous oublier. Hélas ! cela dépend-il de moi ? Je ne puis me reprocher d'avoir souhaité un seul moment de ne vous plus aimer. Vous êtes plus à plaindre que je ne suis, et il vaut mieux souffrir tout ce que je souffre que de jouir des plaisirs languissants[6] que vous donnent vos maîtresses de France. Je n'envie point votre indifférence, et vous me faites pitié. Je vous défie de m'oublier entièrement. Je me flatte de vous avoir mis en état de n'avoir sans moi que des plaisirs imparfaits ; et je suis plus heureuse que vous, puisque je suis plus occupée. L'on m'a fait depuis peu portière[7] en ce couvent ; tous ceux qui me parlent croient que je suis folle ; je ne sais ce que je leur réponds ; et il faut que les religieuses soient aussi insensées que moi pour m'avoir crue capable de quelques soins[8]. Ah ! j'envie le bonheur d'Emmanuel et de Francisque[9]. Pourquoi ne suis-je pas incessamment avec vous, comme eux ? Je vous aurais suivi, et je vous aurais assurément servi de meilleur cœur. Je ne souhaite rien en ce monde que vous voir. Au moins souvenez-vous de moi ! je me contente de votre souvenir, mais je n'ose m'en assurer. Je ne bornais pas mes espérances à votre souvenir quand je vous voyais tous les jours ; mais vous m'avez bien appris qu'il faut que je me soumette à tout ce que vous voudrez. Cependant je ne me repens point de vous avoir adoré ; je suis bien aise que vous m'ayez séduite ; votre absence rigoureuse, et peut-être éternelle, ne diminue en rien l'emportement de mon amour ; je veux que tout le monde le sache ; je n'en fais point un mystère, et je suis ravie d'avoir fait tout ce que j'ai fait pour vous contre toute sorte de bienséance[10].

Gabriel de Guilleragues, *Lettres portugaises*, deuxième lettre, 1669.

1. **je m'abuse** : je me trompe. 2. **mouvements** : élans, émotions, sentiments. 3. **qu'ils finissaient aussitôt qu'eux** : qu'ils finissaient dès que ces plaisirs cessaient. 4. **Il fallait que** : il aurait fallu que. 5. **présentement** : actuellement. 6. **languissants** : pleins de mélancolie amoureuse. 7. **portière** : femme qui garde la porte du couvent. 8. **soins** : tâches. 9. Emmanuel et Francisque sont deux petits valets portugais de l'amant français. 10. **bienséance** : usage social.

Texte 2 Abbé Prévost, *Manon Lescaut*

Moine, écrivain, oscillant entre la France, la Hollande et l'Angleterre au gré de ses ennuis nombreux et divers, l'abbé Prévost (1697-1763) publie, en 1731, *Histoire du chevalier des Grieux et de Manon Lescaut*, roman essentiellement écrit à la 1re personne dans lequel le chevalier des Grieux fait le récit de son amour passionné et tragique pour la courtisane Manon. Dans cet extrait, le chevalier n'a pas vu Manon depuis plusieurs mois car son père a voulu le sauver de cette jeune femme qu'il juge dangereuse. Plein de bonnes résolutions et décidé à devenir homme d'Église, il rencontre Manon par hasard. Le conflit entre la raison et les sentiments trouve, ici, une illustration particulièrement romanesque.

Je me croyais absolument délivré des faiblesses de l'amour. Il me semblait que j'aurais préféré la lecture d'une page de saint Augustin[1], ou un quart d'heure de méditation chrétienne, à tous les plaisirs des sens, sans excepter ceux qui m'auraient été offerts par Manon. Cependant un instant malheureux me fit retomber dans le précipice ; et ma chute fut d'autant plus irréparable, que, me trouvant tout d'un coup au même degré de profondeur d'où j'étais sorti, les nouveaux désordres où je tombai me portèrent bien plus loin vers le fond de l'abîme.

J'avais passé près d'un an à Paris sans m'informer des affaires de Manon. Il m'en avait d'abord coûté beaucoup pour me faire cette violence ; mais les conseils toujours présents de Tiberge[2] et mes propres réflexions m'avaient fait obtenir la victoire. Les derniers mois s'étaient écoulés si tranquillement, que je me croyais sur le point d'oublier éternellement cette charmante[3] et perfide[4] créature. Le temps arriva auquel je devais soutenir un exercice public[5] dans l'école de théologie ; je fis prier plusieurs personnes de considération de m'honorer de leur présence. Mon nom fut ainsi répandu dans tous les quartiers de Paris ; il alla jusqu'aux oreilles de mon infidèle. Elle ne le reconnut pas avec certitude sous le nom d'abbé[6] ; mais un reste de curiosité, ou peut-être quelque repentir de m'avoir trahi (je n'ai jamais pu démêler lequel de ces deux sentiments), lui fit prendre intérêt à un nom si semblable au mien ; elle vint en Sorbonne[7] avec quelques autres dames. Elle fut présentée à mon exercice, et sans doute qu'elle eut peu de peine à me remettre.

Je n'eus pas la moindre connaissance de cette visite. On sait qu'il y a dans ces lieux des cabinets particuliers pour les dames, où elles sont cachées derrière une jalousie[8]. Je retournai à Saint-Sulpice, couvert de gloire et chargé de compliments. Il était six heures du soir. On vint m'avertir, un moment après mon retour, qu'une dame demandait à me voir. J'allai au parloir sur-le-champ. Dieux ! quelle apparition surprenante ! j'y trouvai Manon. C'était elle, mais plus aimable et plus brillante que je ne l'avais jamais vue. Elle était dans sa dix-huitième année[9]. Ses charmes surpassaient tout ce qu'on peut décrire : c'était un air si fin, si doux, si engageant ! l'air de l'amour même. Toute sa figure me parut un enchantement.

Antoine-François Prévost, *Histoire du chevalier des Grieux et de Manon Lescaut*, « Première partie », 1731.

1. **saint Augustin** : philosophe et théologien romain (354-430). 2. **Tiberge** : ami très proche du chevalier et qui veut l'aider à se protéger de Manon. 3. **charmante** : qui est capable de provoquer un attrait presque magique. 4. **perfide** : déloyale et dangereuse. 5. **exercice public** : exercice universitaire qui consiste en une épreuve orale à laquelle le public extérieur a le droit d'assister. 6. Le chevalier des Grieux est devenu abbé des Grieux. 7. La faculté où des Grieux fait son exposé public. 8. **jalousie** : fenêtre grillagée. 9. Des Grieux, lui, a 17 ans.

Texte 3 Marcel Proust, *Du côté de chez Swann*

L'écrivain Marcel Proust (1871-1922) publie, de 1913 à 1927, une œuvre romanesque considérable : *À la recherche du temps perdu*. Le premier livre, consacré, en partie, à l'enfance du narrateur, s'intitule *Du côté de chez Swann*. Ami de la famille de ce dernier, Charles Swann est un homme riche et cultivé, qui tombe très amoureux d'une femme peu fidèle et très courtisée, Odette. Un soir, alors que celle-ci a voulu rester seule, prétextant qu'elle était fatiguée et allait dormir, il est pris d'un immense soupçon et retourne devant chez Odette, dont la chambre est encore allumée. Persuadé qu'elle est en train de le tromper, il analyse le sentiment de jalousie qui l'habite : l'intérêt de ce passage réside dans la manière dont la raison est mise ici au service de la passion.

Et pourtant il était content d'être venu : le tourment qui l'avait forcé de sortir de chez lui avait perdu de son acuité[1] en perdant de son vague, maintenant que l'autre vie d'Odette, dont il avait eu, à ce moment-là, le brusque et impuissant soupçon, il la tenait là, éclairée en plein par la lampe, prisonnière sans le savoir dans cette chambre où, quand il le voudrait, il entrerait la surprendre et la capturer; ou plutôt il allait frapper aux volets comme il faisait souvent quand il venait très tard; ainsi du moins, Odette apprendrait qu'il avait su, qu'il avait vu la lumière et entendu la causerie et lui, qui tout à l'heure se la représentait comme se riant avec l'autre[2] de ses illusions, maintenant, c'était eux qu'il voyait, confiants dans leur erreur, trompés en somme par lui qu'ils croyaient bien loin d'ici et qui, lui, savait déjà qu'il allait frapper aux volets. Et peut-être, ce qu'il ressentait en ce moment de presque agréable, c'était autre chose aussi que l'apaisement d'un doute et d'une douleur : un plaisir de l'intelligence. Si, depuis qu'il était amoureux, les choses avaient repris pour lui un peu de l'intérêt délicieux qu'il leur trouvait autrefois, mais seulement là où elles étaient éclairées par le souvenir d'Odette, maintenant, c'était une autre faculté de sa studieuse[3] jeunesse que sa jalousie ranimait, la passion de la vérité, mais d'une vérité, elle aussi, interposée entre lui et sa maîtresse, ne recevant sa lumière que d'elle, vérité tout individuelle qui avait pour objet unique, d'un prix infini et presque d'une beauté désintéressée, les actions d'Odette, ses relations, ses projets, son passé. À toute autre époque de sa vie, les petits faits et gestes quotidiens d'une personne avaient toujours paru sans valeur à Swann : si on lui en faisait le commérage, il le trouvait insignifiant, et, tandis qu'il l'écoutait, ce n'était que sa plus vulgaire attention qui y était intéressée; c'était pour lui un des moments où il se sentait le plus médiocre. Mais dans cette étrange période de l'amour, l'individuel prend quelque chose de si profond que cette curiosité qu'il sentait s'éveiller en lui à l'égard des moindres occupations d'une femme, c'était celle qu'il avait eue autrefois pour l'Histoire. Et tout ce dont il aurait eu honte jusqu'ici, espionner devant une fenêtre, qui sait ? demain peut-être, faire parler habilement les indifférents, soudoyer[4] les domestiques, écouter aux portes, ne lui semblait plus, aussi bien que le déchiffrement des textes, la comparaison des témoignages et l'interprétation des monuments[5], que des méthodes d'investigation[6] scientifique d'une véritable valeur intellectuelle et appropriées à la recherche de la vérité.

Marcel Proust, *À la recherche du temps perdu – Du côté de chez Swann*, « Un amour de Swann », 1913.

1. acuité : intensité. **2.** L'homme avec lequel elle trompe Swann. **3. studieuse** : consacrée au travail et aux études. **4. soudoyer** : payer pour obtenir quelque chose. **5.** Il s'agit de méthodes mises en œuvre par les historiens. **6. investigation** : enquête et recherche méthodiques et systématiques.

Objectif BAC

L'épreuve écrite

L'épreuve orale

L'épreuve écrite

Commentaire de texte

LA MÉTHODE DU COMMENTAIRE

Le commentaire a pour but de présenter, de manière organisée, ce que l'on a retenu d'une lecture et de justifier, par des analyses précises, une interprétation cohérente et personnelle.

› Lire le texte et faire un brouillon

- Posez-vous des questions : Quel thème est traité ? Quelles sont les intentions de l'auteur ? Quelles émotions ai-je ressenties ? Quelles connaissances (contexte, parcours...) dois-je mobiliser ?
- Notez vos impressions de lecture et soulignez les figures de style.

› Bâtir son plan

- Le commentaire ne suit pas l'ordre du texte mais propose une analyse construite, centrée sur 2 ou 3 enjeux (les pistes indiquées dans la consigne) importants. Il répond à une problématique qui cherche à expliquer les intentions de l'auteur.
- Vous avez le choix entre deux méthodes :

  › Méthode 1 : reprenez les pistes indiquées dans la consigne. Elles constitueront les grandes parties de votre plan. Puis, pour chaque grande partie, définissez 2 ou 3 sous-parties en analysant l'intitulé de chacune des pistes. Lisez ensuite le texte ligne à ligne en notant au fur et à mesure tout ce que vous observez et en classant vos remarques dans les parties et les sous-parties de votre plan.

  › Méthode 2 : vous avez la possibilité de ne pas suivre les pistes indiquées dans la consigne et d'élaborer votre propre plan.
- Évitez de séparer le fond et la forme. Si vous identifiez une figure de style ou un procédé, expliquez pourquoi l'auteur les a utilisés.
- Et, pour ne pas paraphraser le texte, commentez vos citations.

› Rédiger l'introduction et la conclusion

Les 3 étapes de l'introduction

❶ Introduisez le texte en le plaçant dans un contexte plus large. Citez le titre de l'œuvre (en le soulignant), le nom de l'auteur et la date. Ne commencez pas votre introduction par « Ce texte... », car le déterminant démonstratif ne renvoie à rien qui précède.

❷ Présentez le texte et ses enjeux : son genre, sa tonalité, son thème, ce qui s'y passe, les intentions de l'auteur... Ne résumez pas l'extrait mais exposez la problématique de votre étude, c'est-à-dire la question à laquelle votre plan se propose de répondre.

❸ Annoncez clairement les grandes parties de votre plan.

Les 2 étapes de la conclusion

❶ Dressez un rapide bilan de votre analyse sans apporter de nouvelles idées.

❷ Placez l'extrait dans une perspective plus large (genre, mouvement littéraire, auteur...).

› Présentation et rédaction au propre

- Veillez à bien présenter votre copie :

  › Sautez 1 ou 2 lignes entre l'introduction et le développement, le développement et la conclusion, et entre chaque grande partie.

  › Allez à la ligne pour chaque sous-partie.
- Relisez-vous après la rédaction de chaque sous-partie.

COMMENTAIRE CORRIGÉ N° 1

SUJET

Vous ferez le commentaire littéraire de l'extrait du roman *Lettres portugaises* de Guilleragues (texte 1, p. 304) en vous aidant des pistes suivantes :
1 Une lettre qui interpelle.
2 La revendication de la passion face à une raison impuissante.

TRAVAIL PRÉPARATOIRE

Au brouillon

• Étudiez les marques de la présence de l'autrice et celles du destinataire.
• Relevez les temps des verbes en les classant selon la période de la vie de la religieuse à laquelle ils renvoient.
• Retrouvez les différentes parties du discours de la jeune religieuse.
• Travaillez les éléments qui montrent l'importance et l'emprise de la passion.
• Relevez les antithèses et demandez-vous quelle idée elles mettent en valeur.

CORRIGÉ : PLAN DÉTAILLÉ

Introduction

Dans ses *Lettres portugaises* (1669), Gabriel de Guilleragues imagine une jeune religieuse portugaise abandonnée par son amant français et en proie à une passion dévorante qui ne laisse de place ni à sa dignité, ni à sa volonté, ni à sa raison. Dans la deuxième des cinq lettres que comprend ce roman épistolaire, la religieuse exprime sa souffrance, qui ne se réduit plus seulement au manque de l'être aimé : elle commence, en effet, à douter de la sincérité de son amant. Nous nous demanderons donc comment ce texte s'empare de la forme épistolaire pour montrer la force déraisonnable de la passion amoureuse. Nous verrons d'abord que cette lettre use des différents registres du discours pour interpeller son destinataire, puis nous exposerons en quoi elle oppose la passion – revendiquée – à la raison, impuissante et refusée.

I. Une lettre qui interpelle

A. Une présence importante de l'autrice et du destinataire de la lettre

• Importance des pronoms personnels (sujet et COD) de la 1re personne du singulier, présents dans toutes les phrases du texte.
• Importance des déterminants possessifs de la 1re personne.
• Importance des pronoms personnels et des déterminants possessifs de la 2e personne du pluriel (pluriel de politesse).

B. Le rappel d'un passé commun opposé au présent

- Rappel des sentiments passés et des marques antérieures de la passion, opposés à la solitude de son présent.
- Alternance des temps des verbes (imparfait, présent).
- Thème du souvenir.
- Évocation de leurs présents respectifs.

C. Une lettre aux registres variés : une lettre qui accuse, plaint et implore

- Série de reproches de la religieuse à son amant.
- Elle le plaint, ensuite, de la pauvreté de sa vie amoureuse actuelle.
- Enfin, elle l'implore de se souvenir d'elle : verbe à l'impératif.

II. Une passion revendiquée face à une raison impuissante

A. Une peinture négative de la passion

- La passion amoureuse semble liée au bonheur.
- Mais elle est aussi synonyme de souffrance. Métaphores de la passion comme maladie, comme prison.

B. Une raison impuissante

- La raison est inefficace face à la force de la passion qui dépossède la jeune femme d'elle-même (champs lexicaux).
- Ponctuation expressive traduisant l'émotion incontrôlée.
- Assimilation de l'amant à un dieu : « *adoré* ».

C. Le choix de la passion

- Dans la seconde moitié du texte, la religieuse revendique sa passion : verbe de volonté au présent catégorique, antithèses paradoxales.
- La religieuse rêve (verbes au conditionnel) à la manière dont elle aimerait être toujours avec son amant.
- Refus des contraintes sociales : « *tout le monde* », « *bienséance* ».

Conclusion

Dans cette lettre, la jeune religieuse portugaise se livre à un dialogue à sens unique avec l'objet de sa passion. Elle interpelle son destinataire pour lui faire des reproches, lui montrer la force de ses sentiments et le supplier de ne pas l'oublier. La forme épistolaire permet de rendre plus palpable l'emprise de la passion sur l'esprit de la jeune femme. À travers ce personnage féminin, Guilleragues fait une peinture négative des sentiments passionnés et de la soumission à ces sentiments. Il montre combien la passion est contraire à la raison. Ainsi, l'auteur des *Lettres portugaises* est conforme à l'esprit et à l'esthétique classiques qui prônaient la maîtrise de la raison sur les sentiments.

COMMENTAIRE CORRIGÉ N° 2

SUJET

Vous ferez le commentaire littéraire du texte de Marcel Proust extrait de *Du côté de chez Swann* (extrait 3, p. 307) en vous aidant des pistes suivantes :
1 Une scène de roman où le personnage s'auto-analyse.
2 La raison au service du sentiment.

Au brouillon

- *Observez la position et le point de vue du narrateur.*
- *Distinguez les différents moments de la scène décrite.*
- *Relevez, en les classant, les différents champs lexicaux : lumière, analyse psychologique, savoir et vérité.*
- *Relevez également les différents temps des verbes en les rapportant aux différents moments de la vie de Swann.*
- *Étudiez quelle image de la jalousie le texte donne.*
- *Observez l'évolution des sentiments de Swann.*

CORRIGÉ : PLAN DÉTAILLÉ

Introduction

L'écrivain Marcel Proust (1871-1922) publie, de 1913 à 1927, une œuvre romanesque considérable, *À la recherche du temps perdu*, dont le premier livre s'intitule *Du côté de chez Swann*. Charles Swann est un homme riche et cultivé, qui tombe très amoureux d'une femme peu fidèle et très courtisée : Odette. Un soir, alors que celle-ci a voulu rester seule, prétextant qu'elle était fatiguée et allait dormir, il est pris d'un immense soupçon et retourne devant chez Odette, dont la chambre est encore allumée. Persuadé qu'elle est en train de le tromper, il analyse le sentiment de jalousie qui l'habite en même temps qu'il s'interroge sur ce qu'il va faire. Nous nous demanderons donc comment cet extrait réussit à entraîner le lecteur dans les états d'âme du personnage. Nous verrons d'abord qu'il s'agit d'une scène romanesque où le personnage analyse ce qui se passe en lui. Puis nous montrerons que Swann met la raison au service de sa jalousie.

I. Une scène de roman d'analyse

A. Un personnage sur le point d'agir

- Narrateur extérieur à l'histoire, point de vue majoritairement interne par lequel le lecteur suit les sentiments de Swann.
- Un personnage en action, une scène imagée (tableau en clair-obscur).

• Une scène qui mêle les temporalités : le moment où Swann est devant Odette, le passé avec Odette, le passé d'avant Odette, le futur proche.
• Du suspense : le lecteur, comme Swann, s'interroge sur ce que fait vraiment Odette dans sa chambre et sur ce que va faire Swann.

B. Un personnage qui se livre à l'introspection
• Swann se demande s'il a bien fait de venir devant chez Odette. Il pense d'abord entrer brusquement chez sa maîtresse, puis change d'avis et décide d'aller frapper aux volets. Ensuite, Swann analyse le sentiment qu'il éprouve.
• Lexique de l'analyse, de la psychologie et des sentiments.

II. La raison au service des sentiments

A. Un personnage en proie à la jalousie
• Peinture en action de la jalousie.
• Force irrépressible de la jalousie, qui ne prévient pas et constitue une douleur.
• Transformation de l'amour en guerre.

B. La passion s'empare de la raison
• Raison (élaboration d'une stratégie) mise au service de la passion.
• Thème du savoir : le jaloux veut savoir, obtenir la confirmation de ses soupçons. Champ lexical de la lumière.
• Transformation de la jalousie en *« un plaisir de l'intelligence »*, en une activité rationnelle en quête de *« vérité »* : assimilation de l'histoire individuelle (et de l'intrigue) à l'Histoire dont le texte énumère des méthodes de recherche.

Conclusion

Ce passage est d'abord une scène romanesque qui montre le personnage principal en train de commettre une action qui portera à conséquence. Cette scène relève aussi du roman d'analyse car ce personnage est en proie à un sentiment exacerbé, la jalousie, dont il analyse le fonctionnement et les conséquences sur lui. Le texte montre la force de la jalousie, sa capacité à utiliser la raison à ses fins et son habileté à s'assimiler à une activité rationnelle. Le lecteur peut se demander si, en peignant les affres de la jalousie, Marcel Proust ne parle pas, en fait, de l'amour, qu'il assimilerait à cette dernière.

L'épreuve orale

Questionnaires sur des extraits de l'œuvre

Préparez aussi votre oral du Bac grâce aux 3 questionnaires guidés que nous vous avons proposés au fil de l'œuvre :

- analyse de l'extrait de la lettre IX (p. 65) ;
- analyse de l'extrait de la lettre XXVII (p. 154) ;
- analyse de l'extrait de la lettre LVII (p. 274).

LA MÉTHODE DE L'ÉPREUVE ORALE

❶ Première partie portant sur un des textes du descriptif (12 pts)

L'extrait doit avoir comme longueur l'équivalent d'une vingtaine de lignes de prose : c'est l'examinateur qui sélectionne le passage en cas de texte plus long. Vous devez donc adapter votre explication à l'extrait sélectionné, mais vous pouvez faire de brèves allusions au reste du texte.

Introduction et lecture à voix haute (2 pts – 2 min)

- L'introduction doit être brève : présentation de l'œuvre en 1 phrase, situation du texte dans l'œuvre (s'il est extrait d'une œuvre intégrale) ou dans le parcours, thématique et caractéristique générale du texte.
- La lecture est très importante. Elle doit être pertinente et expressive. En poésie, elle doit respecter les règles de diction (nombre de syllabes dans les vers, règle du *e* muet…).

Explication linéaire (8 pts – 8 min)

- Ne vous perdez pas dans un catalogue de remarques sans lien entre elles. Faites ressortir l'essentiel du sens du texte et de ses enjeux : à quoi « sert-il » dans l'œuvre ? quels effets l'auteur veut-il provoquer chez le lecteur/spectateur ?
- Présentez la forme générale du texte, sa place stratégique dans l'œuvre, les personnages en présence…
- Commentez le mouvement du texte, sa progression, soit avant de commencer l'explication de détail, soit au fur et à mesure.
- N'oubliez pas de commenter le titre d'un poème (ou de tout autre type d'extrait).
- Votre explication doit s'appuyer sur des ensembles signifiants (phrase, paragraphe, strophe, réplique) dans lesquels vous dégagerez 1 ou 2 points de commentaire qui vous paraissent essentiels. L'étude du début du texte, très importante, permet de poser des jalons pour l'ensemble en montrant comment s'y mettent en œuvre la (ou les) tonalité(s) dominante(s), la thématique…

- La fin d'un texte est aussi un moment stratégique : montrez en quoi ce moment est l'aboutissement de ce texte ou du passage concerné, sur quelle impression il laisse le lecteur ou, s'il s'agit d'un extrait, ce qu'il laisse présager.
- Terminez votre explication par une courte conclusion qui reprend les enjeux du texte et en souligne l'importance et l'originalité.

Question de grammaire (2 pts)

Elle porte sur une courte phrase ou une partie de phrase du texte. L'examinateur peut vous demander d'identifier des formes grammaticales correspondant au programme (2nde et 1re) ou de transformer la phrase en modifiant, remplaçant ou supprimant certaines structures.

❷ Seconde partie : entretien sur une œuvre choisie (8 pts)

Cette 2nde partie (8 min), contrairement à la 1re, repose essentiellement sur un dialogue avec l'examinateur autour de l'œuvre intégrale que vous avez choisi de présenter.

Présentation de l'œuvre

- Dans un 1er temps, l'examinateur vous invite à présenter l'œuvre que vous avez choisie. Résumez-la brièvement et exposez ses enjeux.
- Expliquez pourquoi vous avez choisi cette œuvre et rendez compte de votre parcours de lecteur(trice) : difficultés éventuelles, découvertes, impressions de lecture...
- Cette présentation ne doit pas dépasser 3 min.

Dialogue avec l'examinateur

- L'examinateur vous questionne ensuite afin d'évaluer vos capacités à dialoguer, à nuancer et à étoffer votre réflexion, à défendre votre point de vue sur la base de la connaissance de l'œuvre.
- Les questions ne portent pas sur une étude du texte mais sur vos propres jugements et impressions que vous devez toujours justifier.

EXEMPLE DE PRÉSENTATION À L'ORAL

❶ Première partie de l'épreuve

Texte étudié : extrait de la lettre LVII (p. 274)

Introduction

En 1841-1842, Balzac publie *Mémoires de deux jeunes mariées*, un roman épistolaire qui présente la correspondance de deux jeunes femmes, Louise et Renée, qui représentent deux modèles de vies opposés : Renée, guidée par la raison, s'épanouit dans la vie de famille, tandis que Louise, guidée par la passion, épouse des hommes dont elle est très amoureuse. Soupçonnant à tort son second mari de la tromper, elle se rend elle-même gravement malade. Ce texte est extrait de la lettre LVII, la dernière du roman. Renée écrit à son mari alors qu'elle se trouve au chevet de son amie de jeunesse mourante. Dans ce passage, elle raconte les derniers propos que Louise lui a tenus. Le mouvement du texte s'articule autour du bilan que celle-ci fait de sa vie et de la leçon qu'elle en tire.

Lecture à haute voix

• Changez d'intonation lors de la lecture de la proposition incise (l. 1474-1476) quand Renée reprend la parole.
• Veillez à rendre le ton désillusionné de Louise, sa tendresse et le pathétique sobre de cette scène.

Explication linéaire

• Louise commence par dresser, aux lignes 1459-1467, le constat de son inévitable échec.
• Louise est mourante mais toujours capable d'analyse. Dans les deux premières phrases, elle couvre le présent et le passé. Elle envisage aussi ce qu'aurait été l'avenir avec le conditionnel passé.
• Ensuite, Louise se compare à une *« biche »* : cette comparaison renvoie au surnom qu'elle a souvent donné à Renée dans leurs lettres à cause de ses longs cils.
• Dans les deux phrases qui suivent, Louise explique son échec par sa jalousie destructrice. Elle est un personnage tragique (champs lexicaux du malheur et de la mort).
• Dans une deuxième partie du texte, Louise évoque sa vie intense (l. 1467 à 1478) et procède à un bilan.
• Louise oppose la durée à l'intensité. Le lecteur du roman sait qu'elle a placé l'amour au cœur de sa vie.
• Ensuite, Louise s'adresse à Renée en parlant d'elles deux, ce qui rappelle le début de l'extrait. Louise assimile l'amitié à la fraternité et distingue l'amour de l'amitié.
• La proposition incise (l. 1474-1478), qui est de Renée, rappelle que cette dernière est auprès de Louise mourante. Renée est très touchée, et ce passage relève du pathétique. On peut relever l'humour tendre de l'expression *« cher docteur en corset »*, que Louise a souvent employée pour se moquer gentiment du côté trop raisonnable de son amie.
• Dans la dernière partie, Louise tire une leçon de vie : le mariage ne doit pas se fonder sur l'amour, idée toujours défendue par Renée. Elle compare la réussite de Renée et son échec.
• Dans la dernière phrase, Louise fait allusion à ses deux mariages. Elle a *« eu deux fois tort »* parce qu'à chaque fois, elle a placé la passion au cœur du mariage. La personnification de la mort accentue la tonalité tragique. Mais le « bonheur » est encore présent.
• Ce passage donne une image pathétique de Louise qui touche le lecteur.

Conclusion

Dans la dernière lettre du roman, les deux personnages féminins, séparés presque tout au long du récit, se retrouvent ensemble pour la mort de Louise. Laquelle jette un regard rétrospectif sur sa vie et conclut que Renée a fait le bon choix, celui de la raison et de la durée, tandis qu'elle s'est trompée tragiquement en ne voulant vivre qu'une existence dominée par la passion. Si Balzac semble ainsi, à la fin de son œuvre, choisir entre ces deux modèles de vies, n'oublions pas qu'il écrivait à George Sand en 1842 : *« J'aimerais mieux être tué par Louise que de vivre longtemps avec Renée. »*

Question de grammaire

Cette phrase est constituée de 3 propositions. *« Je ne me plains pas »* est une proposition indépendante à laquelle est juxtaposée une autre proposition indépendante : *« je meurs comme je l'ai souhaité souvent».* Cette proposition indépendante est aussi la proposition principale qui gouverne la proposition subordonnée conjonctive circonstancielle de comparaison : *« comme je l'ai souhaité souvent ».*

❷ Seconde partie de l'épreuve

Œuvre présentée : *Mémoires de deux jeunes mariées* de Balzac

Présentation de l'œuvre

En 1841-1842, Balzac publie le seul roman épistolaire de *La Comédie humaine* : *Mémoires de deux jeunes mariées.* Amies intimes, Louise de Chaulieu et Renée de Maucombe, deux jeunes nobles, sortent du couvent et rentrent dans leurs familles, Louise à Paris et Renée en Provence. Elles s'écrivent pour se raconter leur découverte du monde puis leur mariage. Les deux héroïnes font des choix de vie diamétralement opposés. Pour Louise, l'amour ne peut être que passionnel et le mariage doit reposer sur l'amour. Contre les convenances liées à son niveau social très élevé, elle choisit, comme maris successifs, Macumer puis Marie Gaston, des hommes dont elle est amoureuse et qui le sont d'elle. Pour Renée, qui accepte d'épouser l'homme choisi par sa famille et dont elle n'est pas amoureuse, l'amour peut se développer au fil du temps au sein du mariage qui repose, selon elle, sur l'estime réciproque et sur la maternité. Au fur et à mesure du roman, les situations s'inversent : le choix de Louise semble d'abord plus porteur que celui de Renée, mais, progressivement, Louise s'épuise dans ses mariages passionnés mais mortifères, tandis que Renée s'épanouit dans la maternité. En faisant mourir Louise à la fin du roman, Balzac choisit de donner raison à Renée tout en mettant en scène la beauté pathétique de Louise.

J'ai choisi de présenter ce roman car : *(développez deux ou trois arguments qui vous ont amené(e) à choisir cette œuvre intégrale).*

Dialogue avec l'examinateur

Voici quelques exemples de questions qu'un examinateur peut être amené à vous poser sur *Mémoires de deux jeunes mariées* de Balzac :

- La forme épistolaire a-t-elle été, pour vous, un obstacle ou une aide à la lecture ?
- Renée, Louise : de laquelle vous sentez-vous le plus proche ?
- Que pensez-vous de l'amitié entre Louise et Renée ?
- Selon vous, une autre fin était-elle envisageable ?
- Quel intérêt ce roman peut-il avoir pour un lecteur contemporain ?

Crédits photographiques

Documents de couverture :
doc. 1 : © Photo Josse / Bridgeman Images ; **doc 2 :** © Fine Art Images / Bridgeman Images ; **doc 3 :** Bridgeman Images ; **doc 4 :** Luisa Ricciarini / Bridgeman Images ; **doc 5. :** Photo Josse / Bridgeman Images ; **doc 6 :** © Photo Josse / Bridgeman Images.

Intérieur :
– **pp. 4, 8, 280, 286 :** photos Photothèque Hachette.
– **pp. 6, 9, 11, 60, 77, 83, 133, 157, 173, 192, 208, 219, 242, 273, 276 :** Bibliothèque municipale de Dijon
– **p. 300 :** CC0 Paris Musées / Maison de Balzac

Méthodes
Les encadrés de méthodologie publiés dans la partie « Objectif BAC » ont été rédigés par Isabelle de Lisle et Laurence Teper (commentaire) et Véronique Brémond (épreuve orale).

PAPIER À BASE DE FIBRES CERTIFIÉES

hachette s'engage pour l'environnement en réduisant l'empreinte carbone de ses livres. Celle de cet exemplaire est de : 550 g éq. CO_2
Rendez-vous sur www.hachette-durable.fr

Achevé d'imprimer en avril 2022 en Espagne par Black Print
Dépôt légal : mai 2022 – Édition : 01
15/2698/1

Maquette intérieure : GRAPH'in-folio et Stéphanie Benoît.
Mise en pages : APS-ie.
Édition : Élisabeth Sanchez.

Dans la même collection :

Collectif
- Nouvelles naturalistes des *Soirées de Médan* (Zola, Maupassant, Huysmans) (40)

APOLLINAIRE
- Alcools (60) **BAC**

BALZAC
- Le Colonel Chabert (78)
- Mémoires de deux jeunes mariées (86) **BAC**
- La Peau de chagrin (26) **BAC**
- Le Père Goriot (56)

BARBUSSE
- Le Feu – Bac pro (66)

BAUDELAIRE
- Les Fleurs du Mal (10) **BAC**

BEAUMARCHAIS
- Le Barbier de Séville (17)
- Le Mariage de Figaro (5)

CHATEAUBRIAND
- Atala – René (42)

CORNEILLE
- Le Cid (36)
- L'Illusion comique (19)

ECHENOZ
- 14 – Bac pro (67)
- 14 (69)

FLAUBERT
- Madame Bovary (52)
- Trois Contes (20)

GAUTIER
- Contes et Récit fantastiques (43)

GOUGES
- Déclaration des droits de la femme et de la citoyenne (83) **BAC**

HUGO
- Claude Gueux (38)
- Pauca meæ (livre IV des *Contemplations*) (73)
- Le Dernier Jour d'un condamné (31)
- Le Dernier Jour d'un condamné – Bac pro (62)
- Hernani (44)
- Les Misérables (28)
- Ruy Blas (6)

JARRY
- Ubu Roi (45)

LA BRUYÈRE
- Les Caractères (29)
- Les Caractères (livres V à XI) (84) **BAC**

LACLOS
- Les Liaisons dangereuses (51)

LAFAYETTE (MME DE)
- La Princesse de Clèves (49) **BAC**
- La Princesse de Montpensier (74)

LA FONTAINE
- Fables (livres VII à IX) – Séries technologiques (76)
- Fables (livres VII à XI) – Séries générales (77)

MARIVAUX
- La Colonie – Bac pro (68)
- La Double Inconstance (46)
- Les Fausses Confidences (79) **BAC**
- L'Île des esclaves (13) **BAC**
- Le Jeu de l'amour et du hasard (16)

MAUPASSANT
- Bel-Ami (47)
- Boule de suif/Mademoiselle Fifi – Bac pro (72)
- Contes parisiens, normands et fantastiques (34)
- Pierre et Jean (11)
- Une vie (53)

MOLIÈRE
- Dom Juan (2)
- L'École des femmes (64)
- Les Femmes savantes (33)
- Le Malade imaginaire (80) **BAC**
- Le Misanthrope (27)
- Les Précieuses ridicules (30)
- Le Tartuffe (4)

MONTAIGNE
- Essais (sélection de chapitres) (22)
- Essais (*Des cannibales* et *Des coches*) (82)

MONTESQUIEU
- Lettres persanes (61)

MUSSET
- Les Caprices de Marianne (41)
- Lorenzaccio (23)
- On ne badine pas avec l'amour (14)

OLMI
- Numéro Six – Bac pro (70)

Abbé PRÉVOST
- Manon Lescaut (58) **BAC**

RABELAIS
- Pantagruel / Gargantua (7)
- Gargantua (85) **BAC**

RACINE
- Andromaque (35)
- Bérénice (15)
- Britannicus (18)
- Phèdre (8)

RADIGUET
- Le Diable au corps (21)

RIMBAUD
- *Une saison en enfer* et autres poèmes (37)
- Poésies (75)

ROSTAND
- Cyrano de Bergerac (50)

ROUSSEAU
- Les Confessions (livres I à IV) (3)

SAGAN
- Bonjour tristesse – Bac pro (71)

SHAKESPEARE
- Hamlet (9)

STENDHAL
- Le Rouge et le Noir (54) **BAC**

VERLAINE
- Poèmes saturniens / Fêtes galantes / Romances sans paroles (81)

VOLTAIRE
- Candide ou l'Optimisme (1)
- Candide ou l'Optimisme – Bac pro (59)
- L'Ingénu (39)
- La Princesse de Babylone / Micromégas (48)
- Zadig ou la Destinée (25)

ZOLA
- *Celle qui m'aime* et autres nouvelles (57)
- L'Assommoir (55)
- Thérèse Raquin (63)